主编简介

代祖良 男，白族，1964年9月生，云南大理人。1986年7月毕业于中央民族大学哲学系哲学专业，硕士研究生学位，思政教育教授。现任昆明冶金高等专科学校党委副书记、纪委书记。是学校学术学科带头人、教学骨干和"双师型"教师。在2014年扶贫挂职期间，被云南省委省政府评为新农村工作优秀总队长。

代祖良教授长期从事大学生思想政治教育和教学工作，教研科研能力强，并有较强的思想政治教育水平。围绕大学生思想政治教育工作开展教研科研，项目多、成果多。履职期间主持和参与课题17项，其中国家级课题2项，作为第三参与人的《高职高专教育"双定生"人才培养模式的探索与实践》课题获国家级教学成果二等奖和云南省省级教学成果一等奖；主持省部科研课题5项，获厅级以上奖励4项；主持厅级课题8项，获厅级以上奖励5项。出版教材6部、校园文化建设专著1部，其中，主编了《大学生心理健康实用教程》（科学出版社）、《实用经济法教程》（科学出版社）、《高职院校全方位育人机制研究与实践》（云南大学出版社）、《法律基础教程》（云南人民出版社）、《坚持科学发展 构建和谐校园》（云南大学出版社），副主编《"双定生"模式的研究与实践》（四川大学出版社）、《法律基础学习指南》（云南大学出版社）。长期从事大学生思想政治教育工作，不断总结提升，撰写论文。公开发表论文24篇，其中，独立撰写和第一作者16篇，全国中文核心期刊8篇，全国高职高专核心期刊7篇。

高校校园文化建设成果文库

创新校园文化的途径与方法

代祖良◎主编

光明日报出版社

图书在版编目（CIP）数据

创新校园文化的途径与方法 / 代祖良主编 . -- 北京：
光明日报出版社，2018.1

ISBN 978 - 7 - 5194 - 4121 - 0

Ⅰ.①创… Ⅱ.①代… Ⅲ.①高等职业教育—校园文
化—研究—昆明 Ⅳ.①G718.5

中国版本图书馆 CIP 数据核字（2018）第 060382 号

创新校园文化的途径与方法

CHUANGXIN XIAOYUAN WENHUA DE TUJING YU FANGFA

主　　编：代祖良

责任编辑：曹美娜　郭思齐　　　　　　责任校对：赵鸣鸣

封面设计：中联学林　　　　　　　　　责任印制：曹　净

出版发行：光明日报出版社

地　　址：北京市西城区永安路 106 号，100050

电　　话：010 - 67078251（咨询），63131930（邮购）

传　　真：010 - 67078227，67078255

网　　址：http://book.gmw.cn

E - mail：caomeina@gmw.cn

法律顾问：北京德恒律师事务所龚柳方律师

印　　刷：三河市华东印刷有限公司

装　　订：三河市华东印刷有限公司

本书如有破损、缺页、装订错误，请与本社联系调换

开　　本：170mm×240mm

字　　数：341 千字　　　　　　　　　印　　张：19

版　　次：2018 年 1 月第 1 版　　　　印　　次：2018 年 1 月第 1 次印刷

书　　号：ISBN 978 - 7 - 5194 - 4121 - 0

定　　价：78.00 元

编 委 会

前　言

习近平总书记指出：中国梦是民族的梦，也是每个中国人的梦。实现中华民族伟大复兴的中国梦，就是要实现国家富强、民族振兴、人民幸福。实现中国梦就必须走中国道路，必须弘扬中国精神，必须凝聚中国力量。党的十八大以来，党中央一再强调要培育和践行社会主义核心价值观，建设社会主义文化强国。校园文化是社会主义先进文化的重要组成部分，是大学之魂和育人之纲。高校校园文化建设是社会主义先进文化传承与创新的重要推动力量。

当前，我国高等职业教育正处于服务社会转型、快速发展的时期，我校也正处于"提高办学水平，提升办学层次"的重要发展阶段，处于高水平高职院校的建设阶段。加强校园文化建设，是培育和弘扬冶专精神，切实推动学校内涵建设，扎实提升人才培养质量的重要条件。作为一所始建于 1952 年，以工、管、文、商、艺并举的全日制公办普通高校，全国百所之一的国家示范性高等职业院校、云南省高水平高职院校建设项目院校，昆明冶金高等专科学校长期积淀形成了优良的工科办学传统和浓郁的工程文化氛围，工程应用特色鲜明，集成了丰富的优质工科办学资源，与行业企业和区域经济社会发展的结合度较高，为社会培养了近 10 万名毕业生，取得了显著的办学成效。连续十余年获得云南省高校就业工作一等奖，先后荣获教育部"全国高校毕业生就业工作先进单位"、全国毕业生就业典型经验 50 强高校、云南省就业典型经验 10 强高校等表彰奖励。

《创新校园文化的途径与方法》一书，紧扣"校园文化建设服务于学校发展的总体规划，建立与学校发展相适应的文化体系和文化形象，营造风清气正、健康向上、团结和谐的氛围，形成推动学校健康、稳定、和谐发展的局面,服务于学校的可持续发展,服务于云南有色冶金行业的发展,服务于全国高职教育发展"的校园文化建设目标;紧扣"培养什么样的人、怎样培养人以及为谁培养人"的根本问题,坚持立德树人的根本任务,培育和弘扬社会主义核心价值观,围绕培养具有较高职业素养、较强职业技能和浓厚人文精神的技能型人才目标,以昆明冶金高等专科学校校园文化建设过程及相关理论探讨为统领,以工作领域为依据排列篇章,主要反映建校 60 多年来形成的具有冶专特色的校园文化成果。

　　本书共分为七篇、四十五章。从"夯实理论基础　筑牢思想防线""抓好新时期的党建工作　推进学校稳步发展""思想政治理论课教学研究""法治校园建设"到"润物无声的大学生思想政治教育工作""以学校共青团为依托　打造校园文化建设软实力""整合各类教学资源　创新育人方式　培育技能文化",形成了昆明冶专校园文化建设的阶段性成果,突显了高职院校的内涵和特色,反映出高职院校人才培养的特点。特别是形成了具有高职院校特色的技能文化,将第一课堂和第二课堂有机结合,形成全员育人、全过程育人和全方位育人的良好氛围,做到了环境育人、管理育人和服务育人相互融合。

目 录
CONTENTS

第一篇 **01**

夯实理论基础　筑牢思想防线

【内容介绍】习近平总书记在庆祝中国共产党成立95周年大会上的讲话中指出："指导思想是一个政党的精神旗帜"。党的十八届五中全会提出的"创新、协调、绿色、开放、共享"五大发展理念，激励着昆明冶专师生员工"不忘初心，继续前行"的决心，推动着昆明冶专的改革创新不断向纵深发展。在学习十八届五中全会精神的同时，深入学习和领悟十八届六中全会精神，不断提高思想认识，牢固树立"四个意识"，推进学校的"一流党建"工作。学校在开展"两学一做"学习教育的过程中，通过对习近平总书记"在哲学社会科学工作座谈会上的讲话"及在庆祝中国共产党成立95周年大会上的讲话精神的认真学习，受到较大启发，要坚决履行党员义务和认真做好党务工作。作为一名高校思想政治教育工作者，应该积极帮助学生提高认识、学会思考、学会做人、学会做事，努力成为我国社会主义事业的建设者和接班人。

第一章

以十八届五中全会精神引领学校改革发展*

十八届五中全会提出了"创新、协调、绿色、开放、共享"五大发展理念,指引未来的改革发展,研究了关于制定国民经济和社会发展第十三个五年规划的建议,谋划未来五年中国的发展之路。学习十八届五中全会的新理念、新思路,激励着我进一步思考学校未来的改革发展。

第一节　新常态要有新作为　新作为要有新理念

思想是行动的先导,理念是实践的指南。新常态下,我国经济增长速度要从高速转向中高速,发展方式要从规模速度型转向质量效率型,经济结构要从增量扩能为主转向调整存量、做优增量并举,发展动力要从主要依靠资源和低成本劳动力等要素投入转向创新驱动。十八届五中全会吹响了夺取全面建成小康社会伟大胜利的冲锋号角,提出创新、协调、绿色、开放、共享"五大发展理念",为中国未来标注出前行航向,集中体现了今后五年乃至更长时期我国的发展思路、发展方向、发展着力点,深刻揭示了实现更高质量、更有效率、更加公平、更加可持续发展的必由之路。以新理念把握引领新常态,坚持变中求新、新中求进、进中突破,才能破解发展难题、增强发展动力、厚植发展优势,推动我国发展不断迈上新台阶。"必须把创新摆在国家发展全局的核心位置","让创新贯穿党和国家一切工作,让创新在全社会蔚然成风"。十八届五中全会提出的"五大发展理念"中,创新发展居于首位,意义重大。"在提高发展平衡性、包容性、可持续性的基础上",从人均 GDP 和人均收入增长的硬指标,到提高国民素质和社会文明程度的软实力,从区域差距到城乡差距,再到物质文明和精神文明发展不同步,发展中不平衡、不协调、不可持续问题突出,暴露出发展面临的瓶颈制约,迫切需要协调发展。"让

---

* 本文作者:雷霆,党委办公室

居民望得见山、看得见水、记得住乡愁","既要金山银山,也要绿水青山",我们期待沐浴在生态良好、环境优美的阳光下,享受绿色发展的美好明天。从奉行互利共赢的开放战略,到发展更高层次开放型经济的顶层设计,再到积极参与全球经济治理和公共产品供给,提高制度性话语权的目标要求,开放发展的视野宽广,谋划长远;"发展为了人民、发展依靠人民、发展成果由人民共享","人民生活水平和质量普遍提高","现行标准下农村贫困人口实现脱贫",让人民享有"更好的教育、更稳定的工作、更满意的收入、更可靠的社会保障、更高水平的医疗卫生服务、更舒适的居住条件、更优美的环境",增强人民的获得感,共享发展体现出鲜明的问题导向、赤诚的人民情怀、温暖的民生情怀。

第二节 转变发展方式 提升发展质量和效益

如果说"五大发展理念"是战略性、纲领性、引领性的认识论,那么改革就是将发展理念转化为发展实践的方法论。无论是解决发展动力问题,还是解决发展不平衡问题;无论是解决人与自然和谐问题,还是解决社会公平正义问题,都需要用改革来推动、靠改革来实现。尤其是在"十三五"时期,战略机遇期内涵发生深刻变化,适应新常态、把握新常态、引领新常态,更加有效地应对各种风险和挑战,形成引领经济发展新常态的体制机制和发展方式,根本出路在于坚持深化改革,在改革中破除体制积弊、激发创新活力,不断开辟中国发展的新境界。党的十八大以来,党中央毫不动摇坚持和发展中国特色社会主义,形成了一系列治国理政新理念新思想新战略,为新的历史条件下深化改革开放、加快推进社会主义现代化提供了科学理论指导和行动指南。我们需要通过深入学习,全面了解我国取得的巨大发展成就,进一步坚定道路自信、理论自信、制度自信和文化自信,乘势前进。"五大发展理念"是改革开放30多年来我国发展经验的集中体现,反映出我们党对发展规律的新认识。我们要充分认识坚持"五大发展理念"是关系我国发展全局的一场深刻变革,坚决落实中央各项决策部署,真正以新的发展理念引领发展,指导实践。

第三节 运用理论创新成果 提高改革发展的能力和素养

"十三五"时期是全面建成小康社会、实现我们党确定的第一个百年奋斗目标的决胜阶段,我国发展的环境、条件、任务、要求等都发生了新的变化,但综合判断仍处于可以大有作为的重要战略机遇期,也面临着诸多矛盾叠加、风险隐患增多的严峻挑战。十八届五中全会突出坚持"四个全面"战略布局,突出坚持发展为第一要务、以提高发展质量和效益为中心,突出加快形成引领经济发展新常态的体制机制和发展方式。全会在党的十六大以来确定的全面建成小康社会目标要求的基础上,从五个方面提出了新的目标要求。这些目标注重体现新的发展理念,注重解决经济社会发展中的突出问题和明显短板,注重为未来发展奠定坚实基础,体现了我们党的责任担当,反映了人民的共同意愿,为在新的历史条件下确保如期全面建成小康社会提供了科学指导。改革开放以来,我们党总是根据形势和任务的变化,适时提出相应的发展理念和战略,引领和指导发展实践,每一次发展理念的创新,都推动实现了发展的新跨越,实现了发展的"螺旋式上升"。理论优势是我们党的根本优势,理论创新每前进一步,理论武装就要跟进一步。贯彻好党的十八届五中全会精神,增强落实"五大发展理念"的能力,首先要解决好理论武装问题,真正从思想上把推动发展的目标、要求和方法学深、弄懂,坚持理论联系实际,把党的理论创新成果转化为谋划发展的具体思路,转化为落实发展任务的工作举措,转化为推动科学发展的实际成效。定大局、谋大事,前提是观大势、明大势。贯彻好"五大发展理念",应当认清发展形势、找准发展定位,把握好我国发展环境的基本特征。我们面临诸多矛盾叠加、风险隐患增多的严峻挑战,要深刻认识经济发展进入新常态蕴含的机遇和挑战,既看到我国经济长期向好的状态基本没有改变,随着经济发展方式加快转变,经济结构不断优化,发展动力持续转化,良好发展态势可以保持;认清我们所处的"时"与"势",保持战略定力,做到胸中有大势、谋事有大局,增强对"五大发展理念"的理解力和执行力。

第四节　落实立德树人根本任务　不断提高教育质量

　　教育是民族振兴和社会进步的重要基石。十八届五中全会强调"提高教育质量",为"十三五"时期教育改革发展指明了方向。我国经济发展已经进入新常态,十八届五中全会通过的《中共中央关于制定国民经济和社会发展第十三个五年规划的建议》对提高高等教育质量做出战略部署,提出把节能环保、生物技术、信息技术、智能制造、高端装备、新能源等新兴产业作为国家重点支持方向。随着国家"一带一路"、长江经济带等发展战略和一系列政策举措的实施,云南正从对外开放的边远地区变为开放前沿和辐射中心,成为两大国家战略实施的连接交汇支点。当前,云南正主动服务和融入国家发展战略,努力成为民族团结进步示范区、生态文明建设排头兵,面向南亚东南亚辐射中心,闯出一条跨越发展的路子,谱写好中国梦的云南篇章,全面建成小康社会。云南省委、省政府把"工业强省"作为跨越发展的第一战略要务,加快产业结构调整及转型升级,建设滇中产业新区,推进"滇中城市经济圈"建设,打造云南经济升级版,对工业人才供给提出了新的更高要求。《国务院关于加快发展现代职业教育的决定》《现代职业教育体系建设规划(2014—2020 年)》《高等职业教育创新发展行动计划(2015—2018 年)》等制定了加快发展现代职业教育的一系列新政策新举措,我们要认真研究经济社会发展对高等职业教育提出的新要求,分析其中蕴含的新机遇,面临的新挑战,积极主动融入和服务国家、云南省发展战略,牢固树立创新、协调、绿色、开放、共享的发展理念,认真总结"十二五"期间学校改革发展取得的成绩和经验,客观分析问题和原因,正视存在的不足和面临的机遇、挑战,进一步明确发展思路,深入调研、集思广益,编制好学校"十三五"发展规划,切实把全会精神落实到新一轮五年规划中。

要用"五大发展理念"指导学校工作,切实加强学校内涵建设,进一步完善制度、加强管理,不断推进人才培养模式改革,加强产学研用合作,提高学生的实践能力和创新意识;加强协调资源资产效益,提高学校可持续发展能力,做好专业协调发展,做强做优品牌特色专业,注重各专业均衡发展,做好教学、管理、服务协调发展,整体提升学校的办学水平;就是要坚持发展成果师生共享,提升办学质量,改善办学条件,为师生搭建更广阔的舞台。

要进一步转方式、增效益,结合云南省着力构建"一核一圈两廊三带六群",形成"做强滇中、搞活沿边、联动廊带、多点支撑、双向开放"的区域协调发展新格局,认真思考、积极探索学校发展的新方式,并结合学校优势,分析经济发展需求,以专业技能为核心,不断加强专业建设改革,提高学生适应新技术、新产品、新业态、新商业模式的要求,提高学生的实践创新能力。

第二章

深入学习领悟十八届六中全会精神　不断提高思想认识　推动学校一流党建工作*

深入学习领悟十八届六中全会精神,不断学习习近平总书记系列重要讲话精神和治国理政新理念新思想新战略,使我们对新形势下加强和规范党内政治生活、加强党内监督的必要性和重要性有了更深刻的认识,对全会提出的重大理论观点和重大举措有了更深入的理解,对领导干部以上率下的标准要求和增强"四个意识"有了更切身的领悟。

2017 年是"基层党建提升年"。如何更好地将十八届六中全会精神学透学实,并将其和学校改革发展紧密结合起来,不断推动学校一流党建工作,是摆在我们面前的一项重要课题。

第一节　深刻认识党的十八届六中全会的重大意义和全面从严治党的重要性

党的十八届六中全会是我国进入全面建成小康社会决胜阶段召开的一次十分重要的会议。全会分析了全面从严治党面临的形势和任务,系统总结了近年来特别是党的十八大以来全面从严治党的理论和实践,正式提出了"以习近平同志为核心的党中央"的治国理政方针,这对确保党始终作为中国特色社会主义事业领导核心,对统筹推进"五位一体"的总体布局和协调推进"四个全面"战略布局,更好地进行具有新的历史特点的伟大斗争,推进党的建设的伟大工程,推进中国特色社会主义伟大事业,实现中华民族伟大复兴的中国梦,具有重大的现实意义和深远的历史意义。

全会聚焦全面从严治党,围绕加强和规范党内政治生活、加强党内监督,出台规范性文件,进行战略部署,一系列新观点、新论断、新要求、新规定,为全面从严

---

* 本文作者:雷霆,党委办公室

治党、深入推进党的建设的伟大新工程提供了行动指南。

全会高度评价全面从严治党取得的成就，认为党的十八大以来，以习近平同志为核心的党中央身体力行、率先垂范，坚定推进全面从严治党，坚持思想建党和制度治党紧密结合，集中整饬党风，严厉惩治腐败，净化党内政治生态，党内政治生活展现新气象，赢得了党心民心，为开创党和国家事业新局面提供了重要保证。总结了我们党开展党内政治生活的历史经验，分析了全面从严治党面临的形势和任务，认为办好中国的事情，关键在党，关键在党要管党、从严治党。

习近平总书记在全会上发表的重要讲话，全面总结一年来党和国家工作，科学分析世情国情党情的发展变化，深刻阐明全面从严治党的重大意义，深入回答管党治党的一系列重大理论和现实问题，对新形势下加强和规范党内政治生活、加强党内监督做出总体部署，对抓好领导干部特别是高级干部这个"关键少数"提出明确要求。

昆明冶金高等专科学校党委贯彻落实党的十八届六中全会精神，应从以下三个方面持续推进：

一是主动融入党和国家发展战略。始终坚持在党和国家的总体布局中思考学校发展，主动把学校发展目标和方向，融入"五位一体"的总体布局和"四个全面"战略布局中，融入云南省第十次党代会确立的发展目标，发挥办学特色，提高育人质量和水平。

二是不断增强党委领导核心作用。紧紧围绕立德树人这一根本任务，始终把握正确的办学育人方向；以学校各级党组织为依托，夯实党建基础工作，提升党建工作水平；持续不断地把党的路线方针政策、中国特色社会主义理论、社会主义核心价值观等融入育人全过程。

三是切实抓住干部这个关键。围绕政治合格、执纪合格、发挥作用合格等基本要求，抓好干部的培训教育和管理监督；从党委班子自身做起，一级一级做出示范，一级一级发挥带头作用，建设一支高素质的干部队伍。

第二节　坚持以身作则　认真履行管党治党责任

党的十八届六中全会指出，从严治党，要加强和规范党内政治生活以及加强党内监督，审议通过了《关于新形势下党内政治生活的若干准则》和《中国共产党党内监督条例》。

《准则》主要明确了五点：一是办好中国的事情，关键在党，关键在党要管党、从严治党。二是新形势下加强和规范党内政治生活,必须以党章为根本遵循。三是新形势下加强和规范党内政治生活,重点是各级领导机关和领导干部。四是新形势下加强和规范党内政治生活,要突出抓好坚定理想信念、坚持党的基本路线、坚决维护党中央权威、严明党的政治纪律、保持党同人民群众的血肉联系、坚持民主集中制原则、发扬党内民主和保障党员权利、坚持正确选人用人导向、严格党的组织生活制度、开展批评和自我批评、加强对权力运行的制约和监督、保持清正廉洁的政治本色等重点任务。五是加强和规范党内政治生活是全党的共同任务,必须全党一起动手,党委主要负责人要认真履行第一责任人的责任。

《条例》的基本要求有六点:一是信任不能代替监督。二是党内监督的任务是确保党章党规党纪在全党有效执行,维护党的团结统一。三是党内监督的主要内容是遵守党章党规和国家宪法法律。四是党内监督的重点对象是党的领导机关和领导干部特别是主要领导干部。五是建立健全党中央统一领导,党委全面监督,纪律检查机关专责监督,党的工作部门职能监督,党的基层组织日常监督,党员民主监督的党内监督体系。六是把党内监督和外部监督结合起来,形成监督合力。

昆明冶金高等专科学校党委始终把管党治党摆在首要位置,始终把从严治党作为第一责任、第一能力,按照《准则》和《条例》的要求,不断强化履行管党治党责任的政治自觉。做好以下四点:

一是抓好责任落实。围绕增强学校党委的领导核心作用,带头坚持党委领导下的校长负责制,把握学校发展的方向、重要事项、基本管理制度和运行机制的制定和决策,把握学校干部队伍建设、思想政治教育和党的建设,支持校长依法依规开展工作,不断完善学校党委会议事项等基本管理制度,从制度入手,健全民主决策、干部人事工作、作风建设、廉政建设、联系群众以及"三重一大"、招生就业等方面的制度规定,保证党的路线方针政策和上级的安排部署以及学校党政决议的有效贯彻执行。

二是落实党风廉政建设责任制。认真落实党风廉政建设主体责任,认真落实"第一责任人责任",督促领导班子成员根据工作分工,认真履行"一岗双责";推进学校党风廉政建设和反腐败工作,健全完善履职机制、考核机制,落实向上级纪委报告制度;正确运用监督执纪"四种形态",严格执行党的政治纪律、组织纪律和财经纪律。

三是抓好思想政治工作。认真贯彻落实《中共中央国务院关于加强和改进新形势下高校思想政治工作的意见》,充分认识新形势下加强和改进思想政治工作的重要性,牢牢掌握新的意识形态下工作的领导权和主动权;着力构建大思政工作机制,全员、全过程和全方位育人持续推进,认真落实学校党委的思想政治工作精神,以《普通高等学校大学生思想政治教育工作测评体系》《高等学校思想政治理论课建设标准》等为指导,从组织领导、工作机制、机构设置、队伍建设、思想政治理论课、条件保障、经费投入、育人环境等方面持续改进;加强党政干部及共青团组织、思想政治理论课教师、辅导员、班主任和团学干部队伍建设,加强家校联系和社会实践,促进形成育人合力。

四是坚持率先垂范、以上率下。党委班子成员要严格按组织制度办事,恪守党章和党纪国法,自觉按党的组织原则、党内政治生活准则和制度规定办事,不越雷池,不逾红线,守住底线。班子成员要带头严肃党内政治生活,以普通党员身份参加党支部活动,带头自觉按时足额交纳党费,按计划调研指导基层党支部工作;组织召开民主生活会前,要对照标准要求,带头认真开展谈心谈话,广泛征求师生员工意见建议,认真撰写对照检查,认真查找存在的问题,认真制定整改措施,带头开展批评和自我批评,虚心接受意见建议;自觉带头践行社会主义核心价值观,继承和发扬党的优良传统和作风,注重家庭、家教、家风,遵守社会公德,慎独慎微、敢于担当、勇于负责,始终依靠师生员工,推进学校工作。

第三节　牢固树立"四个意识"　坚决贯彻落实中央、省委和上级党组织的决策部署

党的十八届六中全会旗帜鲜明地提出,坚决维护党中央权威、保证全党令行禁止,是党和国家前途命运所系,是全国各族人民根本利益所在,也是加强和规范党内政治生活的重要目的;明确习近平总书记是党中央的核心,正式提出"以习近平同志为核心的党中央"的治国理政方针。这对维护党中央权威、维护党的团结和集中统一领导,对全党全军全国各族人民更好凝聚力量抓住机遇、战胜挑战,对全党团结一心、不忘初心、继续前进,对保证党和国家兴旺发达、长治久安,具有十分重大而深远的意义。

党的十八大以来,习近平总书记带领全党全军全国各族人民开创了中国特色社会主义伟大事业和党的建设新的伟大工程新局面,在改革发展稳定、内政外交国防、治党治国治军等方面取得了一系列具有重大现实意义和深远历史意义的成就,实现了党和国家事业的继往开来,赢得了全党全军全国各族人民衷心拥护,受到了国际社会高度赞誉。习近平总书记在新的伟大斗争实践中已经成为党中央的核心。

高职院校党委班子，必须不断增强政治意识、大局意识、核心意识、看齐意识，特别是核心意识和看齐意识，更加紧密地团结在以习近平同志为核心的党中央周围，更加坚定地维护以习近平同志为核心的党中央权威，更加自觉地在思想上政治上行动上同以习近平同志为核心的党中央保持高度一致，更加扎实地把党中央的各项决策部署落到实处，把力量凝聚到实现全会确定的各项任务上来，坚定不移推进全面从严治党，进一步加强学校党的建设，紧紧围绕立德树人这一根本任务，始终紧盯学校跨越发展总目标，加强内涵建设，为办好让党放心、让人民满意的高水平高职院校提供坚强的政治保障。为此我们必须坚持做到：

一是认真贯彻落实党建工作新要求。紧紧围绕"基层党建提升年"的各项目标要求，坚持高标准、严要求，扎实推进"创建一流党建"各项工作，细化标准要求，扎实抓好"两学一做"学习教育的常态化制度化，切实做到"党委工作有品牌、总支工作有特色、支部工作有亮点"。

二是完善落实学校"十三五"规划。深入推进学校提出的"提高办学水平、提升办学层次"的"双提"工程，增强内涵式发展，进一步深化改革，振奋精神，主动作为。

三是履职尽责、奋发有为，做好本职工作。以开拓创新的精神状态，以狠抓落实、真抓实干的工作作风，认真抓好自身各项工作，扎实抓好学习宣传十八届六中全会精神相关工作，深入调查研究，明确工作着力点，做到早计划、早安排、早部署，增强工作的主动性和创造性，确保圆满完成年度各项目标任务。

第三章

高举马克思主义旗帜　努力培养社会主义建设者和接班人 *

—— 习近平总书记重要讲话的学习体会

在全党开展"两学一做"学习教育的过程中,通过对习近平总书记"在哲学社会科学工作座谈会上的讲话"(简称"5.17 讲话"),及"在庆祝中国共产党成立 95 周年大会上的讲话"(简称"7.1 讲话")的认真学习,自己在思想上受到很大启发,认识上也有了较大提高。这不仅有利于提高个人的马克思主义思想理论修养,而且也有利于增强履行党员义务,提高做好党务工作的水平和能力。

第一节　直面问题　意义重大

一、习近平总书记"5.17 讲话"的背景

2016 年是我国"十三五"的开局之年。在新形势下,构建什么样的哲学社会科学? 如何构建中国特色哲学社会科学体系? 哲学社会科学研究或学术研究到底是为了谁? 为了什么? 是为评职称需要,为研究而研究,还是站在人民的立场上,解决人民群众的实际问题? 怎样解决广大党员对马克思主义的真懂、真信问题? 如何坚持马克思主义在我国哲学社会科学领域的指导地位,有效防止实际工作中马克思主义被边缘化、空泛化和标签化,在一些学科中"失语"、教材中"失踪"、论坛上"失声"? 为了回答这些问题,2016 年 5 月 17 日,习近平总书记发表了"5.17 讲话",肯定了过去我国哲学社会科学的成果,明确了哲学社会科学工作者的历史使命。习近平总书记的"5.17 讲话",对发展我国哲学社会科学,特别是对做好政治思想宣传和文化教育工作来说,具有十分重要的现实意义。

---

* 本文作者:宋剑祥,马克思主义学院

二、习近平总书记"7.1 讲话"的背景

1. 当前,党面临着领导弱化、组织涣散、纪律松弛的严峻挑战。2016 年 7 月 1 日,是中国共产党建党 95 周年纪念日。在这个重要的时刻,分析党面临的挑战和存在的问题,居安思危,有着十分重要的现实意义。比如,思想方面存在着信仰、担当,真懂和真信的问题;组织方面存在着团伙,个别人胆大妄为的问题;作风方面存在着享乐、腐败、官僚和形式主义的问题;制度方面存在着讨好上司,为个人服务,执行难,形同虚设的问题;反腐倡廉方面存在着腐败严重,存量太多,亡党亡国等问题。

2. 需要总结中国共产党的发展历史,思考新形势下如何重新出发。如何正确地评价中国共产党走过的 95 年、为什么中国共产党的领导是历史和人民的选择、新形势下中国共产党如何重新出发等一系列的问题,需要进行回答。

第二节　分析问题　内涵丰富

一、"5.17 讲话"内涵分析

1. 揭示了哲学社会科学发展的一般规律。习近平总书记"5.17 讲话"揭示了:

(1)自然科学和哲学社会科学同等重要的地位及其紧密的内在联系。习近平总书记指出:"一个国家的发展水平,既取决于自然科学发展水平,也取决于哲学社会科学发展水平。一个没有发达的自然科学的国家不可能走在世界前列,一个没有繁荣的哲学社会科学的国家也不可能走在世界前列。"

(2)哲学社会科学研究应坚持以马克思主义世界观和方法论为指导。习近平总书记指出:"在马克思主义者眼中,世界统一于物质,物质决定意识;实践决定认识,认识对实践具有反作用;人民群众是历史的创造者,是推动历史前进的真正动力。"

(3)哲学社会科学繁荣发展的正确路径。哲学社会科学的现实形态是古往今来各种知识、观念、理论、方法等融通生成的结果。

(4)理论的生命力在于创新。哲学社会科学理论需要创新,创新的生长点就是要从存在的现实问题开始。习近平总书记指出:"理论思维的起点决定着理论创新的结果。理论创新只能从问题开始。"

2. 揭示了中国特色哲学社会科学发展的特殊规律。习近平总书记"5.17讲话"明确了：

（1）哲学社会科学具有不可替代的重要地位，哲学社会科学工作者具有不可替代的重要作用；强调在新形势下，我国哲学社会科学地位更加重要、任务更加繁重。

（2）坚持以马克思主义为指导，是中国特色哲学社会科学的本质和灵魂，也是当代中国哲学社会科学区别于其他哲学社会科学的根本标志。

（3）要构建什么样的中国特色哲学社会科学，如何构建中国特色哲学社会科学的重大问题。中国特色哲学社会科学构建应体现继承与民族性，原创与时代性，系统与专业性。

（4）繁荣发展我国哲学社会科学事业的根本保证，是加强和改善党对哲学社会科学工作的领导。办好中国的事，关键在党；党的领导是中国特色社会主义的最本质特征。繁荣发展我国哲学社会科学，需要加强和改善党的领导，需要党发挥坚强领导核心作用。

3. 提出了要加快构建中国特色哲学社会科学。习近平总书记指出："要按照立足中国、借鉴国外，挖掘历史、把握当代，关怀人类、面向未来的思路，着力构建中国特色哲学社会科学，在指导思想、学科体系、学术体系、话语体系等方面充分体现中国特色、中国风格、中国气派。"这说明：

（1）要在正确融通古今中外各种资源中构建中国特色哲学社会科学。

（2）要在回答时代课题和实践问题中构建中国特色哲学社会科学。继续推进马克思主义中国化、时代化和大众化，继续发展当代中国马克思主义，要在实践中认识、检验和发展真理，从而实现自身的创新发展。

（3）要在正确把握学科、学术和话语体系的关系中构建中国特色哲学社会科学。学科体系居于主导地位，决定着学术体系，影响着话语体系。学科体系不完善，就难为话语体系提供理论、概念和表述的支撑，就会出现有理说不出，传不开的窘境。完善中国特色哲学社会科学学科体系，才能增强学术体系的活力和话语体系的感染力。

二、"7.1讲话"内涵分析

1. 回顾了党的历史贡献。中国共产党95年的奋斗历程是"苦难辉煌"的真实写照，是党团结带领中国人民在实现中华民族伟大复兴道路上顽强拼搏、接续奋斗、不断取得辉煌成就的95年。习近平总书记总结了中国共产党95年的历史贡献，包括对历史规律、经验、进程的阐释和解释。如"三个历史时期"：新民主主义革命时期(1921—1949年);社会主义革命和建设时期(1949—1978年);改革开放和社会主义现代化建设时期(1978年12月至今)。"三大经验":先进的党需要有先进的理论指导;党和人民群众的血肉联系;党的领导和走社会主义道路,必须长期坚持、永不动摇。

2. "不忘初心、继续前进"。习近平总书记"7.1讲话"中反复8次提到"不忘初心,继续前进",系统回答了中国共产党从哪里来、要到哪里去,当初我们为什么立党,立党后我们做了什么,今后还需要和将要做什么。初心就是立党救国为民,富国富民,强国强民,最终实现共产主义理想。"不忘初心、继续前进"就是要坚持和发展马克思主义,坚持和发展中国特色社会主义,坚持为人民服务的坚强决心;就是要在中国共产党的领导下,密切联系群众,坚持改革开放,走和平发展的道路,全面建成小康社会,实现"两个一百年"目标,实现中华民族伟大复兴的"中国梦"。"不忘初心、继续前进"是中国共产党的历史使命和当代课题。当前,我们党既面临着"四种挑战":一些国家对我国围堵打压的挑战;国外社会思潮对我国意识形态的挑战;民族分裂主义的挑战;改革发展稳定遇到诸多难题的挑战。也面临着"四大考验":长期执政的考验;改革开放的考验;市场经济的考验;外部环境的考验。还面临着"四种危险":精神懈怠的危险;能力不足的危险;脱离群众的危险;消极腐败的危险。习近平总书记告诫全党,要时刻准备应对"四个重大":应对重大挑战、抵御重大风险、克服重大阻力、解决重大矛盾。我们只有坚持和发展中国特色社会主义,坚持和巩固党的领导地位和执政地位,才能使我们的党、我们的国家、我们的人民永远立于不败之地。

3. 继续做好"进京赶考"。习近平总书记引用毛泽东同志当年从西柏坡到北京是"进京赶考"的比喻,警示和要求我们要继续高举马克思主义旗帜,要面向未来,抓建设、谋发展。"进京赶考"就是要坚定理想信念,增强战略定力,统筹推进战略目标和布局,推进改革开放,基于人民立场,始终不渝走和平发展之路,全面从严治党。我们要坚定道路、理论、制度和文化"四个自信";要坚持马克思主义指导思想、坚持远大理想目标和坚持国家发展战略"三个不动摇"。我们要继续把中国特色社会主义推向前进,交出新的更加优异的答卷。

第三节　学习贯彻　行动指南

通过对习近平总书记重要讲话的认真学习,我感到了"守土有责、守土负责、守土尽责"的责任感,以及用马克思主义思想理论培养国家发展的建设者和社会主义事业接班人的历史使命感。为此,我觉得自己要立足工作实际,做好教书育人、科研育人、实践育人、管理育人、服务育人、文化育人和组织育人,努力引导和帮助大学生健康成长、成人和成才。

一、教书育人

作为学校马克思主义学院直属党支部书记,我觉得要认真学习领会和贯彻落实习近平总书记的讲话精神,通过课堂教学活动,传播马克思主义立场、观点和方法的科学性;要以马克思主义为指导,以学生为中心,一切为了学生,积极做好教书育人的工作。学院要以课程建设为基础,练好教学内功,分析和解读社会热点和难点问题,不断创新教学方式,探讨如何抓住学生的兴奋点,探索传统方法与现代多媒体网络化教学模式相结合,把马克思主义、毛泽东思想、邓小平理论、"三个代表"重要思想、科学发展观和中华民族伟大复兴的中国梦,融入思想政治教育教学活动之中,培养大学生的社会主义核心价值观,努力让他们用马克思主义思想观点和方法来看待个人与社会的发展,提高独立的学习和思考能力,把个人命运与国家发展结合起来,在真学、真懂、真信和认同上下功夫,努力成为国家发展的建设者和社会主义事业的接班人。

二、科研育人

高校要积极参与构建中国特色马克思主义哲学社会科学体系,就需要加强科研工作。科研在于创新,既可以增强教师分析和解决教学中的问题,也可以提高教学能力和自身素质,从而促进思想政治教学,实现科研育人的目的。习近平总书记指出:"理论的生命力在于创新,创新是哲学社会科学发展的永恒主题。"创新是一个艰难的劳动过程,需要树立问题意识,保持敢于理论创新的勇气,推进哲学社会科学学科体系、学术观点和科研方法创新,并积极争取政策和经费等多方面的支持。为此,我们要加大政策支持力度,建立激励机制,多争取项目支撑,鼓励教师结合教学实际工作中的问题开展课题研究。就我个人来说,先后主持完成了全国教育科学"十二五"规划教育部重点课题《职业院校学生职业性向测验研究》、中国高等职业技术教育研究会"十二五"规划课题立项课题《高职院校学生可持续发展能力培养的实证研究》和云南省哲学社会科学规划《云南省高职创业教育发展现状分析与实践机制研究》等课题研究,主要还是关注热点问题,力图通过课题研究,达到科研育人的目的。

三、实践育人

高校在开展思想政治理论教学的同时,还要加强社会实践育人工作。以昆明冶金高等专科学校为例,我们通过组织学生参加各类实践教学活动,如利用西南联大纪念馆、云南陆军讲武堂、云南民族博物馆、西山人民音乐家聂耳之墓、红色革命基地和爱国主义基地等教育资源,以及组织大学生开展"三下乡"社会调查实践活动,结合青年志愿者服务等多种形式的社会实践活动,以马克思主义理论为指导,融入社会主义核心价值观,结合现实社会发展问题的分析和探讨,促进学生政治思想认识的提高。近年来,我校马克思主义学院先后派出指导教师,与校团委协作,利用假期组织大学生"三下乡"社会实践活动,到云南省不同州县的乡镇村进行社会调查与采访活动。学生在老师的指导下,通过到乡村的实地调研和现场考察,认识和分析课堂理论与现实社会之间的问题,践行社会主义核心价值观,学会思考和解决问题,努力增长专业知识和工作能力,以便毕业后能更好地融入和服务社会。

四、管理育人和组织育人

作为一名高校马克思主义学院的书记,我认为自己的工作重心之一就是如何开展马克思主义学院的思想管理工作及组织工作。管理育人和组织育人就是要始终坚持党的领导核心作用,坚持马克思主义的指导地位,重视思想政治和哲学社会科学工作。要从学院的发展角度,思考如何建立有效的管理和组织激励机制,打造一支真懂真信、忠于党的教育事业、爱岗敬业、结构合理的哲学社会科学教师队伍;重视和培养一批学术功底扎实、有创造活力的教学创新团队,中青年学科带头人,开展教学评比,发挥教师在哲学社会科学工作中的使命与担当;创建学习型党组织,加强教师的培训学习,做到政治上充分信任,思想上主动引导,工作上创造条件,生活上关心照顾教师。同时,要树立良好的学风,坚持领导与教师之间,教师与教师之间的听课制度,加强思想政治教学与科研工作的监管,防范错误思潮的影响,确保马克思主义的指导地位和党的领导作用,积极做好管理育人和组织育人工作。

五、服务育人

从高校人才培养的角度,服务育人就是要以马克思主义为指导,融入我国社会主义核心价值观,以学生为本,做好服务学生的工作。高校马克思主义学院要在校党委领导下,与宣传部、组织部、校团委、院系党团等密切合作,树立宣传马克思主义的阵地意识、教育意识和服务意识,立足自己平凡的工作岗位,注意言行举止,行为示范,尽职尽责。通过做好面向学生的各项教学与管理服务工作,开展思想政治理论和核心价值观的知识竞赛、歌咏比赛、演讲评比等活动,加强大学生思想引导,关心生活贫困学生,增强对马克思主义的真懂、真信和真用,从而达到服务育人的目的。

六、文化育人

高校文化育人就是要发挥作为意识形态前沿阵地的作用,自觉坚持以马克思主义为指导,围绕"立德树人"这一根本任务,把话语权融入社会主义核心价值观,营造良好的校园文化环境。如,利用校史馆、宣传栏、墙报、板报、校报校刊、网络博客、QQ、手机 APP 和微信等媒体资源,促进马克思主义思想的宣传。也可以利用报告和讲座,挖掘优秀校友,民族精神文化,企业文化精神,强化高校的文化育人。还可以通过在教学过程中融入一些优秀历史传统文化遗产、红色革命传统、道德模范、科技兴国、时代英雄和爱国志士等典型案例,提高教学的针对性和实效性,增强学生的感性认识,坚定道路自信、理论自信、制度自信和文化自信,帮助大学生树立正确的价值观,坚信马克思主义思想理论。

总之,作为一名高校思想政治教育工作者,我觉得自己的责任更大了。"不忘初心,继续前进",我们要高举马克思主义旗帜,在党中央的领导下,加强政治思想学习,增强使命担当和教书育人的本领。在平凡的工作岗位上,积极做好思想政治教育工作,帮助学生提高认识,学会思考、学会做人、学会做事,努力成为我国社会主义事业的建设者和接班人;同时,积极分析、探讨和解决现实问题,贴近问题和实际做研究,为繁荣哲学社会科学做出自己应有的贡献。

第二篇

02

抓好新时期的党建工作　推进学校稳步发展

【内容介绍】不要人夸颜色好,只留清气满乾坤。学校坚持执行"双建"责任制十六年不动摇,并制定了"双建"工作的双原则,促进学校和谐稳定的发展。同时,学校围绕党在不同时期的工作重点,将党对高校意识形态工作的领导权及主动权落到实处;紧扣立德树人的育人理念,培养德才兼备的优质学生,建设优秀干部队伍,改革完善学校干部人事制度;贯彻落实"两学一做"的重要精神,走好网上群众路线,真正做到为人民服务。学校在坚持执行"双建"的基础上,还要建设高职院校廉政文化。然而,建设高职院校廉政文化,要认清新常态,把握社会和文化的发展规律,结合自身的实际情况,切实联系校园文化建设,不断创新,才能取得应有的效果。

第一章

"双建"为学校发展护航*

——执行"双建"责任制十六年不动摇　促进学校和谐稳定持续发展

昆明冶金高等专科学校始建于1952年,作为云南省高职教育排头兵院校,学校党委始终将"培养什么人""如何培养人"的问题作为办学的出发点,牢牢把握社会主义高校的办学方向和党对高校意识形态工作的领导权及主动权。"道路问题是关系党的事业兴衰成败第一位的问题,道路就是党的生命。"[①]尤其是在进入21世纪以后,面对纷繁复杂的国内外形势和快速发展的办学规模,学校党委于2001年开始,决定由校党委书记、校长代表学校党政与校属各党总支、直属党支部逐年签订《党的建设和精神文明建设责任书》,年终据此对执行情况进行考核、表彰。至2016年,16年来,学校的"双建"工作从未间断,营造了一个风清气正的育人环境,为学校的和谐稳定发展提供了精神保障。

第一节　基本原则

习近平总书记指出:"要更广泛更有效地调动干部队伍的积极性。要不等不拖、辩证施策,充分调动党员干部干事创业的积极性、主动性、创造性,推动形成想作为、敢作为、善作为的良好风尚。"[②]在"双建"的实际操作中,为了充分调动和激发领导干部的积极性、自觉性和实效性,学校制定了"双建"工作的"双原则":

一、各有侧重,分类考核原则

考核指标统一分为党的建设、精神文明建设两大类,党的建设下分为思想建设、组织建设、作风建设、制度建设、党风廉政建设五类二级指标,精神文明建设下

---

* 本文作者:辛志成、赵远娥、杨永锋、赵艺懋,党委宣传部
该文曾获得中共云南省委高校工委2015年高校宣传思想工作优秀成果三等奖。有部分修改。

分思想政治教育、校园文化建设、综合治理及环境、创新性工作等四类二级指标。三级指标则根据各学院、各部门不同的工作职能,拟定不同类别的考核指标,并根据形势发展,逐年修改完善,体现针对性及公正性。

二、"双建"工作与教学、行政管理同步

按照党政主要负责人"一岗双责"的要求,将"双建"工作融入学校各项教学管理、行政管理中,做到同部署、同检查、同考核。每年12月学校组织考评小组,以交叉考核的方式考评,检查考评结果作为二级领导干部年度业绩评定、评优的重要依据。16年来,表彰"双建"先进集体累计达百余家。

第二节　围绕党在不同时期的工作重点　将党对高校意识形态工作的领导权及主动权落到实处

一、筑牢思想建设的根基

加强理论学习,重点抓两级班子的党委理论学习中心组的学习。根据党的十六大、十七大、十八大以及十八届三中、四中、五中、六中全会精神,围绕学校改革、发展和稳定的大局,结合学校的中心工作,以学校中层以上干部为重点,以两级班子带动广大师生,先后组织开展了系列专题学习活动。教职工的学习主要是结合自身岗位,进而提高理论水平、思想觉悟和责任意识;学生的学习以思想政治理论课为主渠道,结合形势政策教育、校园文化活动、所学专业,采取专题报告、重点辅导等灵活方式开展。按时间顺序,主要有:"保持共产党员的先进性"教育、"云岭先锋工程"、社会主义荣辱观教育、科学发展观、解放思想大讨论、学习型党组织、创先争优、十八大以及十八届三中、四中、五中、六中全会精神、党的群众路线教育实践活动、"三严三实"和"忠诚干净担当"、"两学一做"学习教育等一系列专题学习。自2001年开始,学校逐步建立和完善了党委理论学习中心组、院(部)理论学习中心组以及教职工理论学习制度。

通过组织"学海讲堂""大学生骨干培训班""班长培训班""青年马克思主义者论坛""百场形势政策进校园""开学第一课"等各类专项活动,逐步提高了师生的思想认识、坚定了理想信念。

开展师生思想状况调研,常抓不懈。为了摸清广大师生的思想动态和学校发展过程中存在的热点难点问题,多年来,我校一直参加由教育部组织、一年一度的

高校师生思想状况调研工作。通过采用问卷抽样调查、座谈会以及领导深入基层了解等多种方式,摸清了广大师生的思想动态,找到了存在的问题,找准了解决问题的突破口,形成了心齐、气顺、劲足的可喜局面。

学校牢牢把握新常态下党的思想建设的精神实质,要求各党总支、直属党支部力争做到联系学院工作实际,认真组织宣传学习中国特色社会主义理论体系,学习宣传贯彻落实十八大、十八届三中、四中、五中和六中全会精神及习近平总书记系列重要讲话精神;巩固党的群众路线教育实践活动成果,开展好"两学一做"学习教育,继续做好相关工作;及时传达学校党委、行政的工作部署、安排;加强学习型基层党组织建设,落实学习制度,院(部)级中心组理论学习每年不少于四次,教职工政治理论学习有计划、有记录、有总结,院(部)师生党员每月至少学习两次,积极支持并认真安排教职工参加学校和上级组织的培训学习;教职工能结合学习工作,撰写、发表理论及思想政治类文章。

二、夯实组织建设的基础

多年来,学校党委充分发挥党总支的政治核心作用和基层党支部的战斗堡垒作用以及共产党员的先锋模范作用,通过开展一系列专项工作,确保了各级党组织在学校发展进程中的先进性作用,为学校发展提供了强有力的组织保障。坚持"三会一课"制度,做好党员民主评议工作,通过"云岭先锋工程""细胞工程""人才强校"工程、"五好党支部"创建、"创先争优""四群"教育、"党的群众路线教育实践活动""三严三实·忠诚干净担当"及"两学一做"学习教育等一系列专题活动,进一步加强完善了基层党组织建设和干部队伍建设,培养了一支素质较高的基层干部队伍;实施了干部制度改革,于 2005 年 11 月至 2006 年 6 月期间,首次在全校实施了以干部竞聘上岗为核心的干部制度改革;坚持标准、注重质量,认真抓好党员发展和教育工作。坚持做好以"党建"带"团建"工作,产生辐射效应。

学校牢牢把握新常态下党的组织建设工作的精神实质,要求各党总支、直属党支部力争做到:党组织班子积极参与讨论和决定本院(部)重要事项,积极推进院(部)各项工作,政治核心作用明显;重视抓好"双培养"工作;加强对党员的教育、管理监督和服务工作,做好党组织关系转接、党费收缴等日常工作;做好流动党员特别是毕业生流动党员的管理工作;合理设置党支部,科学选配支部书记,指导做好党支部建设工作,支部具有战斗力;认真做好统一战线工作。

三、严明作风建设的保障

毛泽东同志说过,政治路线确定之后,干部就是决定的因素。持之以恒、坚持不懈地抓好作风建设,是实现"立德树人"的根本保障。多年来,学校党委一直将"转变工作作风,增强服务意识,狠抓服务工作"作为党的作风建设的工作重点,提出了"11223344"的办学理念,开展了"一增四提高"和"八个良好风气""讲党性、重品行、作表率、促发展""转变工作作风、增强服务意识、狠抓服务工作""一面旗、一团火、一盘棋""党员联系班级、联系宿舍、联系学生"等一系列专项活动;坚持民主政治建设:学校各级党组织坚持民主集中制原则,重大问题集中研究决定,认真落实《领导班子民主生活会制度》,坚持召开两级民主生活会;认真落实领导干部廉洁自律相关规定,坚持民主推荐、组织考察、干部任职谈话和任前公示制,均严格执行了"三谈两述"和询问质询等制度;制订印发《昆明冶金高等专科学校行政问责制实施办法》,成立学校行政问责制工作领导小组,全面负责行政问责制实施办法的贯彻落实;在校园设立"意见箱",在校园网开通"校长信箱",严格规范信访登记管理程序。

学校牢牢把握新常态下党的作风建设的精神实质,要求各党总支、直属党支部力争做到:具有较强的大局意识和"一盘棋"思想,党群、干群关系和谐;尊重和维护师生员工的民主政治权益,坚持"院(部)务公开",保证师生有效行使知情权、参与权和监督权;求真务实,干部经常深入基层调研,紧密联系职工群众,较好体现群众路线。

四、把握制度建设的关键

"没有规矩不成方圆"。抓好制度建设,是真正实现依法治校、办好社会主义大学的关键环节。自 2001 年开始签订"双建"责任书至今,学校坚持以制度强管理,以管理促落实,"构建科学体系,加强党的制度建设",建立健全了一系列规章制度。重点建立和完善了《中共昆明冶金高等专科学校委员会工作规则》《中共昆明冶金高等专科学校委员会会议制度》《学校领导干部办事规则》《中共昆明冶金高等专科学校党委中心组学习制度》《党总支、党支部工作制度》《关于选拔和培养后备干部工作制度》《民主推荐干部制度》《党员组织生活制度》《组织发展工作程序》《教职工代表大会提案工作实施办法》等近七十个规章制度,为学校的改革发展和党的建设提供了强有力的制度保障。2014 年,云南省教育厅将我校列为云南省高等学校首批大学章程核准试点高校之一。我校根据《教育法》《高等教育法》《职业教育法》《高等学校章程制定暂行办法》等法律法规,完成了《昆明冶金高等专科学校章程》的制定工作。经云南省高等学校章程核准委员会评议,云南省委高校工委、省教育厅党组会议审议通过,云南省人民政府同意,云南省教育厅核准,学校党委会 2015 年 3 月 24 日研究决定予以发布。

学校牢牢把握新常态下党的制度建设的精神实质,要求各党总支、直属党支部力争做到:结合院(部)实际,抓好党政工团学的制度建设工作,并逐步规范落实;严格党员组织生活制度,认真组织好"三会一课";坚持民主集中制建设,建立并落实院(部)党政联席会议制度;严格遵守党内换届选举制度,建好领导班子;坚持和完善二级领导班子民主生活会制度。

五、坚持党风廉政建设的"永恒课题"

"加强党性党风党纪教育是一项管根本、管长远的基础性工程。党的十八大以来,我们党更加注重加强党性党风党纪教育,为全面从严治党奠定了坚实基础。"[③]16年来,学校认真贯彻落实党风廉政建设责任书,努力构建教育、制度、监督并重的惩治和预防腐败体系,切实加强和改进党风廉政建设。结合学校工作中存在的实际问题,进一步完善领导干部党风廉政建设和领导干部廉洁从业责任制,形成有效的党风廉政长效机制和监督机制;完善干部任前谈话、诫勉谈话、考察预告、任前公示、任职回避、任期经济责任审计和责任追究制度;进一步加强制度执行情况的监督检查;建立巡视制度和党风廉政问责制,健全督查考评机制;改进信访举报、案件审理和案件监督管理工作;建立健全党风廉政案件及时揭露、发现、查处机制,逐步形成符合我校实际、切实可行的党风廉政体系基本框架,提高党风廉政建设制度的针对性和实效性。16年来,由于党风廉政建设责任落实到位,党员干部的群众观念、工作合力不断增强,精神面貌得到改观,工作情绪饱满,工作效率提高;干部工作作风不断改进,服务质量明显改善。尤其是机关人员的责任意识、忧患意识、大局意识和发展意识进一步增强,为师生服务的质量和水平明显提升,受到了广大师生的一致好评,促进了各项工作的落实。

学校牢牢把握新常态下党风廉政建设的精神实质,进一步修订完善了学校"党风廉政建设"责任书的内容,二级指标增加了"认真落实中央'八项规定'、省委'十项规定'和省纪委'九个严禁'以及涉及'四风'建设"的相关内容。深入开展"为民务实清廉"主题教育和"四群"教育活动,认真贯彻落实中央和省委、省政府厉行节约的各项规定,进一步完善因公出国(境)管理制度、公务用车使用管理制度和公务接待管理规定,建设"节约型校园"和"配合学校努力完成省委、省政府、高校工委布置的各项工作任务"等内容。自党的十八大以后,学校"三公"经费开支持续呈下降趋势。同时,充分利用专题民主生活会、宣传栏、专题教育等多种渠道,加强廉政宣传教育,筑牢思想道德防线;开展"廉政文化进校园"活动;上报了《昆明冶金高等专科学校关于申报第二批省级廉政文化示范点的报告》,制订了《昆明冶金高等专科学校创建第二批省级廉政文化示范点的实施方案》;加强对安宁校区工程建设、物资设备采购的监督管理和跟踪审计;加强师德师风建设,治理学术不端行为。

第三节 紧扣立德树人的育人理念
学校精神文明建设工作成效显著

自 2001 年至今,学校党委对校园精神文明建设工作高度重视,先后于 2003 年、2006 年被命名为昆明市文明单位;2007 年 4 月 13 日,省精神文明建设指导委员会办公室正式通报,授予我校为第十一批"云南省文明单位"称号;2009 年 1 月,学校被中央文明委命名为"全国精神文明建设先进单位"。工作成效主要体现在以下六个方面:

一、坚持教育引导,切实加强和改进大学生思想政治教育工作

从关心学生的热点难点问题入手,将社会主义核心价值观融入学生日常教学。形成了校、院、班三级帮困助学工作网络;落实各项资助政策,关爱家庭困难等特殊学生群体,从"奖、贷、减、免、勤、资、补"方面不断完善,相继制定实施了《优秀贫困学生奖学金管理暂行办法》等多项制度,2011 年被省教育厅评为云南省学生资助工作先进集体;持续在全校师生中开展"爱心、暖心、用心"的"三心"工程;多渠道多手段完善就业服务;坚持每年的教师、学生思想状况滚动调查,并将调查数据、调研报告及时报送教育部。

开展多种形式的学生思想政治教育活动。一是以新中国成立 60 周年、2008 年北京奥运会、"5·12"汶川大地震、建党 90 周年以及党的十六大、十七大、十八大等重大活动为契机,在广大青年学生中先后广泛开展了"向时代先锋,杰出校友赵家富同志学习""知荣明辱、诚实守信、铸就人生""我爱我的祖国""爱党·爱国·崇学善思·求是创新·立业奉献"以及"中国梦"和"云南精神""青年马克思主义论坛"等 20 余个大类、累计 20 余万人次参加的数百场当代大学生核心价值观主题征文、演讲比赛、宣讲会、座谈会等系列教育活动,并组织专人编辑了《昆明冶金高等专科学校青年思想引导手册》(2011 版)。二是有重点分年级做好学生思想政治教育工作:一年级以学校发展、法治安全、心理健康、专业教育等为主;二年级以诚信教育、学风教育为主;三年级以就业创业教育为主。三是通过团学组织,加强实践教育,如举办各类社会公益、志愿者服务以及各类专业比赛等项活动。四是进一步落实工作机制,完善辅导员、班主任管理、培训制度;实行学生党

员宿舍挂牌制,签订党员《自律责任书》,建立科学可行的学生评价体系;加强培训,发挥学生干部的"四自"管理作用。

立德树人是核心,教书育人是关键。将社会主义核心价值观纳入各专业人才培养方案,充分发挥思想政治理论课的主渠道作用,认真开展好社会主义核心价值观的"三进"工作。

二、建章立制,服务中心,为学校和谐健康发展营造良好的法治环境

健全制度,依法治校能力明显提高。一是健全规章制度,教育教学活动依法规范;学生日常行为依法管理,促进良好校风形成;严格按照规章制度,做好学籍管理工作。二是充分发挥学校人财物优势,积极配合学校社区开展普法活动,成为所属地区法治建设的骨干力量。

法治宣传教育形式灵活多样。一是以社会实践为"第二课堂",增强了普法的实效性;二是构建学校、家庭、社会"三位一体"的大学生法制教育网络;三是发挥宣传阵地作用,开展主题教育;四是搭建法治安全教育平台,利用新生军训,开展特色国防教育,结合"法治进校园",开展禁毒防艾宣传教育。

严格执行招生政策。严格按照"阳光工程"的各项要求,强化信息公开,完善监督措施,尤其在单独招生考试中,加强试题保密和考务考场管理,招生考试、录取工作全过程自觉接受相关监督。

校园安全建设有成效。始终坚持"安全第一,预防为主,单位负责,突出重点"的方针,以"抓防范,保安全"为重点,以保障师生生命财产安全为宗旨,以创建平安单位为主线,以积极预防和妥善处理不稳定因素为突破口,全面提升和巩固创建平安单位所取得的各项成果,学校安全稳定,和谐发展。学校被授予"云南省治安保卫工作先进集体""云南省省级平安校园"等荣誉称号。

创建语言文字规范化示范学校。学校坚持将语言文字规范化活动融入社会主义核心价值体系、"中国梦""云南精神"等教育活动中,近年来,完成近三万人次的普通话水平测试,75%达到二级乙等以上,先后被评为"云南省非师范类高等学校语言文字达标学校""云南省先进测试站"。

三、紧扣育人理念,凸显办学特色,校园文化建设稳步推进

以迎接建校60周年为载体,校园文化稳步推进。2012年11月4日,是我校建校60周年纪念日。学校以此为契机,极大丰富了广大师生的校园文化生活,凸显了文化育人的氛围。一是办学定位、办学方略等办学理念得到进一步完善;二是加强校园文化的基础性工作,如征集校标、制作校徽、修订校歌、完成校园信息

导向系统等工作;三是完成"五个一"工程:编辑一部校志、建成一个校史展览馆、制作一部学校宣传短片、制作一本宣传画册、举办一场"校庆杯"师生书画作品展。

校园文化活动空前活跃。学校着力构建了以学生会为主力军、社团为生力军、大学生艺术团为先锋军的校园文化格局。上半年以"红五月"带动,下半年以"大学生文化艺术节"引领的精品化、大型化、示范性校园文化品牌体系,充分发挥了校园文化的特殊育人功能。近年来,校园文化建设不断线,校园活动天天有。

树"学海讲堂"校园品牌。自2012年10月起,设立"学海讲堂",在师生中引起强烈反响,至今已举办120余讲。有所建树的专家学者、行业精英、名企代表都到校开讲,内容涉及学术科技、人文艺术、职业导航、创新创业、心理健康和国内外热点问题等。

学生创新素质大幅提升。学校创新创业教育工作在省内乃至全国高职高专院校具有明显优势,近年来,先后代表云南省参加"挑战杯"全国大学生课外学术科技作品竞赛、创业计划竞赛,实现了我省专科院校进入该项决赛并获得全国大赛铜奖的两项零的突破。在第七届全国高职高专"发明杯"大学生创新创业大赛中,学校获得48个奖项,其中一等奖14个。

宣传工作彰显特色。一是近16年来,学校的育人成果、改革成效在省内外的媒体宣传报道200余篇,其中在《中国教育报》《中国青年报》等国家级媒体发表30余篇,《云南日报》等省级媒体发表近100余篇。二是认真做好校内信息的沟通、交流工作:《昆明冶专报》自2010年10月创刊至今,已累计出刊85期,修改、编辑、采用稿件两千余篇;近五年来,莲华、安宁两个校区户外橱窗共出宣传专栏近800余期;校园网发布图片、文字信息近2000条;广播站播出各类新闻500余条。

第四节　签订"双建"责任书常抓不懈　学校发展成绩喜人

16年来,"双建"责任制促进了学校各项工作。学校先后获得全国高职高专院校科研工作先进单位、全国毕业生就业典型经验50强高校、全国重点建设职业教育师资培养培训基地、国家技能人才培育工作突出贡献奖单位等荣誉。

一、师资队伍不断增强,专业建设成果丰硕

1.师资队伍。现有在职教工949名。其中,正高职82人(8.6%)、副高职289人(30.5%)、"双师型"教师506人(53.3%)。有享受国务院政府特殊津贴专家 1 人、云南省中青年学术和技术带头人 1 人、省级教学名师 7 人、云岭学者 1 人、云岭教学名师 2 人、云南省科学技术创新人才 1 人,云南省教学名师工作室 4 个、国家级教学团队 2 个、省级教学团队 8 个。

2. 专业建设。现有国家级精品专业 1 个、国家级教改试点专业 3 个、国家示范建设专业 6 个、国家级精品课程 4 门、全国教指委精品课程 10 门、省级精品课程 23 门,国家级精品教材 3 本、"十二五"国家规划教材 26 本、专业特色教材 56 本。

二、形成"进口旺,出口畅"招生就业格局

学校得到广大考生和家长的广泛认可和信任,省内普高录取分数线均超过省内三本最低控制线,居云南省高职高专院校前列(详见表 1)。2010 年起,学校率先在省内试行单独招生,校企合作办学力度增大,为企业定向培养了大批专业技术人才(详见表 2);学校积极拓展国有大中型企业批量就业,促进小微企业稳定就业,确保本土化就业增量,积极推进国外省外就业。毕业生就业率始终保持在同类院校领先水平,连续十余年获得云南省高校就业工作一等奖(详见表 3)。

表 1　学校近 5 年招生统计表

年度	原始计划	报到	录取分数(云南)	
			二本线以上人数	三本线以上/%
2012	4750	4762	738	100
2013	4750	5360	203	100
2014	4710	5577	141	100
2015	4710	5039	386	100
2016	6200	5949	204	100

表 2　学校近 5 年单独招生统计

年度	招生计划	报考人数	实际录取人数	报到人数
2012	1000	9015	1000	963
2013	600	3577	610	592
2014	1200	6715	1203	1164
2015	1300	6811	1245	1206
2016	1500	8139	1529	1482

表3 学校近5年提供就业岗位情况

年度	毕业生人数	提供岗位数	生均岗位数	单位数
2012	3073	17118	5.57	458
2013	4022	19521	4.85	452
2014	5074	20623	4.06	404
2015	4620	20748	4.49	308
2016	5159	18183	3.52	352

三、学校办学实力增强,办学规模扩大

学校现有省级示范实训基地13个;实验实训仪器设备总值2.2亿元,生均教学科研仪器设备值达到省内领先水平,建成了先进的数字化校园基础平台,已建成校外实训基地388个、校内实训基地28个、校内实训室305个、理实一体实训室159个(详见表4)。

表4 学校近年来办学规模变化情况

年份	在职教工人数	在校生人数	开设专业个数	占地面积/亩
2001 年	503	3939	26	240
2015 年	953	16246	78	1253
2016 年	949	16714	79	1244.43

参考文献:

①习近平:《毫不动摇坚持和发展中国特色社会主义》,载《习近平谈治国理政》,外文出版社,2014年版。

②习近平:《打铁还需自身硬——关于全面从严治党》,载《习近平总书记系列重要讲话读本》,学习出版社、人民出版社,2016年版。

③吕永志:《党风廉政建设是治党治国的永恒课题》,载《人民日报》,2016年10月24日。

第二章

论"互联网+"时代党的建设[*]

—— 推进"两学一做",走好网上群众路线

　　党的十八大以来,为继续保持党的先进性、纯洁性,我们党先后开展了群众路线教育实践活动、"三严三实"专题教育,对解决县处级以上领导干部存在的突出问题、推进全面从严治党起到了重要作用。2016 年,党中央决定在全体党员中开展"两学一做"(学党章党规、学系列讲话,做合格党员)学习教育,是群众路线实践活动和"三严三实"教育的拓展和延伸。

　　随着互联网时代的到来,网络已成为人民群众发表声音、表达诉求最简便、最快捷的主要传播媒介之一,为推进党的建设,开展"两学一做",走好网上群众路线开辟了新途径、提供了新平台。

第一节　"两学一做"学习教育的核心内涵

　　"两学一做",是推动全面从严治党从上级机关向基层党组织延伸,从集中性教育向经常性教育延伸,巩固、拓展党的群众路线教育实践活动和"三严三实"专题教育成果,进一步解决党员队伍在思想、组织、作风、纪律等方面存在的问题,推动党内教育从"关键少数"向广大党员拓展,保持党的先进性和纯洁性的又一重大举措。

一、学习教育的内容和基本要求

　　"两学一做"的"学":学党章党规、学习近平同志系列讲话。通过深入学习党章党规,增强党规党纪意识,自觉遵守党的制度、纪律和规矩,树立行为规范;学习

---

　　*　本文作者:庄倩琳,云南师范大学马克思主义学院;庄雷,昆明冶金高等专科学校马克思主义学院

　　曾发表在《昆明冶金高等专科学校学报》,2016 年 32 卷 4 期。

习近平同志系列重要讲话,重在加强理论武装、统一思想行动。

"两学一做"的"做":是争做合格共产党员。加强党性修养,坚定理想信念、强化政治意识、勇于担当,始终保持共产党员本色,充分发挥先锋模范作用,做讲政治、有信念,讲规矩、有纪律,讲道德、有品行,讲奉献、有作为的合格党员。

"两学一做",基础在"学"。思想是行动的先导,我们党历来注重从思想建党入手。全体党员第一位的任务是系统深入学习党章和系列讲话,把握精神实质和核心要义,自觉履行党员义务,严格遵守党规党纪,增强做合格党员的自觉性,坚定中国特色社会主义道路自信、理论自信、制度自信和文化自信,把思想行动统一到全面建成小康社会的伟大事业中来。

"两学一做",关键在"做"。习近平总书记指出:"学习的目的全在于运用。"①"只有坚持知行合一,不断用思想自觉引导行动自觉、让行动自觉深化思想自觉,才能抓得实、做得深、走得远。"②。学习党章党规、学习系列讲话,必须落实在行动上,做到知与行相统一、学与用相结合,做到思想同心、目标同向、工作同力、落实同步。

可见,开展"两学一做",基本要求就是以学习党章党规和习近平同志系列重要讲话为基础,时刻把增强为人民群众服务工作本领、提高解决实际问题的水平放在首位,自觉把要求转化为行动,践行群众路线,引领广大人民群众为全面建成小康社会贡献力量。

二、"两学一做"学习教育重在践行群众路线

中国共产党自成立之日起,就十分注重人民群众的重要作用,以毛泽东为代表的中国共产党在长期的革命实践中形成了"一切为了群众,一切依靠群众,从群众中来,到群众中去"的群众路线。群众路线不仅是毛泽东思想活的灵魂之一,也是中国共产党的根本工作路线,是党的根本领导作风和工作方法,是党密切党群关系的生命线,更是中国共产党长期形成的传统政治优势。不论是在革命年代,还是在以和平、发展为主题的今天,群众路线都具有经久不衰的时代价值。

1. 人民群众是推动全面建成小康社会的根本力量

马克思、恩格斯指出:"思想根本不能实现什么东西。为了实现思想,就要有

---

① 《习近平总书记系列重要讲话读本》,学习出版社、人民出版社 2016 年版,第 296 页。
② 习近平:《在党的群众路线教育实践活动总结大会上的讲话》,载《新华网》,2014 年 10 月 8 日。

使用实践力量的人。"①推进"四个全面"战略布局、贯彻落实五大发展理念，只有充分发挥人民群众的积极性、主动性、创造性，大众创业、万众创新，让蕴藏在人民中间的一切发展潜能极大涌流迸发，才能夺取全面建成小康社会决胜阶段的伟大胜利。

2. 党员干部带头践行"两学一做"是全面建成小康社会的政治保证

习近平同志指出，"没有广大党员、干部的积极性和执行力，再好的政策措施也会落空。"②"两学一做"学习教育要求落实到每个党支部、每名党员，是推动全面从严治党向基层延伸的重要举措。全面从严治党的一切工作，归根到底就是把全心全意为人民服务的宗旨在党员干部的思想和行动中根植得更扎实、更牢固，为全面建成小康社会提供可靠的政治保证。坚持群众观点，自觉践行群众路线是坚持创新发展、协调发展、绿色发展、开放发展、共享发展理念，"两学一做"在决胜全面建成小康社会进程中，人民群众是推动全面建成小康社会的根本力量，是党的全部工作出发点和落脚点，是根本的政治保证。

第二节　"互联网＋"为推动"两学一做"学习教育走好网上群众路线提供新平台

一、"互联网＋"的提出

2015 年全国两会上，人大代表马化腾在《关于以"互联网＋"为驱动，推进我国经济社会创新发展的建议》的议案中指出："互联网＋"是指利用互联网的平台、信息通信技术把互联网和包括传统行业在内的各行各业结合起来，从而在新领域创造一种新生态③。同年的两会政府工作报告中，李克强总理对"互联网＋"意义在国家发展战略层面作了进一步诠释。

"互联网＋"作为国家发展战略的提出，可以预见：一方面，今后互联网将在生产要素配置中充分发挥优化和集成作用，培育更多的新兴产业和新兴业态，形成新的经济增长点，促进经济社会各领域的融合创新，从而进一步提升实体经济的

---

①　《马克思恩格斯全集》第 2 卷，人民出版社，第 152 页。

②　习近平：《在党的十八届五中全会第二次全体会议上的讲话》，载《求是》，2016 年 1 月 1 日。

③　马化腾：《"互联网＋"将为经济转型升级提供重要机遇》，载《中国青年网》。

创新力和生产力,形成更广泛的以互联网为基础设施和实现工具的经济发展新形态;另一方面,随着 web2.0 时代的全面到来,"数字化生存"使网络化生活、网络化工作、网络化交往成为大部分人的生活常态,为人们的生活、学习拓展了更加广阔的空间。

二、"互联网+"为推动"两学一做",走好网上群众路线提供了新平台

习近平总书记指出:"深入研究新形势下群众工作的规律和特点,充分调动群众的积极性、主动性、创造性,拉近与群众的思想感情距离,不断提高为人民服务的实际本领"①。随着"互联网+"时代的到来,互联网在人们生活中的影响越来越大,在政治、经济和社会生活中也日益扮演着越来越重要的角色。"目前,中国有 6.7 亿网民、413 万多家网站,网络深度融入经济社会发展和人民生活。"②"互联网+"所提供的集移动互联网、云计算、大数据、物联网等于一体的网络平台,为用好互联网新载体,创新"两学一做"学习教育的开展方式提供了一个全新的平台。充分利用发挥好新媒体作用,以更快的速度、更广的覆盖面、更便捷的方式,使学习内容在全体党员中迅速得到传递和普及,为党在新的时期、新的历史条件下遵循群众路线,密切联系群众、宣传群众和动员群众开辟了新的途径、提供了新平台。

第三节　推进"两学一做"　走好网上群众路线的路径思考

面对世情、党情、民情的新变化,群众开始逐渐由线下走到网上,广大党员干部应该与时俱进,以积极拥抱"互联网+"的态度,享受数字化生活带来的各种便利,充分利用网络平台这个有效载体,将"互联网+"和"两学一做"有机结合起来,将群众路线走到网上。习近平总书记指出:"网民来自老百姓,老百姓上了网,民意也就上了网。群众在哪儿,我们的领导干部就要到哪儿去,要通过网络走群众路线。"③

一、走好网上群众路线,制度建设是保障

制度建设是走好网上群众路线的前提,是网上群众路线开拓、创新的重要保

---

① 《习近平总书记系列主要讲话读本》,学习出版社、人民出版社 2016 年版,第 283 页。
② 习近平:《在第二届世界互联网大会开幕式上的讲话》,载《新华网》。
③ 习近平:《在网络安全和信息化工作座谈会上的讲话》,载《人民日报》,2016 年 4 月 26 日。

障。以科学的制度为保障,形成"为民清廉务实"的制度机制,才能保证"互联网+"时代的网络问政、施政及监督顺利进行。

第一,建立健全网络听政问政机制。走好网上群众路线,关键是要求党员干部重视网民群众提出的意见,及时回应网民群众的诉求,认真解决好网民群众关注的问题,对一些具有普遍性的问题要进行细化分类、归档整理,并及时将相关问题纳入公共政策的议程,把维护群众利益的工作真正落到实处。"对广大网民,要多一些包容和耐心,对建设性意见要及时吸纳,对困难要及时帮助,对不了解情况的要及时宣介,对模糊认识要及时廓清,对怨气怨言要及时化解,对错误看法要及时引导和纠正。"①将网络听政、问政的机制制度化,有效减少"网上官僚主义"现象,实施民意的监督作用,赢得民众的信任与理解,得到人民的支持和拥护。

第二,建立健全党员干部的网络监督机制。"互联网+"时代为网络问政提供了广阔的网络平台,普通网民群众通过互联网与党员干部进行在线沟通,真实地表达自己的意见和诉求;党员干部的政务工作也应在"互联网+"时代变得更加公开、透明,便于各方的监督。通过如网络党务政务信息公开制度、网络实名举报制度、网络信访制度、限期办结回复制度、网上责任追究制度等,杜绝网络懒政,有效保障监督党务政务工作的落实,保证网民群众反映的问题件件有回声、事事有着落。

第三,创建"线上线下"联动对接机制。"互联网+"时代,网络成为密切党群、干群关系的新桥梁和媒介。充分搭建和利用好互联网新平台,认真对待网民群众的意见和诉求,做好研判和调查,坚持网上群众路线,走好网上群众路线,切实为民排忧解难,建立健全"线上线下"联动的对接机制,维护好群众的利益。

二、走好网上群众路线,打造平台是关键

走"网上群众路线",本着"了解群众所思所愿,收集好想法好建议,积极回应网民关切、解疑释惑"②的基本要求,利用"互联网+"新平台,传递党的声音,宣传党的理论,倾听民意,增进感情,凝聚共识,积聚力量,践行群众路线,为实现全面小康提供不竭动力。在"互联网+"时代,充分利用和发挥互联网、智能手机便捷快速的功能,打造开放、包容的网络互动平台,是新时期走好网上群众路线的关键。

第一,利用好互联网学习、交流、互动的平台。如:全国党建云平台、党建网、

---

① 习近平:《在网络安全和信息化工作座谈会上的讲话》,载《人民日报》,2016年4月26日。
② 习近平:《在网络安全和信息化工作座谈会上的讲话》,载《人民日报》,2016年4月26日。

"两学一做"远程教育平台、云岭先锋网,以及"学习中国"App、云党建平台(App)等强大宣传功能和优势,通过时政要闻、思想理论、舆论热点、群众联系、专题评述等板块的媒介,传递党最新治国理念及精神、核心的思想理论等,确保公民的知情权,把握舆论引导的话语权和主导权。

第二,创新网上新载体,打造手机App、党务微博、微信等网络智能平台。特别是手机App,由于其具有便捷、迅速、小巧,以及可以个性化定制等特点,让人们获取信息数据的途径更加多元、宽广、快捷,越来越受到使用者的青睐。在手机App平台中,可通过预设"党建工作在线宣传、党员线上学习"模块,让党情完成"速递",让每一名党员及时、便捷地听到党的声音、看到实时图像;在"党务工作互联网化模块",提供党员、群众、党代表、党组织之间交流互动的场所,实现信息的发布与管理、信息浏览、文件下载、互动、投票、事项举报功能,形成"有话大家谈、有成果大家享、有困难大家帮"的良性氛围,以党带群,党群互动;在"党建窗口链接"模块实施积分激励,活跃氛围,与时俱进,完成"三会一课"、支部活动、民主生活会等,让党组织的声音、党员干部和群众的交流打破时间和空间的局限,深入日常生活,为党员干部和群众的沟通交流搭建起一个新的平台。

总之,基于两个网络平台,建立多种交互方式,打造多种互动载体,听取网上民意,回应网民关切问题,为广大网民解疑释惑,让互联网成为党和政府与网民沟通交流的平台,走好网上群众路线。

三、走好网上群众路线,提高党员干部素养是前提

网上群众路线是否能走好,最终还是要落实到党员干部的身上。因此,"互联网 +"时代不仅要求党员干部掌握相应的计算机网络技术,还对党员干部自身的素养有了更高的要求。能否善待、善用、善管网络,已成为检验党员干部素质的一个新标准。

首先,网络问政已经不是一个新话题,党员干部应该提高自己的网络问政意识,充分发挥"互联网 +"所提供的网络平台优势,有意识地利用好互联网带来的便捷,更加深入地了解民意、民需,实现"政府—网民"的良性互动。

其次,党员干部应该增强网络信息的甄别水平,提高解决网络突发事件的能力。网络时代,媒介无时无刻不充斥着各种各样的信息,只有不断提高自己的甄别能力,才能自觉抵制不良信息的袭扰,驾驭复杂网络环境局面,加强网络舆情监控,及时发现异常情况,遏制网络突发性事件的苗头;进而引导民众增强抵御不良信息的意识,通过网络问政表达自己的想法和意见的宣讲会,对群众进行相关的教育,提高群众有序参与的意识,为走好网上群众路线打好群众基础。

【结语】党和国家的事业发展没有止境,党的建设改革创新也没有止境。从党的群众路线教育实践活动到"三严三实"专题教育,再到"两学一做"学习教育,是持续深入推进党的建设的重要举措。主动适应"互联网＋"的新要求,用好互联网新载体,推进"两学一做",走好网上群众路线,是推进全面建成小康社会进程、实现"两个一百年"奋斗目标、实现中华民族伟大复兴的中国梦的政治保证。

第三章

新形势下高职院校廉政文化创新建设的路径探究*

第一节 高职院校廉政文化创新建设的意义

一、廉政文化建设是校园文化建设的重要构成部分

高职院校校园文化建设与廉政文化建设相互影响、相互制约和相互发展。高职院校的廉政文化建设是校园文化建设的重要内容,廉政文化是校园文化与廉政建设相结合的产物,为了更好地建设校园文化,廉政文化建设要不断地更新观念、改进工作方法。创新校园文化,意味着势必要创新廉政文化建设。充分认识并发挥廉政文化在高校中的作用,把廉政文化建设作为促使学校领导干部廉洁从政、教师廉洁从教和学生廉洁修身的一种价值导向,促进学校自身的发展,从而通过学校这个廉政"小社会"来影响校外的廉政"大社会"。

二、廉政文化建设是人才培养和反腐倡廉的现实需要

1. 廉政文化建设是反腐倡廉的现实需要。2017年1月,中国社会科学院与社会科学文献出版社在京发布《中国反腐倡廉建设报告 No. 6》,报告显示,自1998年高等教育法颁布以来,高校办学规模和自主权力不断扩大。高校作为一个相对封闭的"小社会",不仅涉及的管理环节较多,事务庞杂,而且扩招以后师生数量与管理人员不相匹配,使教学、招生、科研、后勤、基建、财务、学生管理等关键岗位权力寻租问题突出。仅2016年一年,中央纪委监察部网站纪律审查栏目总计通报27名高校领导干部,其中,执纪审查15人次、党纪处分17人次(5人在一年中既被执纪审查又被党纪处分),平均每月通报2名以上高校领导干部。高校作为教

---

* 本文作者:刘姝,纪检监察审计处

书育人的"象牙塔",近年来,不正之风频现,腐败易发高发,足见高校不是清水衙门,更非一方净土,高校廉政风险防控任务繁重,反腐倡廉形势依然严峻。加强廉政文化建设,营造廉洁的校园环境,对净化高校"小社会"有重要的现实意义。

　　2. 廉政文化建设是人才培养现实需要。高职院校担负着培养生产、建设、管理和服务第一线的高技能人才的重要任务,是培养社会主义事业建设者和接班人的坚强阵地,是为党源源不断输送合格人才的大熔炉。廉政文化建设是高职院校培养思想素质过硬、综合能力较强、理论知识扎实、业务水平较高的大学生,不断为社会输送高素质人才的重要政治保证。廉政教育要从小抓起,才能保证未来社会的廉洁。大学生正处于人生观、世界观、价值观形成和发展的重要时期,他们身上肩负着历史的重任,担负着祖国的希望,接受反腐倡廉相关知识的影响和熏陶,成为有崇高理想信念的社会主义接班人和建设者做好准备。

第二节　高职院校廉政文化建设中存在的问题

一、重视程度不够,制度建设不完善

　　高职院校对廉政文化建设的重视程度直接影响了廉政教育的效果。当前,部分高职院校存在着廉政文化建设重视程度不足、制度建设不完善的问题:一方面,有些领导干部认为教学科研是学校建设的核心硬指标,把廉政文化建设定位为"讲起来重要,做起来次要,忙起来不要"的软指标,对廉政文化建设的重要性认识不够,由此也引发了部分高职院校对于廉政文化建设缺乏行之有效的制度保障,仅由少数相关部门在推进工作,没有相对完善的制度保障廉政文化建设的质量和水平;另一方面,部分教职工和学生认为廉政文化建设与自己无关,缺乏强制外力,对参与和推动廉政文化建设缺乏动力和热情。以上的认知缺陷都不同程度地影响到了廉政文化建设的应有效果。

二、资源整合不充分,创新不足

　　当前,针对廉政文化建设,多数高职院校没有充分整合运用应有的教育教学资源。纪检部门、组织部门、宣传部门、教务部门、学生工作部门、团委等常常分开作业,各自负责对应的廉政文化建设工作。与此同时,廉政文化内容和形式较为单一,创新性不足:一方面,思政课关于廉政文化的教授内容缺乏针对性,教学手段单调,学生提不起兴趣;其次,宣传渠道还停留在传统媒体和走廊、过道、电子屏

幕的"标语"等,没有充分运用新的宣传渠道和手段;专题讲座,开会学习写感悟,播放廉政电影写观后感等还是廉政文化教育的主要形式,没有充分调动起师生的积极性,还停留在完成任务的思想阶段,流于形式。

三、教育对象比例失衡,力度不够

很多高职院校着重把廉政文化的教育对象放在领导干部,无形中弱化了对普通教职工和学生的教育力度。新形势下,受到市场经济和西方不良文化思潮的冲击,很多教师和学生的人生观、价值观和世界观受到影响,出现了如崇尚金钱权利,一味追求享乐主义、消费主义的不良思想,一定程度上腐蚀、冲击了他们的理想信念和道德观念。所以,加强对普通教职工和学生的教育力度是构建科学有效廉政文化建设,创建和谐、廉洁校园的必然要求。

四、可持续性不足,长效机制缺失

目前,高职院校的廉政文化教育活动的主要内容还停留在应对上级检查、完成工作任务的阶段,如每年上级部门定期举行的廉政书画大赛、征文大赛等。主动性缺乏使临时性行为增多,从而造成相应的工作可持续性不足,长效机制缺失,无法形成长期工程[①]。

第三节　高职院校廉政文化创新建设的路径选择

一、结合新形势,把廉政文化建设传统模式做细、做深、做实

1. 提高认识,完善制度建设。净化学校政治生态,关键在于培育廉洁的校园环境:要把廉政文化建设与校园文化建设充分融合,强化领导干部和师生的廉洁意识和对廉政文化的认识,把立德树人、规范管理和春风化雨、润物无声灵活结合起来,把解决师生的思想问题和教学科研、学习就业等实际问题结合起来,不断完善相关制度的建设[②]。

2. 继续发挥思政课主阵地的作用。思政课程要根据其特点和性质,有针对性地找准切入点,将廉政文化教育纳入其中。涉及廉政文化教育的课程应从教学内容、形式、手段等方面进行创新,结合当前形势、热点案例,大力挖掘传统文化,梳理古代廉政思想、格言警句、廉政故事等,融合新思想新内涵,不断丰富教学内容;在教师讲授的基础上,多创设讨论情景让学生融入;课内或课后观看廉政漫画、视频等,丰富教学手段;通过不断探索符合学校实际的教学方法和手段,提高教学水平,让廉政文化入耳入脑入心。

3. 多途径开展廉政教育活动。首先,结合师生实际,打造更有特点的传统廉政教育活动,如专题讲座、展览、书画、漫画比赛、晚会等;另一方面,整合多部门教育教学资源,开展灵活多样的廉政教育新活动,如目前我校开展的"第二课堂""大骨班"等都是很好的可利用资源,学校应充分将廉政文化教育内容融入其中,以取得更好的教育成效。

二、运用新媒体平台,把廉政文化建设的教育形式不断扩大拓宽

2017 年 1 月中国互联网络信息中心(CNNIC)在京发布第 39 次《中国互联网络发展状况统计报告》(以下简称为《报告》)。《报告》显示,截至 2016 年 12 月,中国网民规模达 7.31 亿,相当于欧洲人口总量,互联网普及率达到 53.2%,我国手机网民规模达 6.95 亿。高职院校应充分考虑到一个现实,即廉政文化的教育不能再停留在"线下"。为了更好地让师生便捷地关注获取到信息,学校应该主动运用新媒体平台,把廉政文化建设的教育形式不断扩大拓宽,改变信息传播的滞后性,拓宽信息传播的覆盖面——充分运用学校官方微博、微信公众号、官网、论坛进行廉政文化内容的传播,相关部门在条件允许的情况下,也应开设专门的新媒体平台进行信息的传播;充分运用各大新媒体平台的交互功能,师生进行在线的互动交流,"线上""线下"活动双线结合,激发学生兴趣;与此同时,为保证新媒体平台工作的有序进行,要构建行之有效的监督机制和专业的信息管理队伍,对可能存在的不良信息等进行监督和管理。学校应在探索利用新媒体推进校园廉政文化建设的过程中,不断总结、创新,谋求适合自身廉政文化建设的实践路径[③]。

三、打造廉政教育基地,打通廉政文化建设新渠道

深入挖掘廉政文化资源,积极推进校地合作建设廉政教育基地。要利用地方或行业内部的廉政文化教育基地对师生开展廉政文化教育,通过图片、展览等多种廉政文化素材深入了解地方或行业内部廉政文化资源,充分让领导干部、广大师生亲身感受廉政文化建设的优秀成果,牢固筑起拒腐防变的思想防线。

积极参与地方或行业内部廉政教育基地、示范点的共建活动:学校可依托基地建设开展相应的素材挖掘、课题研究,编写廉政文化教材,建立廉政文化研究中心、实践活动等;与此同时,基地、示范点可以借助学校师资力量,推进基地建设,组织开展相关讲座、报告会等,实现校地资源共享,由此增强廉政文化的感染力和吸引力,打通廉政文化建设的新渠道[④]。

【结语】高职院校廉政文化建设要认清新形势,把握社会和文化发展的规律,结合自身的实际情况,切实联系校园文化建设,不断创新,才能产生应有的效果。在做细、做深、做实传统模式的基础上,充分利用新媒体平台,构建多样化的教育形式,通过打造廉政教育基地打通廉政文化建设新渠道,不断探索、创新高职院校廉政文化建设的新途径和新方法,确保高职院校把廉政文化建设落到实处,为高校营造风清气正、高雅和谐的校园环境。

参考文献:

①李永安:《提升高职院校廉政文化教育针对性时效性探索》,载《陕西交通职业技术学院学报》,2016 年第 4 期。

②冀晓东:《新媒体环境下高职院校廉政文化建设研究》,载《宿州教育学院学报》,2017 年第 1 期。

③韦宏思、成娟娟:《全面从严治党新常态下构建高校廉政文化教育模式的思考》,载《河池学院学报》,2016 年第 4 期。

④贾亮:《让高校始终充满积极向上正能量》,载《中国纪检监察报》,2017 年 5 月 5 日。

第三篇 03

思想政治理论课教学研究

【内容介绍】高校思想政治教育工作不仅承担着以马克思主义引领各种社会思潮的重任,而且还担负着为中国梦的实现培养政治素质过硬的合格建设者和接班人的使命。在举国为实现中国梦奋力拼搏的时代背景下,高校的思想政治教育工作应突出理想信念、社会责任感和党的理论、方针政策教育的重要性,要坚持马克思主义在意识形态领域的指导地位,坚持巩固全党全国人民团结奋斗的共同思想基础,将中华民族优秀传统文化融入日常思想政治教育工作的各个环节,从而增强高校思想政治教育工作的感染力和说服力。马克思主义学院的教师们结合自身的教学实践,对如何上好思想政治理论课及其相关课程,从"翻转式"课堂教学模式、标准化考试到注重理论课教学的时效性,进行了一系列的思考与探讨。

第一章

中国梦背景下高校思想政治教育工作的责任与使命*

实现中华民族的伟大复兴,是中华民族近代以来最大的梦想。中国梦承载着中国 13 亿人民的梦想,它的实现需要弘扬中国精神,凝聚中国力量,特别是青年人的力量。少年智则国智,少年强则国强,少年富则国富。在举国为实现中国梦而努力奋斗的今天,作为实现中国梦的主力军和生力军的大学生群体,他们的思想状况决定了他们能在实现中国梦的伟大征程中起多大的作用。不可否认,当代大学生关心国家的前途和命运,主流是积极、向上的;但是随着改革开放的深入,我国处于大发展、大调整和大变革的重要历史时期,西方价值观和多元价值观念的影响和冲击,使部分大学生迷失自我,理想信念淡漠、社会责任感缺失是不争的事实。作为意识形态工作重要载体的高校思想政治教育工作,不仅承担着以马克思主义理论引领各种社会思潮的重要任务,而且还担负着为中国梦的实现培养政治素质过硬的合格建设者和接班人的使命。

第一节　坚持对大学生进行理想信念教育是基本要求

梦想有多远决定我们能走多远。理想信念是对未来的判断,是我们愿意坚持并努力为之奋斗的终生目标。没有理想、缺乏信念,一个人就缺乏行动的动力和目标,一个国家就缺少前进的动力和奋斗的目标。中国梦是全国人民的梦想,是所有中华儿女共同的理想,符合时代的潮流和所有中华儿女的期盼。中国梦是实现个人梦的基础和前提条件,只有中华民族实现了伟大的复兴,个人理想才有实现的空间和价值。中国近代以来的历史告诉我们,一个民族只要有梦想,并有为梦想奋力拼搏的信念,梦想一定能够实现;中国历史上无数的仁人志士同样用他

＊ 本文作者:杨康贤,马克思主义学院

　发表在《吉林广播电视大学学报》,2014 年第 3 期。

们的实际行动告诉我们,每个人需要有梦想才能创造辉煌灿烂的一生。当前,我们正处于改革的攻坚阶段,新旧体制转轨、社会矛盾凸显、经济快速发展、传统与现代发展重叠,社会上多种思潮不断碰撞,部分大学生理想信念淡漠、信仰缺失的现象不得不引起高校思想政治教育工作者的重视。如果不坚持开展共产主义理想信念教育,各种拜金主义、享乐主义、极端个人主义思想就会泛滥。《中共中央关于进一步加强和改进大学生思想政治教育的意见》中也强调:"以理想信念教育为核心,深入进行树立正确的世界观、人生观和价值观教育。"高校的思想政治教育工作,不仅要对大学生进行马克思列宁主义、毛泽东思想和中国特色社会主义理论体系的教育,还需加强对党的基本理论、基本路线、基本纲领和基本经验以及中国革命、中国建设和改革开放的历史教育,最重要的是要根据经济和社会形势发展变化,不断丰富理想信念教育的内容。让学生正确认识中国梦和个人梦的关系,引导学生将自己的青春梦与中国梦有效地融合在一起;通过理想信念的教育,使大学生正确认识社会发展规律,认识国家的前途命运,认识自己的社会责任,确保在中国共产党的领导下走中国特色社会主义道路,实现中华民族伟大复兴。

第二节　夯实社会责任感教育是核心任务

社会责任感是指人们在一定社会历史条件下形成的对他人、对社会所应承担的相应职责,履行多种义务和使命担当的一种强烈的自律意识和人格素质。大学生社会责任感的高低不仅体现了大学生综合素质的状况,而且也关系到中国特色社会主义伟大复兴的中国梦能否实现。大学生能否担当起时代赋予的历史使命,事关国家、民族的前途和命运。当代大学生是改革开放的受用者和现代科学技术的先行体验者,与老一辈人相比,他们重视自身价值的实现、张扬个性,但是也普遍存在以自我为中心、过于追求自我价值的实现而忽视对社会、对他人的责任。特别是受到市场经济、西方各种价值观念的影响,当代大学生社会责任感却明显淡化,重个人轻集体、重索取轻奉献、重利益轻道义等现象比较严重和突出。如果说,责任的重要使责任教育成为永恒,那么当代大学生目前表现出来的责任意识的模糊、责任感淡化的客观现实使责任感教育成为刻不容缓的事情。

2010 年 7 月颁布的《国家中长期教育改革与发展纲要(2010—2020)》明确指出,要着力提高学生服务国家服务人民的社会责任感。社会责任感教育是高校思想政治教育的核心任务:一方面社会责任感教育是大学生健康成长的内在要求,它关系到学生的成长、成才。大学阶段是个人社会化的重要时期,但是很多学生心智还不成熟,尚不能完全把握自己的思想和行为。因此,在高校的思想政治教育中加强社会责任感的教育,有利于将来学生在学园学子向职业人转化的过程中可以自觉承担起对社会、对国家的责任,能够在人生道路上做出正确的抉择,并顺利走向和融入社会。另一方面,社会责任感也是大学生成才的重要支柱。社会责任感是大学生职业素质的重要组成部分,只有具有强烈社会责任感的人才能脚踏实地、兢兢业业地工作;同时,社会责任感也是大学生创新的重要源泉。一个没有社会责任感的人,即使在面对落后的社会现实和极不合理的社会现实时,也不会产生主动改变社会、改变世界的想法,久而久之个人的发展因为不与时俱进而遭遇淘汰,国家的创新能力无法得到提升。所以,高校的思想政治教育应该意识到社会责任感教育的重要性,在具体的教育过程中以爱国主义、集体主义教育为核心,引导学生正确认识个人与社会的关系,认识个人利益与社会利益的依存关系。在教育的方式方法上要加大社会实践力度,将社会责任感的知、情、意、行有机统一起来,真正培养德才兼备的高素质人才。

第三节　宣传党的重要理论、方针和政策是重要职责

高校是理论研究和创新的主要阵地,也是历来各种政治力量争夺意识形态主导权的重要场所。在当前意识形态斗争异常激烈的情况下,加强大学生的思想政治理论教育是高校宣传工作的重要组成部分,也是意识形态斗争的重要内容。在大学生价值观确立之时,能否通过有效的思想政治教育的方式和方法,使学生坚定崇高的理想信念,掌握科学的理论,树立正确的人生目标,决定着思想政治教育工作的成败。当代大学生对于中国必将实现伟大复兴的信念来源于大学生对于我们国家制度、理论和道路的自信,这种自信又来源于对党的历史、重大方针政策和制度的了解和认识。因此,宣传党的重要理论、方针和政策是高校思想政治教育工作的重要职责。在宣传党的基本路线、方针、政策和新的理论过程中,高校思想政治教育工作者应该站在新的起点上,积极应对信息化时代给思想政治教育工作带来的机遇和挑战,坚持贴近实际、贴近生活、贴近学生的原则,深入研究网络信息传播规律,掌握大学生喜爱的话语方式,综合运用各学科的知识及时对热点问题作出有深度的评论和有立场的回应,充分发挥思想政治理论课的主渠道作用,将第一课堂和第二课堂有效结合起来,通过校园文化和各种党团组织活动让学生了解中国梦的历史、现在与未来,了解中国梦与历史梦、中国梦与世界梦、中国梦与个人梦的关系,自觉投身于中国梦的伟大实践中,增强党的理论、方针、政

策的说服力和感染力。

第四节　传承中华民族优秀传统文化是历史使命

传承和创新中华民族优秀传统文化是大学的历史使命之一。思想政治教育作为宣传思想工作的重要方式,继承中华民族优秀传统文化是思想政治教育工作的基础,创新中华民族优秀传统文化是思想政治教育工作的时代要求。习近平总书记指出,在全面对外开放的条件下做宣传思想工作,一项重要的任务就是引导大家更加全面客观地认识当代中国,看待外部世界。这就要求高校的思想政治教育工作必须植根于中华民族优秀文化,教育工作需符合学生实际,将中华民族优秀文化与思想政治教育内容有机结合起来。

优秀传统文化凝聚着中华民族自强不息的精神追求和历久弥新的精神财富,是我们宝贵的文化软实力,是建设中华民族共同精神家园的重要支撑,是实现中华民族伟大复兴中国梦的思想保证。中华民族在五千多年的发展过程中形成了悠久灿烂的文化,对经济发展、社会进步起到了至关重要的作用。千百年来,中华民族有多少仁人志士为了中华民族的复兴,为了中华民族能傲然屹立于世界的东方,引领着我们不断地寻梦、追梦。中华民族的历史就是一部不断追梦、筑梦的历史。在此过程中,中华民族的优秀传统文化起到凝聚人心、鼓舞斗志的作用。如今,在全国人民为实现中国梦奋力拼搏的过程中,高校思想政治教育加强中华民族优秀传统文化教育有利于增强民族自豪感和自信心,有利于学生自觉培养对祖国对人民的特殊情感,凝聚人心,并自觉地投身于社会主义现代化建设的实践中。因此,高校思想政治教育工作者要认真研究中华民族传统文化和中国特色社会主义的关系,明确中国特色社会主义要植根于中华文化的沃土,并将中华文化与思想政治教育工作有机结合起来,将中华民族的优秀文化融入学生的日常教育中,并使其内化为学生的自觉行动。

第二章

大数据背景下高职院校思想政治理论课程建设改革初探[*]

第一节　研究背景

随着信息科技的高速发展和互联网的快速兴起,数据种类和规模呈爆炸式增长,大数据时代已经到来,人们的生活、工作、学习方式都会在大数据背景下发生不同变化。2015 年 9 月 5 日,国务院公开发布《促进大数据发展行动纲要》(国发〔2015〕50 号),指出今后将"深化大数据在各行业创新应用""推动大数据与云计算、物联网、移动互联网等新一代信息技术融合发展"①。

与此同时,智能手机的普及,让人们获取数据的途径更加宽广快捷。截至2015 年 12 月底,我国手机用户数达 13.06 亿户,手机用户普及率达 95.5 部/百人,比上年提高 1 部/百人②。同期,中国网民规模达 6.88 亿,互联网普及率为50.3%,手机网民规模达 6.2 亿,占比提升至 90.1%,无线网络覆盖明显提升,网民 WiFi 使用率达到 91.8%。20 ~ 29 岁年龄段网民的比例为 29.9%,在整体网民中的占比最大③。作为最容易接受新鲜事物的大学生群体,成了最大手机客户群,人手一机,甚至人手多机。大学校园里,只要在拥有网络信号的场合,随处可见学生使用手机的场景,餐厅、运动场、图书馆、小道上、花园里,甚至上课的教室里,"低头一族"就是对他们最贴切的称呼。大学生使用智能手机,一方面可以更多了解资讯、联络感情、放松娱乐;另一方面却因自律性不足对手机过度依赖,给学校管理、学生学习生活以及身心健康都带来了不同程度的负面影响。对这一现

---

* 本文作者:李娟、张敏,马克思主义学院
① 《国务院印发促进大数据发展行动纲要》,2016 年 4 月 23 日。
② 《2015 年中国手机用户数达 13.06 亿》,2016 年 4 月 23 日。
③ 《2016 年中国互联网络发展状况统计报告:中国网民数量达 6.88 亿》,2016 年 4 月 28 日。

象,部分高校采取限制使用时段、屏蔽网络信号等做法,虽然能暂时解决问题,但却起不到因势利导培养大学生利用数据能力、自主学习能力的作用。特别在大数据背景下,对信息资源的合理正确利用的大数据思维已成为从信息社会海量数据中发现新知识、创造新价值、提升新能力的认知世界和改造世界的重要能力。与此同时,高职思想政治理论课如何利用大数据背景下的信息资源与互联网平台更好地提高教育的针对性和实效性,理应成为思想政治理论课教师关注的课题。如何将以提高学生学习兴趣、学习效率为目的的高职思想政治理论课程建设与大数据背景、智能手机平台相结合,成为文章探究的起源。

第二节　大数据影响下高职院校思想政治理论课建设面临的挑战

随着物联网、互联网技术特别是云计算的不断发展与进步,大数据这种人工产生的资源就如同自然资源那样,被广泛运用到各行各业。人们通过收集、分析、整合、发布大数据获取更多信息,同时创造出更多的价值与利益,这些资源和成果反过来又切实地影响着人们的思想观念、行为方式——人类因此已进入到"数字化生存"的时代。国务院《促进大数据发展行动纲要》从国家层面对大数据进行了定义:"大数据是以容量大、类型多、存取速度快、应用价值高为主要特征的数据集合,正快速发展为对数量巨大、来源分散、格式多样的数据进行采集、存储和关联分析,从中发现新知识、创造新价值、提升新能力的新一代信息技术和服务业态。"①

大数据具备四个特征,即容量大、类型多、存取速度快、应用价值高。从大数据的特征上看,它不仅为高职院校思想政治理论课程建设带来了大量的数据资源,同时又犹如一柄"双刃剑"也使课程建设面临着较大挑战。

一、大容量与价值稀缺性并存带给教师甄别能力挑战

大数据最基本的特征即为容量大。在大数据时代,人们可以随时随地接收、存储、发布数据,因此数据量很容易积累到 TB 级,甚至可以达到 PB 级,但价值密度却远远低于传统关系型数据库中已有的数据。在这一背景下,思政课程可以利用互联网获取更多数据信息进行课程建设,如试题库、案例库、辅学资料库等。但要想找到真正有价值的数据,就如同大海捞针一样困难。进入数据库中的信息资

---

① 《国务院印发促进大数据发展行动纲要》,2016 年 4 月 28 日。

源越来越多,其中既有价值高的信息,但也包含大量无用的甚至错误的信息。特别是由于网络的开放性,任何人都可以发表自己的言论与观点,尤其是一些媒体为了吸引大众的眼球,一些网站为了提高点击率,一些人为了达到自身的某种目的,在网络上发布许多虚假信息,导致真实有效的价值数据并不多。目前,全国高职院校思想政治理论课程还没有形成一个权威性的、统一的数据库,课程建设的相关数据量大但却较为分散,这就要求高职院校思想政治理论课程教师必须具备较高的信息资源筛查和甄别能力,能够选取有效可靠的网络教学资源;否则,将影响到高职院校思想政治理论课程教学质量,难以使教学水平在大数据大资源背景下得到较大提升。

二、多类型与更新速度快并存带给教师集合能力挑战

大数据由于其呈现形式的不同具有多样性的特点,主要体现在:如网络日志、音频、视频、图片、地理位置信息等等,为高职院校思政课程建设提供了良好的条件:可用多元化的数据较形象地传递课程内容,使课程建设更为生动鲜活,将音频、视频、图片等多种形式运用到课程建设的方方面面。但由于数据存取速度快,更新速度较快,教师在课堂上所呈现的多类型数据资源必须随时更新,随时集合,以更有助于将教学的方式呈现给教学对象。

因此,大数据时代,比以往任何时代都迫切需要凝聚教师群体智慧,改变传统课程建设模式,从而更有效地应对挑战。

第三节　高职院校传统思想政治理论课程教学模式的局限

思想政治理论课程引导学生的关键在于帮助他们将科学的世界观、人生观、价值观内化为信仰、外化为行动,做到知行统一。但在教学实际过程中,由于受时空的局限,课堂之内无法让学生同时完成知识学习、领悟、外化。就现状而言,高职思政课教学存在以下不足:

一、以教师讲授为主,消磨了学生学习兴趣

高职院校思想政治理论课教学时间均为新生入学第一学期,并且主要以教师讲授形式进行。教师做主角,有利于教师组织管理课堂教学;但在这样的教学模式下,教师作为知识权威,把4/5以上的教学时间都放在了讲授知识上,学生做配角,只能用几乎不到1/5的教学时间来发言、讨论,完全丧失了课堂学习主体的地

位。这样的主次颠倒,使学生学习和理解课程知识的主动性和积极性处于消减状态。刚刚迈入高职学校的学生,既有急切适应新环境的焦虑,又有人生新阶段起步的兴奋,减损了其学习热情,被动接受就在更大程度上消磨了他们对课程进行系统学习的兴趣。

二、以课堂教学为主,弱化了学习自信

由于思想政治理论知识的外化形成需要时间和阅历的堆砌,通过有效途径灌输成为必然选择。但如果仅仅依靠课堂为主的学习环境,必将造成无视学生个体发展水平的差异和个性发展的需要,降低学生对课程知识在现实生活中真实呈现的感受度,更减弱其内心深处对课程知识的接受度。而目前,高职院校思想政治理论课主要以大班课堂教学为主,这样的传统教学模式使得教师和学生都面临着这样一个尴尬境地:教师想要和更多的学生进行互动,了解其兴趣和发展要求,但当面对上百个学生的课堂时,这些想法就显得力不从心;学生想要更多地从教师那里获取适合自己需求的资源,但看到教师课后既要解决学生问题又要赶赴下一个课堂的忙碌身影,解惑的想法也就此打住;同时,高职生源类型复杂,既有高中毕业生,也有"三校"毕业生,既有高考生,也有自主考生,多样化的生源带来了多层次化的基础知识和自学能力,以及多样化的自我管理能力。因此,这种以单一传授方式面对不同层次受众的教学模式,弱化了学生将社会主义核心价值观理论知识转化为自身知识体系的学习自信心。

三、以知识感悟为主,降低了外化自觉

传统教学模式把学生限制在教室里,脱离社会实践,仅通过理论知识教育来培育大学生的社会主义核心价值观,本身就体现出对知识外化应用的重视度不够;加之,高职学生思维活跃,喜欢新鲜事物,动手实践的能力强,讨厌"纸上谈兵"式的理论学习——以知识感悟为主的传统教学模式,不利于发挥学生的积极性和创造性的潜能,降低了他们将知识外化为行动的自觉性。

由此可见,高职院校传统的思想政治理论课教学模式已经显现出很大的局限性。在大数据背景下,高职院校的思想政治理论课必须积极主动地利用大数据资源改革课程教学与建设,以增强课程对学生的吸引力。

第四节　大数据背景下高职院校思政课程建设途径

要解决大数据背景下高职院校思想政治理论课建设所面临的问题,突破传统思想政治理论课程教学模式教学的局限,提高学生的学习兴趣,增强课程的吸引力,应以大数据思维和互联网思维,改革传统课程建设模式,以手机媒体为载体,运用翻转课堂理念,建设高职院校思政课手机 App 平台,实现考核方式无纸化、课堂内容网络化、辅学资料可视化、师生课外交流虚拟化,从而达到课程教学目标效率最大化,切实提高新形势下思想政治理论课的针对性和实效性。

一、基于手机 App 平台下的翻转课堂教学模式优势分析

与微信群、qq 群等平台相比较,手机 App 与翻转课堂的结合,具有以下的优势:一是独立性:在手机占有率近 100% 的大学校园,大学生可以独立地使用自己的智能手机,不必陷入到处找网吧、排队等上机的窘境。同时,大学生可以不受时空的限制,随时随地使用 App;二是个性化:qq、微信等通讯平台,因其代码不向公众开放,除开发者以外,其他人均无法自由设置通讯平台栏目,内容较为固定,只能简单交流,而手机 App 平台开放式的架构,使用者可以自由地根据需求,进行个性化设计;三是趣味性:手机 App 的使用,增强了人机互动体验,通过图片、视频、动画等一系列元素的游戏化设计,可提升学生的学习兴趣,例如,教师可以将课堂练习设置为竞猜游戏,评价分数设置为经验值等。

二、基于手机 App 平台的高校思想政治理论课建设途径

首先,建立基于手机 App 平台的翻转课堂教学模式。根据高职思想政治理论课教学特点,从教学时间、教学环境两个方面构建翻转课堂"三三循环"教学模式:第一个"三"即教学时间中的课前、课中与课下,第二个"三"即为教学实践中课堂实践、校园实践与社会实践。"三三循环"模式的最大优势是能最大限度满足高职学生学习心理中的知、情、意、行过程,使相应教学内容的学习成为一个循环内化外显的过程(图 1)。

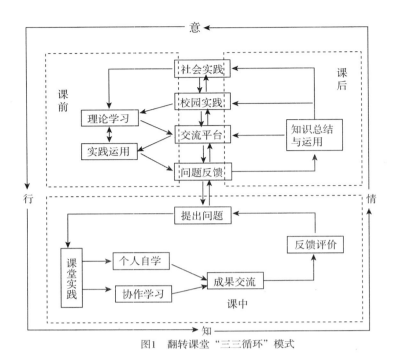

图1   翻转课堂"三三循环"模式

相应地,在课程手机 App 中设置多种学习模块,学生登陆平台后即可实现课前学情调查,课堂教师精讲,课后在线观看教学视频,查询辅助资料,课后练习等功能,实现翻转课堂的教学、交流、反馈和评价;任课教师从平台收集学生讨论、练习、调查的数据进行分析,及时调整教学内容和方式。

其次,建立基于手机 App 平台的标准化考试模式。手机 App 平台标准化考试模式,可解决传统考试模式下教学资源相对紧缺,教师工作量大费时,统计分析针对性不强等问题。思想政治理论课手机平台设置标准化考试模式,按照知识点在整个课程中的权重进行随机抽题形成考试试卷,提供判断题、单选题、多选题三种题型,学生答题时可在任意题型间进行切换,系统考试时间自动设定,交卷自动评分并显示考试成绩,考试过程文档自动存储,生成考试成绩汇总表,自动进行教学质量评价,绘出相应教学质量曲线。

【结语】高职院校思想政治理论课手机 App 平台的开发和应用,能够集中所有教师的智慧与能力,筛查、甄别、集合数据并运用到手机平台,帮助教师及时更新教学资源,以实现信息资源利用最大化。同时翻转课堂教学模式的设计,遵循高职学生对思想政治理论课程学习心理及特点,培养了大学生的自主学习能力和数据利用能力,用手机来辅助课程学习,实现学习效率最大化。因此,通过手机 App

平台的建设,实现高职院校思想政治理论课程考核方式无纸化、课堂内容网络化、辅学资料可视化、师生课外交流虚拟化,增强了高职院校思想政治理论课的实效性和针对性。

第三章

高职院校思想政治理论课"两个转化"的思考与探索*

——以昆明冶金高等专科学校概论课教学实践为例

高校思想政治理论课,是执政党的路线、方针、政策和执政理念在高校的传播和贯彻,是培养大学生树立科学的世界观、人生观和价值观的主渠道和主阵地,国家历来高度重视课程的开设。2006年全国高校按照教育部的统一部署,全面实施了加强和改进大学生思想政治教育的"05方案"。方案实施9年来,取得了骄人的成绩,为国家输送了数以百万计的社会主义接班人和建设者。高职院校作为我国高等教育的重要组成部分,在培养人才方面做出了应有的贡献,高职院校的思想政治理论课教师在按照国家要求推进人才培养,树立新型人才观、价值观和社会观,坚持用马克思主义理论为引领,全面培育社会主义核心价值观等方面功不可没。在具体的教学活动中,除了默默无闻践行"四真"理念,以及保持与时俱进的头脑,及时汲取国家最新大政方针养分的辛勤努力,还必须无时无刻不以自己百倍的努力,花最大的功夫使用"本科的教材",用专科层次学生广为接受的语言,以"查缺补漏"的方式,自觉完成着党和国家赋予我们的政治任务——"传道,授业、解惑",为培养合格的建设者、接班人做出应有的贡献。如何增强课程的实效性、针对性,提高教学质量,是一个永恒的话题。在实际教学中,如何实现从教材体系向教学体系转化、逐步实现知识体系向信仰体系转化,这是高职院校思想政治理论课教学的难点。

本文拟以昆明冶金高等专科学校《毛泽东思想和中国特色社会主义理论体系概论》课(以下简称"概论"课)教学实践为例,从教学内容整合、教学手段探析、教学方法实施等方面对"两个转化"的探索和思考作简要介绍,希望能对同行进一步研究有所启发。

---

　*　本文作者:庄雷,昆明冶金高等专科学校马克思主义学院;庄倩琳,云南师范大学马克思主义学院

第一节　"05 方案"实施与高职《概论》课教学中的困惑

高校思想政治理论课"05 方案"的实施,为高校更好地培养社会主义接班人、建设者指明了正确的方向,强调了"三贴近"的理论与实践相结合原则,创新了教育教学方法,取得了巨大的成就。从众多教育研究机构的调研分析结果,我们不难确认,2009 年至今毕业的大学生(含高职)总体思想情况良好,对党和国家的路线、方针、政策的拥护度、认同度和支持度明显上升;在校青年学生积极要求加入中国共产党的人数逐年递增,各高校青年志愿者活动开展得如火如荼,这些无不体现着当代青年的向上朝气与正气。客观上讲,这次历时 9 年的教学改革是成功的;然而,这其中也存在着难以解决的问题,特别是近年发展迅速的高职院校问题更加突出,时时困扰着教学一线从事《概论》教学的教师。

下面具体以教学活动的课程结构、学时安排与教材使用为例,做一个初浅分析。

一、课程结构体系之困

按照"05 方案",高校思想政治理论课的整个体系由六门课程组成,即:《马克思主义基本原理》《毛泽东思想和中国特色社会主义理论体系概论》《中国近现代史纲要》《思想道德修养与法律基础》《当代世界经济与政治》以及《形势与政策》。本科学校六门课程以渐进性的方式递进开设,其中自然架构了一个完整的思想政治理论教育体系,虽然也存在一定程度上的重合,但对于当今的大学生,特别是理科背景的学生,这种结构的学习能为其奠定较为坚实的理论基础。但是高职院校按照"05 方案"的要求,只开设了《毛泽东思想和中国特色社会主义理论体系概论》《思想道德修养与法律基础》《形势与政策》三门课程,这样就导致课程体系的不完整,缺乏必要的理论知识积淀,使教师在讲述过程中必然出现教学短板,教学体系缺损,逻辑结构被人为地割裂,最终导致学生接收信息碎片化。最明显的表现就是学生把所学的三门课看作互不相干的独立课程,一定程度上影响了学生的学习情绪,尤其是"概论"课的学习。

二、学时安排与教材使用之困

按照"05 方案"要求,《概论》课本科 6 学分,计 108 学时,专科层次 4 学分,72 学时。按上述课程结构体系安排,"时间紧、任务重"成了高职院校教师无法回避的一个现实问题。在有限的时间内,同样完成与本科教学无异的全书教学,必然导致有"量"而无"质",对于学生的信仰培育及"三观"树立势必带来诸多不利。再者,《概论》课作为核心课程,本应该从知识架构上有一个渐进性课程铺垫,如《马克思主义基本原理》《中国近现代史纲要》相关知识的学习与积累,但高职院校只开设了《概论》课程。从教材使用看,"05方案"实施以来,全国本专科学校均使用汇集了全国众多学界著名专家心血的统编教材,教材的科学性、思想性、价值导向性和逻辑性堪称最高成就;从内容看,教材涉及马克思主义理论中国化发展史、建设有中国特色社会主义总依据、总任务、总布局等各个方面具体问题,通过系统的教学可以帮助当代大学生形成较为完整的理论架构,帮助他们逐步树立对于国家发展的认同感,进而改造自己的世界观,自觉地按照党和国家的要求成人成才。因此,对于本科学生而言,在有一定历史背景及马克思主义理论支撑的前提下,无论是老教材,还是2013版新教材,都当之无愧地是一个完整而严密的体系。但对于专科层次的学生而言,教学课时数少、无相关基础支撑、理论体系逻辑不强等问题,势必大大增加教师讲述中的难度,要么"照本宣科",要么加大力度做大量补充,使授课教师疲于应付教学任务的完成,最终导致问题讲不清、讲不透,也难以完成党和国家赋予的思想政治理论课教师的历史重任,对于授课对象也是一个很大的遗憾。

第二节　"两个转化"的实践与探索

"05方案"实施以来,昆明冶金高等专科学校作为云南省第一所被省教育厅命名的高职院校思想政治理论建设"优秀学校",从2006年秋季学期开始,就按照相关部门的指示展开了统一教材、统一教案、统一课件"三统一"的教学改革研究和推进。经过几轮的教学实践,上述问题或矛盾逐渐显现。以下结合笔者参加2011年10月中宣部、教育部组织的2011年第5期(总第29期)全国高校思想政治理论课骨干教师研修班结业典礼上李卫红副部长就"05课改"以来的经验与不足,要求把"保持内容鲜活,增强教学的针对性、实效性;完善逻辑结构,增强课程说服力,让学生信服;教与学的价值升华,形成价值认同,培育认同感"进一步实现"两个转化"的精神指示,结合我们的教学实践,作一点归纳,供同仁参考与商榷。

一、以学生实际为依托,整合教材内容,探究"教材体系向教学体系"转化

思想政治理论课教材体系向教学体系的转化,是增强教学的实效性、针对性的一个复杂而现实的问题,其核心是实现"怎么教",即从"教什么"向"怎么教"转化的过程。所谓"教材体系"是以教材的内在逻辑体系为根本、以明确的主题为主线而形成的教材内容和结构。"教学体系"则是通过具体教学过程对既定课程的教材体系进行转化与呈现的教学结构、教学内容和教学讲授安排的总称。教师是实现这种转化的主体,体现在日常教学中就是对教材体系的熟悉与掌控——备课与教学,做到融会贯通、熟练驾驭、精辟讲解。

1. 整合教材内容,为"教材体系向教学体系"转化奠定基础。中宣部、教育部在教社科〔2008〕5 号文件中明确指出:思想政治理论课教师要以教材为教学基本遵循,在教材体系向教学体系转化上下功夫,真正做到融会贯通、熟练驾驭、精辟讲解。根据这一精神,自 2009 年开始,结合我校学生的层次和专业特征,我们以集体备课的方式"以科研促教学"有序地开展了如:专题讲述、模块化教学、案例教学等对"教材体系向教学体系"转化的研究与运用。2010 版教材使用以来,为提升我校《概论》课的针对性、实效性,我们以"模块化教学"为主要教学模式,整合教材、编制教案、修订多媒体课件,积极推进"两个转化"研究与实践。我们把教材原来的十五章,按照相应的逻辑结构整合为:总论部分、毛泽东思想部分、改革的探索与实践、特色社会主义建设总布局(含经济、政治、文化、社会)、国内外建设环境及建设的领导力量和建设力量五个模块,在讲授中依据全书的大逻辑体系和各模块的小体系逐一展开。我们针对高职院校学生的特点、知识结构,围绕所需知识点进行"补缺式"讲授。如:第一模块"总论"部分,以教材为归属点,以马克思主义理论的定义、形成、来源为牵引,补充马克思主义发展史的内容,帮助学生了解"什么是马克思主义""马克思主义的三大来源及三大组成部分"发展史,让学生对马克思主义有一个较为完整的理解,再导入关于"马克思主义中国化"的问题,初步理清理论体系的来龙去脉,让学生"知其然并知其所以然";从"是什么"入手,逐步推进"为什么"的学习,最终使学生知道应该"怎么办"。经过这样的讲授和思维训练,打牢基础,为下一模块的学习作好铺垫。第二模块——毛泽东思想部分主要涉及毛泽东思想的形成(把原来第一章第二节的内容整合至此)、新民主主义论和改造理论问题,教师在讲述中"以史立论",以 1840 年鸦片战争为起点,以历史和人民选择马克思主义的背景为开端,梳理、呈现中国革命 28 年的艰苦历程,凸显自中国共产党成立以来,在共产党的领导下中国革命的历史进程,归纳至毛泽东思想的形成、成熟及发展与我党的思想路线的形成与指导,共和国的建立与社会主义的实践探索,推进到关于社会主义建设部分的理论学习。把原教材第一章的第三节与原第五、六、七章整合,以邓小平理论的形成为抓手,定格在改革开放的根本任务和初级阶段理论,以改革开放的理论和实践为背景展开讲述,引导学生逐步了解"三个代表"重要思想及科学发展观提出的理论背景和过程,推导中国特色社会主义理论体系的形成与成果。

2. 以教学方法手段改革为前提,为"教材体系"向"教学体系"转化打开突破口。习近平同志在"8·19讲话"中指出:"讲好中国故事,传播中国声音。"其意义就在于用中国人耳熟能详的语言和故事,传递党和国家的声音。作为高校的思想政治理论课就是要在忠于理论宣讲为主线的前提下,用学生喜闻乐见的讲故事的方式、聊天式的讲课增加亲和力;用学生普遍接受的语言,讲实话、讲真话;从学生的关注点、热点入手,不回避问题,摆事实,讲道理。另外,教师还要抓住学生最关注的成绩核定问题进行改革,调整考试权重,把学生必须掌握的问题客观化,把理论指导实践的问题主观化,引导学生自主、积极学习,在领会、掌握和运用上下功夫,打开教学突破口,逐步培养他们运用马克思主义的理论分析问题、看待问题,解决问题的能力,达到实施教学的最终目的。

二、以马克思主义中国化理论为主线,实现"教材体系向教学体系"转化

在 2010 版教材十五章的内容里,我们设计对第一、二、三、四章中部分已被实践所证实的内容采取"以史立论"的方式,从讲历史事件、历史过程入手,逐步推进、引入理论的学习。如在上述经我们整合的第二模块中,强调学习马克思主义中国化的历史进程,马克思主义与中国的国情相结合,在中国生根、发芽、开花、结果,凸显马克思主义中国化的第一成果的产生。再如教材第七章关于改革开放的问题,则采取"直面现实,不回避"的方式,对改革开放 30 多年来的成就先作充分的了解、对比,摆事实,讲道理,引导学生加强对国家发展、对党的伟大功绩有清晰明了的认识,以理服人。再如第四模块(总体布局部分)、第五模块(特别是党的建设部分)中,则从学生关注的热点问题、现实问题、现象分析入手,采用案例教学方式呈现问题,运用马克思主义的基本原理加以分析,培养学生看待问题的方式、方法,逐步奠定"三个自信"的基础,加强认同感,有序推进"知识体系向信仰体系"转化。

三、以中国特色社会主义理论体系为核心,逐步实现"知识体系向信仰体系"转化

实现"知识体系向信仰体系"转化,要解决的是"培养什么人、怎样培养人"问题,这也是高校思想政治理论课开设的最终目的。众所周知,高校思想政治理论课开设是我国高校进行思想政治教育的主渠道,是帮助大学生树立正确"三观"的重要途径,传递的是执政党执政理念的主旋律。由于受多元文化的影响,部分大

学生的世界观、人生观和价值观发生扭曲，甚至出现了信仰的危机和对马克思主义信仰的动摇，这对高校思政课教师来说是一个严峻的挑战。在实际教学中，如何通过更为有效的手段与方式，将马克思主义理论、党在各个时期的大政方针和治国理念内化为大学生的理想信念，转化为自觉的行为指导，一直是国家对于高校思想政治理论课开设的殷切希望，也是我们每一个思想政治理论课教师孜孜以求的根本愿望。

在《概论》课教学中实现知识体系教学向信仰体系的转化，即实现"知、信、行"的转化与统一。这种转化必须以马克思主义中国化及中国特色社会主义理论体系为总纲，以整合设计的课程体系为依托，由"知"开始，指导学生学习、掌握马克思主义的最基本的原理、立场、观点和方法，逐步将"知"内化为"信"，培养学生信念、信仰，强化坚信不疑并愿意为之而努力和实践的精神态度，最终实现由"信"到"行"的转化。在较为系的理论宣讲基础上，本门课重在指导学生在运用上下功夫。经过几年的探究，教学实践取得了一些成绩。列宁曾说："离开工作，离开斗争，那么从共产主义小册子和著作中得来的关于共产主义的书本知识，可以说是一文不值"，即要求理论与实践相结合才有意义。我们的具体操作大致可以归纳为：结合授课内容，对应时政问题寻找观测点，确立主题、策划方案、分组负责，付诸实践环节（小论文撰写、社会问题调研、辩论、点评、成果确定与展示），通过这样的方式，让学生在"走出去"的过程中亲身体验与感受，以所学理论为指导，从思想的高度引发深度思考、研究和操作，实现以学生为主体，知行合一的转化（内化），逐步培养学生学会理性看问题、辩证分析问题、综合思考问题的能力，进而坚定立场，自觉形成维护大局的意识，树立起"四个自信"，塑造自己的新"三观"，最终锻炼成为有用之人。

【结语】实现"两个转化"从其意义和功能来讲，至关重要。顺利实施，对于人的培养、国家治理方略的实现都大有好处，反之则贻害社会发展。思想政治理论课的总目标就是要培养大批社会主义的接班人和建设者，而不是"掘墓人"。

作为"两个转化"的实践主体的思想政治理论教师，首先必须有过硬的马克思主义理论学习、研究、运用本领，以"四真"（真学、真信、真懂、真用）为引领，坚定政治立场，旗帜鲜明地宣讲马克思主义理论和中国特色社会主义理论，有浩然正气，积极传递党和国家的正能量，以"正"引正，培养学生树立正确的"三观""三信"；其次，熟练运用马克思主义理论的基本原理，教会学生看问题、分析问题，引导他们知行合一，关注社会热点、社会问题，不回避、不歪曲、晓之以理、动之以情，以讲大白话、大实话的方式分析说理，以解学生思维之困；其三，吃透教材，确定主题，设计教案，精选案例，合理使用媒体技术、加强互动，打造学生喜爱的授课形式,传递知识、凝练思维、坚定理想信念;其四,关注时政,寻找学生兴趣点,聚焦与辨析,与时俱进,增强课程的鲜活性,使教育过程更具魅力。

参考文献:

①庄雷:《论高职院校思想政治理论课"两个转化"实践与探索》,载《昆明冶金高等专科学校学报》,2014 年第 6 期。

第四章

高职院校思想政治理论课标准化考试的探索
与实践*

——以昆明冶金高等专科学校为例

考试环节是高校思想政治理论课教育教学的重要环节,是检测教师教学和学生学习效果的重要手段。中共中央宣传部和教育部发布的《关于进一步加强和改进高等学校思想政治理论课的意见》(教社政〔2005〕5号)(以下简称"05"方案)提出"要改进和完善考试方法。采取多种方式,综合考核学生对所学内容的理解和实际表现,力求全面、客观反映大学生的马克思主义理论素养和道德品质"。从2013年起,昆明冶金高等专科学校积极推进考试方式的改革,对基于计算机通讯网络技术的标准化考试进行了有益的探索和尝试。

第一节　标准化考试对高职院校思想政治理论课教育教学的影响

标准化考试是指大规模的、具有统一标准的、按照系统的科学程序组织,并对误差作了严格控制的考试,是以标准化试题、唯一正确答案为依据的考核评价方式。现代科学技术的不断发展,尤其是计算机信息技术的发展及广泛应用,为标准化考试提供了技术支持和保证,标准化考试被广泛应用于各种考核评价中。依托学校计算机技术和通信网络技术专家,昆明冶金高等专科学校对思想政治理论课标准化考试进行了积极的探索和实践。

一、实现标准化考试的关键环节

1. 计算机考试系统的构建。基于计算机通信网络技术的标准化考试,首先要构建计算机考试系统。我校开发了"基于客户端/服务器(C/S)模式构架的思想政治理论课网络考试系统,采用基于局域网络的网络构架,仅要求在普通的连接

---

* 本文作者:任婉玲,高职研究所
发表在《昆明冶金高等专科学校学报》,2014年第6期。

有同轴电缆或超五类双绞线网络的局域网络机房即可完成考试。""数据库基于DBF的关系数据库开发,数据格式规范,操作维护方便、简单、易行"。计算机考试系统的构建为实现标准化考试提供了技术支持。

该考试系统的使用流程:学生参加考试首先进入考试系统界面,填写班级、姓名、学号,提交服务器进行登录验证;如果通过登录验证,进入考试页面,页面自动生成试题,学生即可在线答题,系统自动开始倒计时。考试开始后,学生不可退出考试页面,否则视为交卷。当学生做完试题或倒计时为零时,点击交卷按钮,考试结束,系统自动评分、记录并呈现考试成绩,后台生成学生成绩统计表供教师查看并下载。

2. 高质量的试题库。实现基于计算机通信网络技术标准化考试的另一个重要环节就是建立高质量的试题库。高质量的试题库对命题既有量的要求,也有质的要求。从量上看,标准化考试要求试题数量要足够充分,覆盖面要足够广,命题既要对教材内容实现全覆盖,又必须紧扣教学大纲,突出重点难点,才能既保证自动生成的试卷能体现课程主要的知识点,又保证每场考试生成的试卷重复率低;从质上看,试题库中的试题应保证合理性和科学性,一是命题要尽可能突出课程重点、难点,二是试题应有适当的难中易比例。此外,对试题答案还需反复推敲、逐步完善,努力减少或避免各种误差,而准确的标准答案也使判卷有章可依,最大限度地实现考试的公正性、客观性、准确性。

二、标准化考试情况分析

经过我校思想政治理论课教师与计算机技术和通信网络技术方面专家的共同努力,计算机考试系统与标准化试题库已基本建设完成并投入实际运用。到目前为止,该考试系统已应用到我校两个年级近万名学生的期末考试中。

1. 标准化考试的优势。与过去我们采用的传统考试方式相比,使用计算机网络标准化考试的优势是非常明显的:

(1)基于网络的标准化考试在题库建设方面通过逐步完善和丰富,对教学内容的测试可实现全覆盖,有利于全面考查学生对课程内容的掌握情况;(2)标准化考试从试题库随机抽题,实现了"思想政治理论课"真正意义上的教、考分离,有利于推动课程建设,促进教师积极开展教学方法的改革,提高教学质量;(3)标准化考试采取随机题考试,保证每场每台考试机的考试题目不尽相同,保证了考试的公平性;(4)标准化考试采取计算机自动评卷,及时反馈学生对知识点的掌握情况及教师的教学效果,同时,也大大降低了人为因素造成的错误,使考试更加公正和便捷;(5)标准化考试可一机多考,实现多场次轮考,大大提高了学校教务部门、任课教师的工作效率,避免了不必要的重复劳动、人力资源及时间上的浪费,推动考试的组织和管理走向规范化、自动化、科学化。

2. 标准化考试的弊端。任何事物都有两面性,标准化考试虽然有诸多优点,但也并不是完美无缺的,在实施过程中也存在难以克服的弊端:

(1)对课程内容的系统性、完整性把握与突出重点、难点难以兼顾。标准化考试对教学内容的测试实现了全覆盖,这对教师的教学和学生的学习都带来了挑战。在教学过程中,教师既要讲清重点难点,又要保证课程内容的系统性、完整性;学生既要掌握基本原理、观点、原则、方法,又必须全面掌握课程所有知识点,这必然给教师的教学和学生的学习带来极大的难度。在实施标准化考试中,我们发现,学生的考试成绩不尽理想,通过率普遍偏低。为帮助学生在考试中得到一个理想的分数,任课教师在教学过程中就必须面面俱到,原本应该理论联系实际、突出重点难点、生动活泼的教学活动,变成了照本宣科、勾画正确答案、枯燥乏味的"保过班"训练……教师为考而教,学生为考而学,势必影响教学的实效性。

(2)客观题型的考核与提高学生综合信息收集与整理、分析问题、解决问题和独立思考能力的矛盾。目前,标准化考试只能实现客观性试题的考核。在实践中,我们设定了单项选择题、多项选择题和判断题三种题型,客观性试题及试题答案的唯一确定性,只问是什么,不问为什么,无须推理或说明,容易误导学生死记硬背,这与培养学生分析问题、解决问题的能力,培养学生创新、创造精神是矛盾的。而主观试题的考察则能检测学生能否真正运用所学的基本理论知识分析问题、解决问题的能力和真实水平,因此,在思想政治理论课考核中,不能完全依赖标准化考试,应辅之以主观试题为主的其他考核方式,用主观试题考核弥补客观试题考核的不足,才能对学生的学习情况做出客观的评价。

总之,只有正确客观地认识标准化考试的利与弊,才能更好地利用它为促进高职院校思想政治理论课教育教学改革、提高教学实效性服务。

第二节　以实施标准化考试为抓手,
推进思想政治理论课教育教学改革

实效性是高职院校思想政治理论课教学的生命力,也是高职院校思想政治理论课教学的目的和归宿。通过实施标准化考试,推进思想政治理论课教育教学改革,增强高职院校思想政治理论课教学的实效性,必须处理好以下几个方面的关系:

一、教学内容的广度和深度的关系

当前,全国高校思想政治理论课教材均统一使用全国统编教材,本科、专科、高职高专通用。统编教材强调理论体系的系统性、完整性和逻辑性,但不符合高职大学生的实际:

高职院校的思想政治理论课程只开设了三门:《思想道德修养与法律基础》《毛泽东思想和中国特色社会主义理论体系概论》《形势与政策》,比本科院校少开设了《中国近现代史纲要》《马克思主义基本原理概论》两门,对于高职院校的学生来说,缺乏了必要的基础理论知识的积淀,且每门课程的课时安排也比本科院校少得多。

在课时紧、内容多且缺乏必要的基础理论知识的情况下,如何在教学过程中既帮助学生系统全面掌握课程知识,同时又能突出课程的重点、难点,处理好教学内容的广度和深度的关系显得尤为重要。

首先,结合高职学生思想政治教育的基本要求和目标、高职生自身特点,对教学内容进行整合。对三门课程中有重合、交叉、相似的内容进行调整,尽量避免在讲授过程中出现内容重复的情况;对学生较为熟悉的内容,如:中华民族的爱国主义传统、中华民族优良道德传统、公民基本道德规范等采取略讲或布置学生自己查阅资料、自学的教学方式。

其次,适当增加中国近现代史、马克思主义基本理论知识的讲授,指导学生尽可能利用课余时间阅读相关书籍,观看相关影视作品,以弥补必要的基础理论知识的不足。

最后,按照"学马列要精、要管用"的原则,重建课程体系。组织任课教师开展教学研究,集体备课,编写统一的教学大纲、讲义,制定统一的教学计划,保证教学过程中对重点、难点的把握,真正实现教材体系向教学体系的转换。

通过教学内容的整合,重建课程体系,处理好教学内容的广度和深度的关系,既保证了理论知识的系统性、完整性,又突出了教学重点难点,避免了教学内容的重复,有助于提高思想政治理论课的实效性。

二、理论教学和实践教学的关系

理论教学和实践教学是高职院校思想政治理论课不可缺少的两个环节。"05"方案要求思想政治理论课"要加强实践教学……高等学校思想政治理论课所有课程都要加强实践环节"。

实践教学是根据思想政治理论课的教学任务,围绕课堂教学内容,紧密结合当前的社会现实和学生的思想实际，以学生为主体，有目的、有计划、有组织的教育活动。实践教学的主要载体是学生的各种课外活动，如社会实践、社会调查、公益性活动、德育基地参观学习等。实践教学活动既能丰富和发展学生对理论知识的认同，同时也可丰富学生的人生体验，是一种知行合一的过程。

实践出真知，实践是认识的目的和归宿。思想政治理论课教学如果以单一的理论灌输为主，从理论到理论，离开了学生感悟、体验、践行，就不可能把马克思主义的世界观、方法论内化为自觉的信念。因此，思想政治理论课德育功能的发挥，必须处理好理论教学和实践教学的关系，做到课堂教学与实践教学相结合，争取两个教学环节互补互助，相辅相成，交叉渗透，相得益彰，才能提高学生学习的兴趣，提高思想政治理论课的实效性。

三、教师主导性与学生主体性的关系

"05"方案强调指出："高等学校思想政治理论课要在引导青年学生坚定对马克思主义的信仰、对社会主义的信念，增强对改革开放和现代化建设的信心、对党和政府的信任等方面，发挥重要的作用。"课程的性质决定了其具有鲜明的政治性，这就必然要求思想政治理论课教师在课堂教学过程中充分发挥主导作用，坚持和维护社会主义意识形态的主导地位，把马克思列宁主义、毛泽东思想和中国特色社会主义理论体系作为思想政治理论课教育的中心内容。这是思想政治理论课教育教学过程中首要的、基本的原则。所谓思想政治理论课教师"课堂讲授有纪律"指的就是教师的主导性作用的发挥。

当然，高职院校思想政治理论课功能的实现还离不开学生学习主动性、积极性的发挥，即学生主体作用的发挥。在保证教师主导性基础上，应积极探索互动式的、生动活泼的、多样化的教学方法，引导学生积极参与到教学过程中。如关注社会上的热点、焦点、难点问题，组织学生进行专题讨论；结合学生未来的职业生涯规划，引导学生树立正确的择业观、创业观；运用启发式、案例式、讨论、辩论等多种教学组织方式，给学生提供更多的探索和表达的机会，鼓励学生独立思考，培养学生正确分析问题、解决问题的能力。此外，多媒体教学方式有利于增加课堂教学内容的容量，提高教学的趣味性和吸引力。

教师主导作用与学生主体作用的有机结合，避免了思想政治理论课教学枯燥乏味的理论灌输，也提高了学生的学习主动性、积极性，有利于增强思想政治教育的实效性。

四、终结性评价与过程性评价的关系

终结性评价是侧重于量化的评价工具,强调客观性试题和标准化测验。基于计算机通信网络的标准化考试作为终结性评价方式,虽然保证了评价结果的公正,但是容易导致学生为应付考试死记硬背,考完试一丢书本又一无所知,使教学效果大打折扣。

过程性评价是在课程教学的过程中对学生的学习进行评价,主张评价过程与教学过程的交叉和融合,评价主体与客体的互动和整合。过程性评价将学生在学习过程中的学习态度、学习的动机效果以及与学习密切相关的非智力因素进行全面的评价,不仅对学生参与教学活动起到了积极的推动作用,同时该评价有助于激励学生改进学习方法,促进和激励学生高效学习,从而提高教学的实效性。

可见,过程性评价能够弥补终结性评价的不足。思想政治理论课标准化考试应与过程性评价有机结合,既对学生基础理论知识的学习进行考核,又把知识、能力和觉悟的考核统一起来都纳入考核范围当中,才能既为教学提供有益的反馈,帮助教师了解教学效果,改进教学方法,提高教学质量,又可以帮助学生了解自身的学习情况,确保思想政治理论课取得真正的实效。

【结语】思想政治理论课考试改革的目标必须定位于主动为思想政治理论课教育教学的完成与发展服务。改革只有进行时,没有完成时。依据高职院校教育教学规律,改革、完善考核方式,不断增强思想政治教育实效性,为建设中国特色社会主义培养合格的建设者、接班人是高职院校思想政治理论课教师永恒的职责。

参考文献:

①李光辉:《高职院校思想政治理论课计算机考试系统构建》,载《昆明冶金高等专科学校学报》,2013 年第 6 期。

第五章

浅议高校思想政治理论课教学实效性[*]

当前思想政治理论课仍然存在诸多问题,教学实效性有待提高。本文从分析影响大学生思想政治教育实效性的问题入手,探讨提高大学生思想政治理论教育教学实效性的途径。

第一节　当前大学生思想政治教育过程中影响教学实效性的主要问题

一、大学生思想政治教育内容方面存在问题

1. 大学生思想政治教育内容与社会现实之间存在差距。大学生思想政治课的教学内容与现实生活之间相互脱节,教师讲的与现实社会发生的情况不一致,社会上一旦出现激化社会矛盾的热点事件,大学生就会出现价值判断与情感选择的冲突,让他们感到价值选择的迷茫;进而将无法解释的现实矛盾归因为社会主义核心价值观的无用论,从而弱化了对中国特色社会主义共同理想的认同,出现非理性的价值取向,最终产生信仰危机。

2. 教材内容不符合教学的实际需要。据有关调查,学生普遍希望思想政治理论课内容能"结合现实生活""贴近学生的认知兴趣""贴近学生的关注热点"。这跟当前思想政治理论课没有贴近学生的教材、教材内容设计过于理想化有关。思想政治教育内容对理论表述的高要求,降低了教材的可读性,教材脱离了现实生活根基,失去了阅读本身应具有的人文关照。附着于教材之上的思想政治教育也随之流于形式,变成空洞的说教。①

---

* 本文作者:王雪、李娟,马克思主义学院
① 周幼萍:《高校思想政治理论课教学实效性研究》,华中师范大学硕士论文。

3. 信息时代对传统教育内容挑战。从"互联网时代"到"微时代",信息传递速度明显加快,教材中或教师所要讲授的内容很可能已经为学生所掌握,这就使教师靠讲授新鲜信息吸引学生的优势不断丧失。这对思政课教师的知识和信息的更新速度提出了更高要求。

二、大学生思想政治教学方法存在问题

据调查显示,学生认为要提高思想政治理论课教学效果,排在第一位的是改进教学方法。对"怎样提高思想政治理论课教学效果",八成的学生选择了"采用案例教学"和"增加社会实践";关于"最喜欢的思想政治理论课的教学方式",学生依次选择的是"经常开展实践教学活动""经常组织观看有关影片""专题教学"和"课堂讨论"[①]。这样的调查结果说明思想政治理论课教学方法确实存在着不容忽视的问题。

三、大学生主观上存在对思想政治理论课不接纳、不认同的情绪

从有关调查数据可以了解到,学生并不是为了提高自身修养、素质而走进思政课的课堂,而主要是为了"拿学分"或是"必修课"不得不上。有学生甚至认为思想政治理论课不能给自己的成长成才带来多大作用和好处,学了没用。可见,大学生并没有真正从内心上认同思想政治理论课,甚至有抵触情绪,更不可能有学习的兴趣、重视学习。试想,作为教学主体的学生在课堂上注意力不集中、开小差,学习态度消极、被动,不思考、不钻研,这样的教和学又如何发挥教学实效性呢?

四、在思想政治理论课教学中没有达到认知、信念与行为的统一

知、信与行是思想政治理论课追求实效性的应然效果。但实然状态是多数学校的思想政治理论课教学以教授知识点为主,知信往往脱节。换而言之,学生能够背默答案,但并不真正认同答案。然而高校思想政治理论课教学的实效性就在于通过知识教育达到思想政治教育的效果,要让学生接受并认同思政课知识点中所蕴含的世界观、价值观,从而树立自己的人生观,并自觉地运用于生活,指导行为取向。

---

① 周幼萍:《高校思想政治理论课教学实效性研究》,华中师范大学硕士论文。

第二节　提高思想政治教学实效性的几点思考

针对上述存在的问题,笔者对提高大学生思想政治教学的实效性提出以下几点思考:

一、科学建构思想政治教育教学内容体系

1. 将教学内容与学生的现实需求结合编写教材。教学内容的确定:第一应突出思想政治理论课思想政治教育的功能和作用,突出内容的时效性,适时增加、融入党中央大政方针、政策的调整内容。第二要解决教学内容重复的问题,整合"05方案"中四门思政课中内容交叉的部分;避免大学思政课重新热中学政治课冷饭问题;整合大学思政课与心理健康等人文素质课的内容。第三要增强教材的可读性、趣味性,从文字表述方面讲好中国故事,既要突出思政课的性质和特点,又要具有时代感,能够为90后的青年学生所接受。

2. 教学过程中要实现从教材体系向教学体系的转化。思政课教师要加强对教学内容的研究,做到:(1)从教材的普遍性转化为教学的针对性。要根据每个具体的教学对象,来确定不同的教学内容呈现方式,这样的教学才是有针对性的。(2)从教材的系统性转化为教学的专题性。教学可以采用诸如专题式的教学方法,跳出教材遵循的学科知识的系统性,做到"少而精"。(3)教学要尽可能具有超前性,要从探索性方面来突破教材的稳定性。(4)从教学的通俗性着手,转化教材的严谨性。教学的内容结构应该比教材要灵活得多,语言也应生动、通俗。

二、改进大学生思想政治教育教学方法

要提高高校思想政治理论课的教学实效性,必须改进教学方法,要以学生是否接受、是否欢迎、是否满意为标准,有针对性地确定具体教学方法。

1. 倡导参与式教学法。参与式教学法是一种不同于传统教学法的新型的教学法,可以充分调动大学生的学习积极性,可以克服思想政治理论课传统教学方式中存在的问题,从而培养大学生的创新精神。参与式教学法一方面要求教师必须提高驾驭课堂教学的能力;另一方面要以学生为课堂的主体,气氛活跃,让学生在相互合作中增强交流表达的能力。参与式教学法的实施形式是灵活多样的。例如,教师可以在每次课前安排10～15分钟的"新闻评述"活动。由教师或同学提出一条近期国内、国际要闻或大家身边发生的你认为值得关注的事件,大家参

与评论。教师要适时引导学生思考如何摆事实和讲道理说服他人接纳自己的观点;或者在听取了别人的意见后如何接纳他人的意见,反省自己原先的认识。这样的方式对提高学生的认识水平及思辨能力确能收到实效。

2. 强化实践教学环节。各高校的实际教学中普遍存在思想政治理论课实践教学难以开展和落实的现状,这直接影响着思政课功能的进一步发挥。加强思政理论课实践教学需要做好以下几点:

(1)根据新课程方案规定的四门课程教学内容的不同特点,规划实践教学的内容和形式。四门课程既联系密切,又各有侧重点,每门课程根据各自的教学目标、教学任务来确定实践教学的具体内容。如《思想道德修养与法律基础》课应以解决大一新生成长成才中遇到的实际问题为基本内容。另外,还应根据不同年级大学生的特点设计实践教学形式。一般说来,《思想道德修养与法律基础》课应根据一年级学生的思想状况,选择诸如观后感、讨论交流、演讲比赛等实践教学形式。而《毛泽东思想和中国特色社会主义理论体系概论》课要突出理论性较强的特点,应选择读书笔记、读后感、辩论赛等实践教学形式,着力培养学生分析问题、思考问题和解决问题的能力。

(2)加强实践教学与第二课堂的统筹运作。第二课堂是指社团活动、军事训练、暑期社会实践、三下乡等多种方式,颇受学生欢迎。充分利用第二课堂这种实践载体,可以达到寓教于活动的效果。任课教师和学生处、团委等共同协调,围绕学生感兴趣的问题开展有关活动达到教育目标;还可以增强院系合作,开展跨专业、跨院系的班级学生之间协作活动;通过更大规模、更多人数、更大影响的活动来激发学生的参与性与创造性,让学生在体验中收获知识。

(3)勇于创新,探索适合各自学校的实践教学体系。每个学校都有自己独特的文化背景和教学环境,应从本校所处的地区、教学条件、文化背景、生源的实际情况出发,探索和建立属于自己的实践教学体系,尽可能展现各学校的个性。例如,在云南高校里讲授“继承爱国传统、弘扬民族精神”时,教师可以安排云南腾冲或龙陵的同学主讲《家乡的抗战》这一专题,通过这个过程也达到了大学生对爱国主义、抗战精神实践体验的效果。

3. 创新思想政治教育方法。(1)教师自身对生活中的新生事物要有敏锐的洞察力,要对当下学生网络圈子的主要媒介如微博、微信等积极接触并使用,使自己真正能够融入其中。(2)要学会使用学生喜闻乐见的“微语言”来解决学生在学习生活中出现的问题,缩小与学生的距离感,避免讲大道理。(3)增强教师与学生的互动能力和引导能力,对于鱼龙混杂的网络信息,要教会学生如何去做甄别,选择健康有益的网络信息去关注。(4)在教学中要及时补充教育素材,要利用声音、图片、视频等多种教学资源。要使思想政治教育的内容更加丰富、形式更加直观,让大学生喜闻乐见。只有当思想教育真正达到了入脑入心的效果,思政课才能引领大学生建立正确的价值取向。

三、提高大学生思想政治课教师综合素质和教学能力

首先,思政课教师要丰富知识储备;其次,思政课教师要构建科学合理的知识结构。对学生的调查数据反映出,学生突出强调教师"对社会现象有很深的洞察力""知识面广"和"敢讲真话"极其显著地高于其他选项。例如要求学生们做时事演讲前,教师本人要先了解学生可能提及的、最近发生的国际国内大事,了解近期社会热点焦点事件。教师自己事先要做足功课,把问题吃透。对社会上的各种观点做出取舍,对学生有可能提出的观点做好准备,否则将无法驾驭课堂并最终影响教学效果。

综上所述,要提高大学生思想政治理论课教学的实效性,在教学的过程中教师既要整合教材内容使之转化为教学内容;又要结合社会现实和学生实际,不断改革教学方法;要通过各种方式激发学生自主学习的动力,使之将所学理论知识从认知理解升华到情感认同,转化为其理想信念的选择,最后成为个体行动的指南。唯其如此,思想政治理论课的作用才会充分显现出来。

第六章

高职院校《形势与政策》课翻转式教学探索[*]

第一节　课程基本情况

《形势与政策》课程是集理论学习、认识社会发展现状和思想教育于一体的综合性课程。该课程与其他学科也有紧密联系,比如社会学、哲学、伦理学、心理学、政治学等等,还能为学好其他学科提供理论参考,这一点充分体现了该课程的理论性、实践性、前沿性。同时,《形势与政策》课程能够指引大学生树立正确的价值观、人生观、世界观,提高学生的理论素质和实践能力。

一、理论学习

《形势与政策》课程主要内容是教育部中宣部每学期下发的文件,关于本学期该门课程的重点和难点,每个学期的内容都不一样。但其核心的内容都是必不可少的,包括马克思主义的基本观点、基本理论,国家最新的各项方针政策等等。除此之外,还有国内国际最近发生的经济、政治、文化、军事等方面的变化,内容新、时效性强,上课教师需要提前集体备课学习,掌握内容的基本核心,再去传授给学生,学生对国家重大理论的理解、认识和学习可以增强学生的理论水平,可以提高分析问题的能力。

二、社会认识

教师要指导学生认识当前复杂多变的国际环境与国内形势,并做出正确判断和科学评价。国际形势千变万化,面对复杂的国际国内形势,如果没有正确的引

---

　*　本文作者:朱玉芹,马克思主义学院
　　发表在《吉林省教育学院学报》,2015 年第 9 期。

导,正处在青春期的大学生很难明辨是非曲直,因此教师需要引导学生,让学生能够透过现象看清问题本质,否则学生可能会误入歧途。所以,引导大学生对国际国内复杂形势的认识和分析具有重要作用。

三、思想教育

形势与政策课程是思想政治理论课的重要组成部分,主要是对学生进行国家主流意识形态的灌输、公民意识的培育、权利义务、责任意识的熏陶、遵纪守法等行为规范的引导和公民国际视野的开拓等。内容新而且多,对学生思想教育的提升效果较好。通过几年的教学实践,学生对《形势与政策》反映较好,在短时间内他们获得了大量信息,这是其他思想政治理论课难以达到的。

第二节　课程对任课教师的基本要求

《形势与政策》课程的特点对任课教师提出了较高的要求。该课程鲜明的政治性、政策性、时效性均要求讲授《形势与政策》课的教师必须具备以下条件。

一、政治素质

作为一名思想政治理论课教师,要真学、真信、真教,只有自己做到了,才能正确地将知识传承给学生。政治素质是一个政治教师最基本的素质,好的政治素质包括正确的政治观点、政治立场、政治心理、政治价值观等基本要求。政治教师在教学过程中要引导学生关心国家、关心社会,成为有社会责任感的公民。短时间内我们的教育看不到成效,这很正常。"十年树木,百年树人",《形势与政策》的教育教学也一样需要经过时间的检验。当学生回顾学校学习时光的时候,老师的形象会在脑海里浮现,一名优秀的政治教师一定会在学生的心目中留下深刻印象。学生走出校园,走入社会,成为一位有责任感的公民,这就是教师的成效。

二、知识结构

有较高的政治理论素养是最基本的要求,牺牲和奉献精神,理论联系实际的能力,快速判断形势的能力,是思政教师的基本素养。这就需要教师有全面合理的知识结构。每个学期中宣部、教育部都下发教育教学通知,而教师在开学前不久才收到,准备的时间是有限的,如果没有相关的知识背景、深厚的理论功底及合理的知识结构,在短时间里很难准确理解相关问题,也就不能准确地传达给学生。

所以,只能从思想政治理论课的任课教师中培养具有合理知识结构的中坚力量,更好地保证教学质量。当然,也可以选拔培训有相关专业背景的辅导员,使之成为教师队伍的主体。知识结构合理,才能更好、更准确地将中央政策传达给学生,才能达到真正的教学目的。

三、综合分析能力

任何教师,都应该倡导学生主动参与、勤于思考,让学生在获得基础知识与基本技能的同时又培养其正确的世界观、价值观、人生观,培养学生获取新知识的能力、分析和解决问题的能力以及交流合作的能力;引导学生正确掌握基本理论,增强学生理论认识与学习的能力;提高学生的国家使命意识;用科学的思维方法,引导学生探索行之有效的解决问题的办法,鼓励学生在尊重客观实际的前提下充分发挥主观能动性,用理论来指导对实际情况的剖析,把握我国所处的国际环境,面临的机遇和挑战;解析大学生关注的热点问题,引导青年学子处理好个人与自身、与他人、与社会的关系。这些都需要教师的综合分析能力作支撑。

第三节　《形势与政策》教学效果探索

一、团队建设

提高教师的基本素养是教学团队建设的重要内容,上文已经论述,这里主要从部门的协调与教学管理上进行分析。

《形势与政策》课教育教学涉及包括经济、政治、文化、社会等各方面内容。要实施好这门课的教育教学,学校相关部门必须密切配合,学校领导重视才能更好地带动起教师的积极性。如果部门协调不到位,组织领导不力,一定会影响教师工作的积极性和学生学习的积极性,从而降低该课程的教学效果。

团队建设更重要的一点是委派教师外出学习、进修、参观考察,这样可以拓宽视野,增长见识,团队才会不断补充新鲜的知识,教师才会有创新精神。另外,要请专家做专题辅导和交流,这也是团队建设不可少的一方面。

二、教学内容的针对性

《形势与政策》课教学内容涉及社会政治、经济、文化等各方面,因教学设备或师资问题,没办法全部讲到所有内容,有的学校在内容选取上就会依据教师所长来定内容;有的学校认为政治就只讲政治性强的内容,其他经济、文化就不必涉及。这样就容易忽视学生这个主体所关注的热点、焦点、难点问题,导致学生对教师所教不感兴趣,没有起到《形势与政策》课程的应有效果。

任何教育都应该是以人为本的教育,学生才是教育的主体。所以学生关注的热点难点也应该成为我们关注的热点难点,这就要求教师要充分尊重学生,了解学生,知学生所需,只有这样教学效果才会事半功倍。实现这一目标有很多方法可以借鉴,比如我们学校每学期课程结束都会留几个题目给学生:你最想了解的问题是什么? 你最感兴趣的内容是什么? 等等。在这样的互动中,我们会综合各方面的需要最终确定要讲的内容,真正考虑了学生主体的需求。

三、教育理念

新的教育理念是讲授好《形势与政策》课的重要一步。教师的教学水平、教育理念、教学方式决定了教学内容和教学目的的实现程度。教师在准备课程时如果有较高的理论能力,就能更好地分析问题,将理论与实践结合起来,让学生深刻地理解理论,既达到了教学目的又培养了学生分析解决问题的能力,它直接决定着教学效果。

在教学过程中,教师的教学理念是至关重要的。教师不仅仅是一名普通的知识传授者、灌输者,还应该是与学生一起成长、共同研究探讨问题的引导者,这样才能让学生主动接受、积极回应,才能取得良好的教学效果,《形势与政策》课才能发挥真正的效用。

第四篇 04

法治校园文化建设

【内容介绍】党的十八届四中全会提出了全面推进依法治国，"建设中国特色社会主义法治体系，建设社会主义法治国家"的总目标，并制定了全面依法治国的总蓝图。全面推进依法治国，是解决党和国家事业发展面临的一系列重大问题，不断增强社会活力、促进社会公平正义、维护社会和谐稳定、确保党和国家长治久安的根本要求。高校实行的是党委领导下的校长负责制，是人才培养基地。"培养什么样的人、怎样培养人，怎样办大学，怎样实现依法治校，培养具有法治思维的人才"是每个高校领导要思考的大问题。要严格捍卫法律的权威性，并把依法治国的理论运用到校园文化建设中来，依法治校，强化高校民主管理的职能，让高校全体教职工均有行使民主管理的权利和义务，凝聚教职工围绕学校中心工作，服务学校发展大局，为实现学校发展贡献智慧和力量。在云南省创建"平安校园"的活动中，学校以实际行动迎接创建活动，以建设"平安校园"为契机，将校园的安全工作真正落到实处，真正为广大师生建设和提供一个和谐、稳定、安心的学习和工作环境。

第一章

把握依法治国本质　积极推动依法治校[*]

党的十八届四中全会提出"建设中国特色社会主义法治体系,建设社会主义法治国家"为依法治国的总目标,全面推进依法治国,是解决党和国家事业发展面临的一系列重大问题,解放和增强社会活力、促进社会公平正义、维护社会和谐稳定、确保党和国家长治久安的根本要求[①]。教育领域是全面依法治国系统工程的重要组成部分。高等院校是人才培养基地,培养什么样的人,怎样培养人,怎样办大学,怎样实现依法治校培养具有法治思维的人才,是每个高校领导要思考的大问题。

第一节　准确把握依法治国内涵　助推依法治校的落实

习近平总书记在《在中共十八届四中全会第二次全体会议上的讲话》(2014年10月23日)指出:"历史是最好的老师。经验和教训使我们党深刻认识到,法治是治国理政不可或缺的重要手段。法治兴则国家兴,法治衰则国家乱。什么时候重视法治、法治昌明,什么时候就国泰民安;什么时候忽视法治、法治松弛,什么时候就国乱民怨。法律是什么?最形象的说法就是准绳。用法律的准绳去衡量、规范、引导社会生活,这就是法治。"[②]

一、把全面依法治国放在"四个全面"战略布局中来把握

党的十八大以来,以习近平同志为核心的党中央提出了"四个全面"的战略布局,即全面建成小康社会、全面深化改革、全面依法治国、全面从严治党的战略布局。四个全面建设相辅相成,相互促进。全面建成小康社会是目标,全面深化改革是动力,全面依法治国是保障,全面从严治党是保证。全面推进依法治国是党

---

* 本文作者:代祖良,党委办公室

中央治国理政的基本方略。用法治手段来巩固改革成果,引导改革创新,推动改革深化,是全面深化改革的必然要求。十八大提出全面建成小康社会的新目标和新要求无论哪一条都离不开社会主义法治来提供保障。依法治国是解决党和国家事业发展面临的一系列重大问题,确保全面深化改革和从严治党顺利进行,不断解放和增强社会活力、促进社会公平正义、维护社会和谐稳定、确保党和国家长治久安的根本要求。从这个战略布局看,做好全面依法治国各项工作意义十分重大。没有全面依法治国,我们就治不好国、理不好政,我们的战略布局就会落空。要把全面依法治国放在"四个全面"的战略布局中来把握,深刻认识全面依法治国同其他三个"全面"的关系,努力做到"四个全面"相辅相成、相互促进、相得益彰③。

二、全面依法治国目标和要求

全面依法治国首先要建设中国特色社会主义法治体系,形成完备的法律规范体系、高效的法治实施体系、严密的法治监督体系、有力的法治保障体系。中央强调到建党100周年时,要建成内容科学、程序严密、配套完备、运行有效的党内法规制度体系④。其次,建设社会主义法治国家,要坚持依法治国、依法执政、依法行政共同推进,坚持法治国家、法治政府、法治社会一体建设,实现科学立法、严格执法、公正司法、全民守法。

三、运用法治思维和法治方式推动依法治国

依法治国理念具体基本内涵:一是法律面前人人平等。二是树立和维护法律权威。三是严格依法办事。

党的十八大报告提出,领导干部运用法治思维和法治方式深化改革、推动发展、化解矛盾、维护稳定的能力⑤。这对我国法治建设有着重大意义。要求领导干部培养法治思维,符合建设社会主义法治国家的基本要求,有利于提高执政者的执政水平,实现社会公平正义。党的十八届四中全会通过的《中共中央关于全面推进依法治国若干重大问题的决定》(下称《决定》)明确指出:"提高党员干部法治思维和依法办事能力",并强调"高级领导干部尤其要以身作则、以上率下"。《决定》指出:"党员干部是全面推进依法治国的重要组织者、推动者、实践者",习近平总书记强调,各级领导干部的法治观念如何,能不能坚持依法办事,对全社会具有重要的示范带动作用。法治思维是基于法治的固有特性和对法治的信念来认识事物、判断是非、解决问题的思维方式,是一种合法性思维、程序思维、权利思维。依法办事则是运用法治思维和法治方式深化改革、推动发展、化解矛盾、维护

稳定。

第二节 依法治校是高等教育事业改革和持续健康发展的必然选择

一、深刻认识全面推进依法治校的重要性

2012 年教育部发布的《全面推进依法治校实施纲要》,将各级各类学校的依法治校工作推向深入。2016 年教育部发布《依法治教实施纲要(2016—2020 年)》提出总体目标:到 2020 年,要形成系统的教育法律制度体系,形成政府依法行政、学校依法办学、教师依法执教、社会依法评价、支持和监督教育发展的教育法治实施机制和监督体系[6]。

推进依法治校,是学校适应加快建设社会主义法治国家要求,发挥法治在学校管理中的重要作用,提高学校治理法治化、科学化水平的客观需要;是深化教育体制改革,推进政校分开、管办分离,构建政府、学校、社会之间新型关系,建设现代学校制度的内在要求;是适应教育发展新形势,提高管理水平与效益,维护学校、教师、学生各方合法权益,全面提高人才培养质量,实现教育现代化的重要保障。

依法治校的基本内涵和要求:一是要树立依法办事、尊重大学章程、法律规则面前人人平等的理念;二是要建立健全制度与程序,确保办学宗旨、教育活动与制度规范符合民主法制、自由平等、公平正义社会主义法治理念的要求;三是要以建设现代学校制度为目标,规范学校办学自主权,形成政府依法管理学校,学校依法办学,教师依法执教,社会依法支持和参与学校管理的格局;四是要提高学校章程及制度建设质量,规范和制约管理权力运行,推动基层民主建设,健全权利保障和救济机制;五是增强运用法治思维和法律方式解决学校改革发展中出现的突出矛盾和问题的能力,全面提高学校依法管理的能力和水平;六是要落实师生主体地位,依法落实和保障师生的知情权、参与权、表达权和监督权。

二、依法治校的重要意义

1. 依法治校符合依法治国方略的要求。高等院校依法治校,把教学、科研、服务社会等教育活动和管理纳入法制轨道,实行法制化、民主化、科学化的管理,对于提高人才培养质量,提高人才法律意识,依法办事的能力意义深远。高等院校是人才的培养基地,依法治校不仅培养人才,更要培养具有一定法律素养的人才。

人才质量的高低、法律意识高低会影响整个国家和社会的发展,对于推动整个社会各个阶层、各个领域依法办事、依法行政,高等院校依法治校将推动国家依法治国战略的深入实施,推动和谐社会建设具有重大的、深远的意义。

2. 依法治校是高等教育事业改革和发展的要求。把教育管理和办学活动纳入法制轨道,是深化高等教育改革和发展的必然选择,也是完成高等教育使命的保障。高等院校具有独立法人资格,根据《民法》《高等教育法》的有关法律条款,高等学校在民事活动中依法享有民事权利,能够独立承担民事责任。高校与政府及其教育主管部门以及高校内部管理的法律关系越来越清晰,双方之间的权利义务越来越明确。所以依法治校是高校科学发展观的落实,是学校改革与发展治理方式的选择。坚持依法治校,一是有利于学校职能转变,严格依法办事;二是有利于全面推进素质教育,提高师生素质;三是有利于保障学校及师生的合法权益;四是解决学校教育改革与发展中出现的新情况和新问题,化解矛盾,维护稳定;五是有利于全面提高高等院校的行政效率和管理水平,保障高等教育事业的健康发展[7]。

第三节　理顺政校法律关系　明确权利义务

依法治校自十一届三中全会以来得到高度重视,国家先后制定了一系列的相关法律法规。如1980年制定的《中华人民共和国学位条例》是我国第一部教育法律,标志着我国进入依法治教的现代化发展时期。1986年(2006年做了修订)颁布《义务教育法》、1993年颁布《教师法》、1995年颁布《教育法》、1998年颁布《高等教育法》,为我国高等院校依法治校提供了法律依据和基本准则。

国家教育部2003年7月17日发布的《关于加强依法治校工作的若干意见》中明确指出:"实行依法治校,就是要依法理顺政府与学校的关系,在落实学校办学自主权的基础上,完善学校各项民主管理制度,实现学校管理与运行的制度化、规范化、程序化,依法保障学校、举办者、教师、学生的合法权益,形成教育行政部门依法行政,学校依法自主办学、依法接受监督的格局。"[8]

一、高校与政府之间的法律关系

学校与政府之间的法律关系属于行政法律关系,政府是行政法律关系的主体,对高校有领导、管理、监督、组织评估的权利。高校作为法律关系的主体,依法享有法律所赋予的自主办学权,其中包括组织实施教育教学权、科学研究权、机构设置权、招收学生权、聘任教师权、教师管理权、学生管理权、经费使用权等办学自主权⑨。

二、高校与教师之间的法律关系

学校基于平等、自愿的原则,聘任教师,组织教学、科学研究和社会服务,对教师和职工有进行奖励和处分的权利。教师依法享有工作权和其他公民权,其中包括取得教师资格权、教师职务应聘权、教育教学和科学研究权、民主管理学校权、继续教育权、工资报酬权、住房优惠权、人身健康权等。

三、高校与学生之间的法律关系

高校是教学的组织者和管理者,依法享有招生、教学、管理、学籍、评价、奖励和处分、颁发学业证书的权利。学生作为法律关系的主体依法享有受教育权和其他公民权。入学权、升学权、毕业权、勤工助学权、健康权、平等就业权、社会活动权、名誉权、隐私权、婚姻权、人身安全保护权等权利均是我国法律所保护的学生的基本权利。

高校、教师、学生之间的法律关系具有相对性,高校的权利是学生和教师的义务,学生和教师的权利是学校的义务,这三者是相互关联、缺一不可的。只有正确处理好这三者之间的权利义务关系,切实保障学生、教师和学校的合法权益,才能实现真正意义上的依法治校。

第四节 实现依法治校的工作目标

高校以培养社会主义事业的建设者和接班人为己任。实行依法治校,就是要全面贯彻教育方针,立德树人,培养合格的建设者和接班人。实行依法治校,就是要依法开展教育教学活动,尊重师生人格,维护师生权益,培育育人环境,不断提高办学能力和师生的法律素养。实行依法治校,就是要依法理顺各种法律关系,完善高校制度,使高校管理与运行制度化、规范化、程序化,依法保障各方权益,形成教育行政部门依法行政,学校依法自主办学、依法接受监督的格局。要将高校的各项管理工作纳入法治的轨道,实现依法治校的目标,必须加强以下几个方面的工作:

一、完善高校内部治理结构，推进决策科学化、民主化、法治化

建立健全党委领导下的校长负责制，完善党委统一领导、党政分工合作、协调运行的工作机制。修订关于落实"三重一大"决策制度、党政议事规则等制度文件，合理界定内部的决策权，完善校内重大事项集体决策机制和议事规则。依法完善决策程序，对有关学校发展规划、基本建设、重大合作项目、重要资产处置及重大教学改革等决策事项，进行科学论证、评估，确保决策的科学性。充分发挥教代会、学术委员会、教授委员会等在学校重大决策中的作用，确保民主决策、科学决策。

二、依法推进大学章程，构建完善的高校制度体系

以章程为统领，完善规章制度，建立健全依法治校相关制度，形成教学、科研、管理、学生、服务等各个方面的规章制度。我校章程的颁布在云南省高校属首批，按规办事、照章办事、不徇私情已成为一种常态。按照法治原则和法律规范，应加快建设依法办学、自主管理、民主监督、社会参与的现代学校制度，构建政府、高校、社会之间的新型关系[⑩]。

三、加强对依法治校工作的领导并加大宣传力度

要让各级管理者、全体师生明白依法治校的意义，成为依法治校的参与者和建设者，并形成合力，全面推动依法治校目的的实现。同时，要加强对依法治校工作的领导，出台各种具体措施和完善各级机制，抓细抓落实，构建依法治校指标体系，并纳入各项考核指标中，让依法治校得到充分体现。

四、全面推进学校信息公开

将学校的决策、执行、管理、服务的信息公开，探索信息公开的新途径、新方式，重点推进教育经费预算、教育公共资源配置、入学规则与招生政策、重大教育建设项目的批准和实施、重要改革事项等方面的信息公开，指导、监督学校全面履行信息公开义务。

五、建立监督机构和机制

依法治校要求学校的管理必须靠制度，而不能靠领导个人意志。只有依照制度办事，才能有效约束管理者的权力，才能实现学校的科学管理。要使依法治校工作得到真正落实，离不开有效监督，因此高校需要加强外部和内部监督，并建立行之有效的监督机制。

参考文献：

①教育部：《依法治教实施纲要(2016—2020年)》,2016年第1期。

②张俊生：《延安时期党风廉政建设经验的当代价值》,载《思想理论导刊》,2016年第12期。

③本刊评论员：《掀起学习贯彻全会精神的新高潮》,载《新长征(党建版)》,2014年第11期。

④程关松：《当代法治实施模式及中国选择》,载《江西社会科学》,2017年第1期。

⑤万立明：《习近平关于提高历史思维能力的重要思想探析》,载《中共杭州市委党校学报》,2017年第5期。

⑥《依法治教实施纲要(2016—2020年)》。

⑦张纯玉、王继成：《高等农业院校依法治校的探索与实践》,载《高等农业教育》,2007年第7期。

⑧教育部：《关于加强依法治校工作的若干意见》,2003年7月17日发布。

⑨luoba的博客：《高等学校依法治校工作中存在的问题之我见》,2011年第6期。

⑩教育部：《依法治教实施纲要(2016—2020年)》,2016年。

第二章

浅谈高校工会在推进民主管理中的职能[*]

第一节　规范民主管理体系　落实教职工民主管理

高校教职工民主管理,是高校教职工依照我国法律法规和有关政策规定,以教职工代表大会为基本形式的组织形式,参加高校管理,行使民主决策、民主参与、民主监督权力的活动。高校全体教职工均有行使民主管理的权利和义务。

一、民主管理制度的完善

《中华人民共和国工会法》第五条:工会组织和教育职工依照宪法和法律的规定行使民主权利,发挥国家主人翁的作用,通过各种途径和形式,参与管理国家事务、管理经济和文化事业、管理社会事务。第六条:维护职工合法权益是工会的基本职责。国家层面对民主管理作了相关规定,高校也不例外应该形成系统的民主管理制度。工会依照法律规定通过教职工代表大会或者其他形式,组织职工参与本单位的民主决策、民主管理和民主监督。俗话说:无规矩不成方圆,做事情就应当有章可遵,有规可依。高校应该结合《工会法》《工会章程》《教师法》制定出符合高校实际的民主管理制度体系,让教职工知法、懂法、用法。

二、加强工会组织建设

高校工会需要建立完善的组织机构,各级岗位需配齐工会干部,尤其是基层分工会,工作分工要明确,责任必须到个人。通过对几所高校的调研结果显示,高校工会特别是基层工会,基本未按工会编制配齐工会干部;有的基层工会干部身兼数职,既是专任教师要负责授课又要承担工会工作,或者是既从事学生管理服

　＊　本文作者:陶林岭,学校工会

务工作又承担工会工作。这样一来工作压力加大,工作时间难以保障,工作质量也会大打折扣。少数高校存在一种偏见,认为工会工作不重要,工会岗位配备的干部基本都是年龄偏大的老同志,再加上有的老同志总认为自己是老资格,过不了几年就退休,抱有养老的心态,工作认真度有所削减,对待工作不负责任,能拖则拖,能推则推,这样的工作是不可能出成效的。基础建设是工会工作的关键,只有抓好基础才能谈上层建筑。

三、构建民主管理的监督机制

高校在民主管理的监督机制方面存在很多问题。有的工作一开始热火朝天,结局总是不清不楚,时间一长,教职工就会产生不满情绪。高校需要关注教职工的需求,重视教职工的建议和意见,制定民主管理的监督制度。一是建立校级层面的监督制度。校级层面的民主管理工作推进情况由基层工会定期评定,基层工会的民主管理工作推进情况由教职工代表评定,民主测评结果作为基层分工会年终的重要考核项。二是建立学校干部任用及选拔过程的民主推荐程序。在学校领导、党政主要领导、教职工代表参加的范围内召开民主推荐会,教职工代表的人数应占一定比例。推荐会议程序应包括:提出相关要求,公布推荐职务、任职条件、推荐范围,发放推荐票,填写选票,无记名投票,统计推荐结果,并且所有程序必须在监检审计部门的监督下完成。三是定期通过宣传渠道公开校务,及时让教职工了解学校的发展近况,为学校的发展建言献策。四是完善教代会制度,确保民主管理工作的真正落实。教代会是教职工行使维护、建设、参与、教育职能等民主管理的重要渠道,必须给予保障。一些高校不按制度规定召开教代会,时间、程序上存在不规范,参与的代表不能为职工群众发声,代表性不强。教代会制度建设还应着重注意以下两点:(1)督促落实提案工作,完成各项提案的处理,提案人反馈对提案处理结果的满意度,做到件件提案有着落、有交代,推动涉及学校发展和教职工关注问题的解决,加强教职工和学校的沟通联系,增强教职工的爱校意识、理解意识和全局意识。(2)教代会闭会期间,召开团组长联席会或教代会工会委员会,对涉及教职工切身利益、学校重大发展的事项,进行认真讨论,广泛征询教职工的意见和建议。五是对工会教职工来信来访必须及时受理和调解,化解矛盾,更好地搭建代表和职能部门的沟通平台,强化教代会在学校民主管理中的作用,较好地落实教代会职权。

第二节　强化教职工参与职能　增强工作互动性及教职工主人翁意识

滴水汇成江河。高校的每一名教职工都是学校的一分子,都应该为学校发展贡献一分力量,承担一份责任。学校的发展离不开全体教职工的支持与努力,教职工更应该积极履行相应的职责和义务。

一、创新学习工作方式,激发工会干部的责任意识

高校工会可以结合学校实际,通过编订汇聚理论知识和实践案例的实用手册,在网站、微信群、QQ 群进行发布,让工会干部通过集中、分散学习对工会工作的任务、目标、职责、程序有全面的认识,帮助工会专门兼职的干部全面熟悉工作板块,梳理工作思路,特别是新换届上任的工会干部,能够尽快了解工作情况,有参照标准,明确工作方向,少走弯路,积极投身工作中去。

据了解,当前,上级工会组织或学校组织的培训大多数都是以大班集中授课为主,学员之间、学员与授课教师之间没有交流互动的机会,对学员的学习状况无法实施监督,这样的培训方式缺乏科学性。培训时间的安排也没办法兼顾到所有参加培训的学员,部分工会干部因故与本职工作的冲突无法参加学习。为缓解集中学习中容易出现的培训和上班时间难以协调的问题,小班分批授课或自行学习的方式更科学合理。工会干部可以选择业余时间或者上班过程中相对轻松的时间学习工会知识。在这样的状态下学习成效也会更加明显。有了详细的学习内容和具体的经验分享,工会干部工作起来就会得心应手。

二、工会组织应引入年轻干部,增添组织朝气活力

历来工会组织都是服务职工、做好事、做善事的组织,工作面广,事务烦琐,工作中需要耐心、细心、责任心,选拔干部也会侧重年龄大的教职工:一来是考虑老同志有工作经验;二来是老同志与职工的熟悉度更高,容易开展工作。其实工会组织应该多鼓励年轻干部到这一岗位上来,因为他们思想活跃开放,敢想、敢做、敢尝试、敢承担、执行力强,工作中会探索、会创新、善应用,不会知难而退,重视学习,善于学习。培养年轻后备军,工会工作才会越来越扎实,工会这个战斗堡垒才可能越发坚固。

三、统筹规划工会工作,增强工作覆盖面和吸引力

工会工作变化性很大,每年除了上级工会和学校工会的规定动作外,还会出现许多突发情况,工会工作需要进行全面合理的设计与规划,否则工作即使开展了,也起不到实际的作用。很多原本很有意义和质量的工作,或许因组织环节的不到位而影响到教职工的参与面。由于教职工年龄、性别、兴趣存在差异,工会工作确实需要考虑兼顾性;由于活动场地、活动类型的限制,活动的开展同样是受局限的,以至于有些活动缺乏吸引力,开展起来效果不理想。工会工作在开展过程中需要尽可能考虑大众化参与。在教职工活动的设计上,可以通过调研的方式,汇聚教职工的想法,这样才能捕捉到教职工的兴趣点,为活动设计奠定基础。工作的覆盖面及吸引力的问题才能得以解决,教职工也才愿意融入其中,积极参与互动。

第三节　高校工会推进民主管理过程中存在的问题

高校工会在推进民主管理过程中主要存在以下三个方面的问题:

一、工会干部缺乏责任意识

新形势下,工会工作对工会干部的要求越来越高、越来越严。作为从事工会工作的干部更应该加强理论知识的学习,紧跟快速发展的时代步伐,学会多思考、多总结、多积累,不给组织拖后腿。

工会工作不能流于形式,来不得半点虚假,需要扎扎实实,工会干部对工会工作的认识程度直接影响到工作品质。一部分工会干部认为工会工作在高校中是不受重视的,学校更多的是关注教学、科研、管理方面的问题,以至于工会干部对待工作很随意,应付了事。任何一所高校的教职工人数最少不会低于百人,规模大的甚至上千人,单靠学校工会仅有的几名工会干部是不可能开展好工作的,这就需要基层工会干部充分发挥作用。但恰恰不少基层工会干部对工会工作缺乏深度的认识,很多时候使重要信息的传递出现"肠梗阻",例如有关教职工住房问题、福利待遇、晋职晋升、子女入学问题等等与教职工切身利益息息相关的内容,学校要求工会层层传达给全体教职工,并且需要教职工及时反馈意见或建议,结果由于基层工会干部的失职,信息传输不到位,学校收集不到教职工的想法,未能让教职工切实履行民主参与、民主监督、民主管理职能。因此,学校工会要多层面

开展思想引导和学习指导,让全体工会干部认识到工会工作的重要性,增强对工作的重视度,工作才能脱离束缚,实现突破。

二、民主管理的参与平台有局限性

1. 完善教代会。高校教代会是教职工充分行使民主管理职责的重要渠道,教职工通过教代会了解学校近期的发展情况及面临的困难和问题,同时通过教代会反映大家的诉求及意愿。高校工会需要健全以教代会为基本形式的民主管理制度,凡涉及学校重大决策、学校建设中的重大安排,都要在校级教代会上公开。对涉及教职工切身利益的事项,如人事制度改革、津贴的发放改革、住房制度改革等,必须经教代会代表表决通过方能生效。

高校工会还应该积极推动二级教代会的实施,很多高校尚未完善此项工作,教代会只停留在校级层面,未能使民主管理、校务公开落实到基层,让教职工能为基层学院、部门的发展贡献力量,通过教代会促使教职工将自身的发展与学校及学院、部门的发展凝聚在一起。

2. 校务公开有待深化。校务公开也是教代会制度完善和发展的重要体现。高校应该把涉及学校发展、干部选拔、后勤管理、职工福利、廉政建设、职称晋级等内容对教职工公开化,增加透明度:定期通过办公平台、校务公开专栏、校园网发布信息;定期召开行政会议和教职工会议,接受教职工的监督,全面调动教职工的积极性,增强教职工参与学校管理的责任意识,深入推行学校的民主管理。

民主管理的参与平台有局限性,高校工会应该拓宽渠道,通过开展"教职工民主恳谈会"、建立微信互动群、QQ群、意见箱、学校发展大家谈专刊等方式,让教职工尽可能地发挥职能。

3. 高校在实施民主管理过程中执行力有欠缺。执行力是指有效利用资源、保质保量达成目标的能力,是贯彻战略意图,完成预定目标的操作能力。对个人而言执行力就是办事能力;对团队而言执行力就是战斗力;对高校而言,执行力就是全体教职工对学校发展而付出的努力。高校在实施民主管理过程中执行力不够,主要表现在以下两个方面:

一方面部分教职工认为,学校的发展与规划、困难与实际都是校领导应该解决的问题,跟平民百姓没有关系,对学校的工作仅仅局限于完成任务,多一丁点与本职工作无关的事都不愿关心及过问,重要的工作安排下来总是你推我让,怨天怨地,紧急的工作也不按时完成,拖拖沓沓,直接影响到部分乃至学校的工作风气。例如,高校组织召开教代会前总会开展提案征集,此项工作需要代表们充分调研,汇聚教职工的想法形成提案,但往往提案内容只是代表个人意见,工作的可行性存在严重的问题。

另外一方面则是一些高校在推进民主管理工作中只顾形式,不注重实效,在工作汇报中,大家都喜欢挑好的内容讲,而忽视真正的问题。例如,高校教代会提案征集过程中,大家都翻来覆去提些鸡毛蒜皮的小事,关系到学校生存发展、关系到教职工切身利益的提案少之又少,提案内容没有创新,没有价值,而学校在提案的回复和落实方面也存在问题,缺乏监督,以至于很多提案年年提,年年都无法落实。在重要的工作上,必须深入基层广泛了解民意才能定论,只听少数人的片面之词不可能掌握实情。高校应该通过工会加强宣传引导,让教职工明白教代会的意义、清楚提案的作用,这样提出来的提案才可能有质量。工会组织应该加强提案工作的督促和落实,推进民主管理的科学性和有效性。

【结语】高校全面推进民主管理需要各级工会发挥好组织、服务、宣传、协调等职能作用,通过工作的规范性促进自身建设,激发工会干部实干能力,不断创新工作形式,增强工作吸引力。工会组织需要不断探索、创新、实践,加强对民主管理制度和措施的贯彻落实,着力保障教职工的民主管理权益,团结凝聚教职工为学校的和谐发展建功立业。

第三章

以建设平安校园为契机　营造浓厚的法治校园氛围[*]

人类发展的关键因素是人。按年龄结构主要分为少年、青年、壮年和老年，从人口比例来看，22岁以前的青少年占总人数的30%多，这部分人员主要是处于学习阶段的在校学生。早在20世纪50年代，毛泽东主席就对青年学生讲过："世界是我们的，也是你们的，但归根结底是你们的，你们青年人朝气蓬勃，正在兴旺时期，好像早上八九点钟的太阳，希望寄托在你们身上"。充分说明国家领导人对青年学生的高度关注和期望，也明确地告诉我们，青年人是祖国的未来，祖国的希望。

校园是青年学生汲取知识、充实自我的地方，我们有责任、有义务为学生们提供一个和谐、稳定、平安的环境，使他们安心学习，取得良好成绩，今后变成国家和社会栋梁之材，更好地为实现自我的价值和理想，为实现伟大的"中国梦"做出应有的贡献。针对加强校园安全建设，云南省社会治安综合管理办公室、省教育厅等十多家厅局在结合云南教育实际的基础上，在2009年印发《关于在全省开展"平安校园"创建活动的实施意见》，确立了指导思想，明确了总体目标，制定了创建标准，确定了职责任务，形成了一个完整的创建、评价、考核体系，进一步规范了平安校园的建设。"平安校园"创建活动从2009年下发通知开始，2011年进行首次遴选，昆明冶金高等专科学校从2011年至今，连续六年被评为"平安校园"。

第一节　平安校园概述

一、充分认识校园安全的重要性

习近平总书记强调：各级党委、各级领导干部要牢固树立安全发展的理念，始

---

[*] 本文作者：陈子祥、解世杰、侯靖，校办、保卫处

终把人民群众生命安全放在第一位。李克强总理指出:校园应是最阳光、最安全的地方,要把保障中小学生和幼儿园安全放在公共安全的突出位置,这事关广大学生健康成长和亿万家庭幸福。刘延东等领导多次批示,要求建立健全齐抓共管长效机制,强化安全教育,排查和清除安全隐患,为学生健康成长创造良好环境。云南省委领导多次强调,要求各地有关教育部门高度重视学校安全工作,采取有力措施,确保师生安全和稳定。我校党委要求学校各职能部门一定要把校园安全作为第一要务,实现责任到人,层层落实,确保校园安全稳定。从中央到地方,到具体单位,各级领导做出明确指示和批示,足以彰显校园安全对社会和家庭幸福的重要性,足以说明加强校园安全建设和规范管理的重要性。

二、云南省平安校园的构成体系

具体操作性文件:《关于印发〈关于在全省开展"平安校园"创建活动的实施意见〉的通知》(云综治办〔2009〕32 号)(以下简称通知)。《通知》确立以习近平总书记系列讲话精神为指导思想,紧密结合云南改革、发展和稳定的实际,坚持教育与管理、治理与建设相结合,坚持"谁主管、谁负责"和"预防为主、整建结合、重在建设"的原则。

《通知》确定总体目标是通过创建平安校园活动以评促建,建立长效机制,真正建立有效的管理体制,进一步完善和健全校园安全防范机制,有效预防重特大刑事案件和责任事故的发生,减少校园犯罪案件,改善校园内外治安状况,通过建设平安校园,努力实现师生安全防范意识、民主法治观念,形成校园内安全稳定、秩序良好、健康和谐的学习生活环境。考核标准分为一级指标 3 个,二级指标 10 个,三级指标 50 个。每个指标都有明确的分值,完全做到量化考核,完全以数字说话,以成绩来评定考核结果,做到公平、公正、民主。考核项目中同时明确奖励和惩罚,规定考核结果仅代表当年,每年复查,符合条件继续获得"平安校园"称号,不合格者取消称号,并进行严厉处罚。

第二节　我校具体做法及取得的成效

我校在创建"平安校园"的工作中,加强组织领导,明确职责分工,采取有力措施,狠抓制度建设落实,注重建设成效,形成了"师生共建、平安共享的制度化、规范化、全员化、常态化"的平安校园创建工作机制。

一、领导重视、职责明确、健全机构

1. 学校针对人员变化和平安校园创建的新要求,修改完善了《昆明冶金高等专科学校平安校园创建工作实施方案》等文件,成立了学校党委书记、校长任组长,各学院、部门负责人为成员的领导小组,办公室设在保卫处,加强对创建平安单位工作的领导,强化明确了创建活动与学院、部门年终考核评比挂钩等重要内容,确立了安全工作在综合考核中的一票否决制。

2. 书记、校长代表学校与各学院、部门签订年度《社会治安综合治理目标责任书》和《消防安全责任书》,明确各学院、部门在创建平安校园中的职责任务;把创建平安校园工作与其他目标责任制工作同布置、同检查、同考核验收、同总结表彰,使创建平安校园工作具有权威性和常态化。

3. 按照"谁主管、谁负责"的原则,建立了党、政、工、团网格化管理安全目标责任制,即党、政、工、团领导对职责权限范围内的平安建设全面负责,横向到边,纵向到底,形成既有统一领导、齐抓共管,又各负其责、分级管理的安全管理体系。

4. 学校调解组织健全,调解效果明显。学校分别在保卫处、工会、纪委、学生处设有调解或申诉委员会,分别调解师生治安、利益、信访等纠纷和矛盾,做到掌握全校教工及学生的诉求和异常动态,矛盾不上交,形成出现矛盾和问题能妥善处理的局面。

5. 学校把安全工作和平安校园创建工作纳入学校年度工作要点,与其他工作共同安排部署。学校党政工作会议把校园安全工作放在重要位置安排和落实,重大安稳问题专题研究部署。每学期开学至少召开一次安全工作专题会议,以学校书记和校长为组长每学期至少参加2~3次全校安全大检查,并在检查完毕即时召开检查会议,对检查出的问题可以解决的立即责成相关部门予以解决,对存在安全隐患的责成相关部门尽快拿出整改方案,限期整改。

6. 强化责任意识,学校按照相关要求成立"社会治安综合治理委员会(综治维稳委员会)""610办公室""安全防火委员会""禁毒和预防艾滋病工作领导小组""打击非法传销工作领导小组"等组织机构。这些机构都由党委书记或校长担任主任或组长,明确学院和部门领导是本单位平安建设第一责任人,将责任落实到每个部门和每个责任人。

7. 按照《高等学校内部保卫工作规定》《云南省学校安全条例》等文件要求,先后修改制定了《昆明冶金高等专科学校处置突发事件应急预案》《昆明冶金高等专科学校校园消防安全管理规定》《昆明冶金高等专科学校校园道路交通安全管理规定》等一系列规章制度。形成了学校平安校园建设工作的制度化,确保平安校园建设工作正常有序开展。

8. 建立了一支强有力的专职保卫队伍。学校设有保卫处,下设校卫队员和学生群防队员,实行全天候对学校公共区域进行安全管理和监控。同时校园治安实行分片负责、重点监控,全面加强校园安全工作。保卫专职干部和校卫队员完全按照相关规定配备。

9. 全面加强人防、物防、技防建设。一是经费保障到位:只要是学校安全工作方面的经费都得到保障,每年财务预算保证专项经费,有特殊需要时校长资金优先保证;二是人员到位:只要是涉及安全工作的人员,学校优先考虑,专职保卫干部和校卫队员完全按照相关规定的比例配齐;三是技防设备到位:现在全校基本实现监控全覆盖,重点部位消防设施配置到位,不留死角,近年来,共投入保卫设施设备经费达600多万元。

二、措施得力,校园平安

1. 坚决有力地贯彻上级精神,把安全教育贯穿于整个教学过程:在新生入学时专门开设安全教育和禁毒防艾课程;放假前、节假日等重点时间点进行安全温馨提示;在安宁校区每年的11月至次年的5月底重点进行森林防火教育;每学期至少举行一次抗震救灾、预防火灾疏散演练等活动。学校按照上级相关文件精神要求,制订年度宣传教育工作计划,同时结合自身特点,利用学校微信公共平台发布安全预警信息;节假日前后发送交通安全信息、预防诈骗、预防传销活动等信息;每学期要求各班级组织开展安全专题班会并写出心得体会,做到人人了解安全常识,人人预防安全事故发生。

2. 每学期举办不少于3次的学生安全工作及学生工作例会,查找存在的问题并对前阶段工作进行总结,同时对下一阶段的安全维稳工作进行部署和安排,要求安全工作无死角,必须面面俱到,确保校园和谐稳定。同时在学生中广泛开展"三生"教育,学校被省教育厅命名为"三生"教育示范先进单位。

3. 在安宁校区每晚召开值班工作例会,主要是各学院、部门通报当天值班情况,排查有无安全隐患,做到检查出问题第二天必须解决,重大安全隐患必须当天解决。取得了良好效果。

4. 重点时期、重要节点加强排查力度,加强宣传教育力度,做到不留任何疑点和全方位覆盖;对于大型活动做好施行方案,做好安全预案,确保活动安全有序进行,确保校园和谐稳定。

5. 不断提升技防条件:一是在心理教育和健康活动方面,学校投入300多万元,建立了一套完整的心理测试、心理干预设备,对每年的入学新生进行心理测试,测试结果严格保密,对认为有异常情况的学生进行针对性的引导或干预,有效预防安全隐患和预防不必要的事故;二是在加强校园交通安全管理方面,莲华校区门禁系统于2015年底前完全投入使用,有效控制车流,并加大管理力度,在学生宿舍、教学区域重要路段设置路锥和禁停标识,确保校园道路通行安全;三是加强视频监控建设,提高技防控制范围,对莲华校区运动场所、出入门、教学楼监控探头进行维修,在安宁校区学生公寓外围及靠近祁家庄的围墙增加监控视频,对公共区域监控设施进行有效维护,提高了校园治安防范效果。在莲华校区利用视频监控进行犯罪嫌疑人甄别,破获案件3起,其中2起犯罪嫌疑人移交公安机关;在安宁校区利用视频监控甄别犯罪嫌疑人,破获案件6起,其中4起犯罪嫌疑人移交公安机关,对维护校园安全起到关键性作用。

6. 积极配合当地政府参与校园周边综合整治工作,成效显著,受到各级单位好评。如昆明某大学3.12恶性事件发生后,给我们敲响警钟,我校进一步强化和完善了人防体系,按照公安机关加强校园安全保卫工作的要求,添置了相关器材,加强了校园巡逻,充分发挥人防在安全防范中的核心作用。在安宁校区学校紧密加强与石江派出所、安宁职教园区管委会等密切合作,与石江派出所实行共建,聘请民警担任学校二级学院法制副院长,开展各项法制宣传活动,让民警以案例教育学生,同时督导我校的法制教育工作,2015年,学校治安事件明显下降;在莲华校区,紧密与莲华派出所合作,获得莲华治安先进单位,得到莲华派出所好评。

三、管理规范、整体联动

1. 建立健全了安全稳定有效的运行机制。通过全面加强人防、物防、技防建设,加强制度建设,加强目标责任制等各项措施的落实,形成了在学校党委行政的统一领导下,既有专职保卫队伍专门抓安全工作,又有专职思想政治工作队伍抓意识形态和政治稳定工作,同时各学院、部门认真落实"一岗双责"职责,形成相互沟通配合的良好局面。

2. 对学生食堂、宿舍,单位出租房等重点敏感部位有专人负责管理,做到情况明了,处理问题及时。

3. 建立校领导、学院、部门和辅导员(班主任)等相关人员24小时值班制度,及时发现和解决问题。

4. 台账建设规范有序:建立健全各种安全检查、信息通报、矛盾纠纷排查等台账8大类,做到规范有序、落实有数、检查有迹,受到当地政府和有关部门的肯定和好评并在辖区单位内进行学习推广。

第三节 把握重点 不断完善

一、进一步加强法治教育和宣传力度

校园安全是学校各项工作有序开展的前提和基石,加强法治教育是增强大学生法律意识和法治观念的重要有效途径。为了提高全民族的法律意识,增强法制观念,高校应当与社会、家庭共同努力全面加强法制教育,采取各种形式开展普法宣传教育活动,真正做到依法建校、依法治校,通过法治教育进一步普及广大师生法律知识,强化师生员工的法律意识,构建和谐校园,提高思想道德素质。

二、齐抓共管,形成合力

校园安全必须齐抓共管,形成合力。全校形成统一思想,每位教师及员工都是安全义务教育员,教书育人必须先做好安全教育,安全是一切的基石。作为学校所在地的当地政府,应当使各级职能部门形成合力,在努力实现社会平安的同时,确保校园周边的综合治理,营造学校良好氛围。真正做到学校管好校园内部,政府管好外部,整体形成合力,力促打造平安社会。

三、进一步深化长效机制建设

校园安全是一项长期任务,安全工作永远在路上。校园安全工作是一项系统工程,是涉及社会、学校、家庭的大事,这项工作不能浮在表面,追求形式,必须要长久坚持。因此社会、学校和家庭一定要建立有效的联动,彼此承担应尽的责任,达成共识,各司其职,共同为学生的安全工作承担起责任。作为学校要根据不同时期、不同社会环境以及社会进步程度,针对新形势、新问题做出研判,在制度上进一步完善,真正做到从制度上约束学生,形成平安校园建设长效机制。

【结语】从2011年云南省教育厅、省综治办等各厅局单位联合开展"平安校园"创建以来,我校2011年至2014年连续获得"平安校园"称号,2015年重新申报并获得此称号至今。近几年来,我校始终以创建"平安校园"为契机,努力为师生营造和谐稳定的氛围。云南省副省长高峰同志在全省学校安全工作电视电话会议上的讲话中讲道:安全高于一切,责任重于泰山。我们作为教育工作者,要以更大的决心,得力的措施,强硬的作风,高质量、高水平做好校园安全稳定工作,为祖国明天的花朵创造良好的学习和生活环境,让他们在身心健康的环境中茁壮成长。

第五篇

05

润物无声的大学生思想政治教育工作

【内容介绍】随风潜入夜,润物细无声。在大学以其精神文化为核心的学校氛围中,师生会受到学校文化无形的浸润,主动对自己的思想和行为进行约束管理。本篇所收录的 12 篇文章,均来自教学一线的辅导员、班主任和从事心理健康教育的教师,是对从事大学生思想政治教育工作的真实感受和方式、方法的有益探讨。以问题为导向,全面梳理大学生思想政治教育工作中的薄弱点,立足昆明冶金高等专科学校实际以及行业实际,先从学校学风建设、德育工作等思想意识层面,再到大学生就业指导、职业生涯规划以及辅导员队伍建设等的实践管理层面出发,找准切入点,聚焦问题、精准发力,研究问题、逐个击破,提出解决问题的新思路和新办法,力争在学校文化的浸润下将大学生思想政治教育工作不断推向新高。

第一章

文化浸润下的学风建设新思路*

　　一所缺乏文化浸润的大学,总是显得干涸穷乏、了无生机,教育功能也不能全数实现。何为文化浸润? 即人们学习、工作、生活在某种文化之中,思想和行为不知不觉受到这种文化影响的过程。

　　大学文化是大学以办学、治学理念为核心的价值体系,在长期的教育实践中渐渐积累起来,并受到教师和学生认同的一种群体意识。它是大学最珍贵的精神财富,能够以一种潜移默化、润物无声的方式时时刻刻渗透到每个身处大学之中的人,支配着他们的一言一行,最终达到情感陶冶、价值认同、行为养成的影响效果,这一作用过程是循序渐进的,且作用于无形之中,但力量是强大的,是大学的最有力支柱。所以,大学的"文化浸润"就是大学在以其精神文化为核心的学校氛围中,师生认同学校倡导的办学和治学理念等主流价值,耳濡目染之下受这种精神所感染,自愿遵从在大学精神中的价值取向,使大学文化在有形无形中、有意无意间浸润人心,使校园里的每一个人受到无形的洗礼和熏陶,主动对自己的思想和行为进行约束管理。

　　正因为大学文化浸润有着这样巨大的作用和影响力,所以在大学建设中,它时时刻刻地在方方面面发挥着它的独特作用。本文将重点研究在文化浸润下,高校如何通过"固化于制、内化于心、外化于行"三个着力点,进行学风建设。

第一节　学风的特征和重要性

　　在教育界,有这样一种说法:"学风是一门没有列入教学计划的必修课,此课程不及格,不能算合格的毕业生,在传授知识、培养能力的同时,一定要使学生养成良好的学风"。

---

　　* 本文作者:罗姗姗,建工学院

在《现代汉语词典》中,"学风"一词的定义为:学校、学术界或一般学习方面的风气。通俗地讲,就是指学习的风气和治学的态度①。而关于学风内涵的阐释,最早源于《礼记·中庸》:"博学之,审问之,慎思之,明辨之,笃行之",意为广博地学习,详尽地提问,慎重地思考,清楚地辨别,切实地实行②。

狭义的学风,指学生在学习过程中表现出来的思想和行为特点,其组成包括学习的目的、方法、兴趣、气氛和要求等。广义的学风则是学生的求学、研学之风,教师的教学、治学之风,教学管理人员的督学、管学之风,学校领导的办学、导学之风的总和③。它是师生的价值观在学习方面的具体表现,因此学风的实质其实是价值观。

学风可谓是一所学校办学理念和治学风气的具体体现,是学校精神和文化的典型特征,是教书育人的本质要求,是学校核心竞争力之一,是衡量办学水平的重要指标,是人才培养的重要手段,是凝聚师生的动力源泉,对学校的长远发展具有关键性的意义与作用。正因如此,学风是一所大学之所以成为大学的根本所在,是一所大学的灵魂和气质,是一所大学的立校之本。

第二节　"固化于制、内化于心、外化于行"的学风建设新思路

学风是大学文化氛围和治学理念的具体表现之一。因此,学风建设不是单纯的教学问题,它在建设良好的校园文化,引导师生树立正确的价值观和人生观,以及培养勤奋求实的学习精神和诚实守信的道德品质等方面都发挥着重要作用。可以说,学风建设是校风建设的核心,也是缔造大学精神的着力点。

一、固化于制——制度文化熏陶

制度可以管出合格的学生,但要想学生优秀,还要靠学校文化的浸润。我们希望从有形的制度管理着手,达到无形的文化浸润之成效。

制度本是文化的内涵之一,从广义的文化来看,制度也属于其中一部分,是文化纵向结构的一个层次。长久以来,在制度的持续作用下,大家逐渐习惯接受这些规则,使之成为一种制度文化。

---

① 孙明明:《高校学风管理探究》,华东师范大学2008年版。
② 陈岑:《蔡元培的北大学风管理研究》,西南大学2014年版。
③ 陈玉栋:《试论高校学风建设的概念、主体及特性》,载《高教探索》,2014年第4期。

制度文化是在校师生的共同行为准则,它通过协调校园内各个群体或个人间的行为关系,成为学校正常运转的最有力保障。优良学风的形成来源于学校严格的管理,这就需要有科学健全的管理制度和管理体系作为组织保证,加强对师生群体的专业素质和道德品行培养,从而推动优良学风的建设。据此,学校应该从自身的办学理念和管理风格出发,对学校的各项规章制度不断进行完善和改革,制定出有利于促进学风建设的规章制度,将学风建设固化于制。

随着时代的发展,师生的思想行为也在不断变化,以笔者所在的昆明冶金高等专科学校(以下简称昆明冶专)为例,学校根据社会需求和学生的需要,制定了一系列教学管理制度:《学分制改革总方案》《专业设置管理办法》《教学违纪处理办法》等;为完善教学质量评价制度,又制定了《教学事故的级别划分和认定办法》《听课制度》等,建立健全符合学校实际的教学质量监控和保证体系。同时注重改革创新学风评价体系和学生管理体制,通过评先推优机制,奖、贷、勤、补、免联动的激励资助机制、学生违纪处理机制、心理健康教育机制等,把学生教育管理与学风建设有机结合起来,逐步实现制度化、规范化,创造出积极向上的学风氛围。通过这些科学的制度建设和加强管理,学校积极调动一切资源为学生服务,在潜移默化中对学风进行引导,逐步约束学生的不良行为,鼓励并支持学生培养独立自主的创新精神。

在进行制度文化熏陶时,学校应坚持以人为本。现在的大学生思维活跃,但也很容易敏感偏激,他们喜欢追求自我,有着远大抱负,但在现实中又缺乏刻苦拼搏精神。我们主张尊重学生,在制度的框架内给他们以自由。毕竟制度在本质上就是一种管理的手段,虽然客观上具有约束作用,但其初衷应该是激励而非约束,通过对人的行为进行调控,使人能够最大限度地发挥出自己的主观能动性。只有当制度被人们外化为自己的行为习惯,才有可能形成有效管理,学风建设也才可能落到实处。

通过制度文化的熏陶,师生在自觉规范自身行为时,也会逐步形成一种共同的价值取向,积极向上的学习风气,和谐的校园氛围,渐渐使一所大学形成自身的优良学风、教风与校风,从而为大学文化建设奠定坚实的根基。

二、内化于心——加强人文素质教育

近年来,随着高等学校的办学规模逐渐扩大,大学毕业生越来越多,就业也就成为大学生面临的最大挑战。从就业市场特别是用人单位反馈的信息来看,用人单位最看中的是毕业生的综合素质。在他们看来,素质是一个人的底蕴和内涵,只有高素质,才能转化为高能力。

近几年有一定知名度的单位来昆明冶专选拔人才时都强调三个原则:一是真正的人才必须德才兼备;二是如果素质低的话,就算学习成绩再好,也不考虑录用。因为这样的人以后很可能给单位带来危害;三是对于道德素质很好,但学习成绩水平一般的人可以录用。综合素质好的人,不断在业务上加以培养提高,是可以为单位带来效益的。可见,综合素质已经被很多企业看成是单位发展的第一资源。当代大学生要想在激烈的就业竞争中脱颖而出,立足于社会,只注重专业知识的学习是不够的,还必须注重自身综合素质的提升。

我们提倡加强人文素质教育,其核心是通过人文观念进行教育,最终落实到学生素质的提高上来。因此,人文素质教育的重点不光是课程,还有氛围;不在于教书,而在于育人;不是简单的说教和灌输,而是在学校的文化氛围中,潜移默化、耳濡目染地实现文化浸润。在文化浸润下,学生能够树立科学的理想信念,在正确的世界观、人生观、价值观指导下端正学风,提高学习的积极性。

在实际工作中,我们应该注重将综合素质培养工作贯穿于人才培养的全过程,形成理念与时俱进、学校高度重视、制度保障有力、实施手段丰富多样的综合素质教育体系。寓学风教育于德育、智育、体育、美育之中,引导学生在提升科学精神和人文素质的过程中树立远大目标和高尚情操,学会为人处世、学会生活学习、学会发展创新。

三、外化于行——第一课堂与第二课堂协同教育

在高校发展中,优良学风建设永远是主题,是保证教学质量的重要条件,也是培养高素质人才的关键所在。但现今,大学生在学风方面存在着很多问题,比如自主学习习惯差、能力弱、缺乏自控能力等。如何以第一课堂和第二课堂协同教育为突破口,促进高校学风新局面形成,是学风建设一直在研究和探索的方向。

第一课堂和第二课堂作为高等教育的两大重要组成部分,也是高校学风建设的重要途径和载体,在学风建设中发挥着独特的、不可替代的作用。我们要长期坚持抓好第一课堂、延伸第二课堂,以"一二"课堂协同教育推进学风建设。

抓好第一课堂,以精细管理加强学风建设。第一课堂主要培养学生自主学习能力,促进学业基础知识的积累。将精细化管理理念引入学生管理工作中,以学生为根本、精心工作、精细育人,落实细节管理,不断优化学生管理工作。比如科学部署教风、学风建设,努力形成合力;任课教师主动加强课堂考勤及管理,控制课堂纪律,增加课堂教学效率;定期进行专业设置、人才培养方案及课程改革成效研讨制度和定期研讨教风制度;严抓考风、考纪,加强诚信应考教育等等。坚持工作标准从严从细执行,在实践中总结提升凝练,形成规范的工作流程和制度。

延伸第二课堂,重在培养学生的实操能力和创新能力等综合素质,注重学用结合,搭平台,促转变,切实提升学风建设质量。

仍以昆明冶专来看,学校在人才培养过程中,不同的专业对学生专业素质的要求不同,除在第一课堂完成专业课程理论教学环节之外,学生需要参加第二课堂的专业和社会实践活动,作为课堂教学的补充与提升,使学生在活动中掌握必备的综合素养,提升专业技能。同时,按照团中央的部署安排,结合学校实际情况,校团委成立"第二课堂运营中心",选取试点学院,尝试在校级学生组织及试点学院中逐步推进共青团"第二课堂成绩单"工作。

同时在此基础上引导学生发挥专业优势,去深入社会、了解社会,在服务社会的过程中提高专业认知,以实习基地为依托,结合社会需求,以解决生产、生活一线存在的实际问题为导向,组织实践队伍进行技术改进、课题攻关、专题调研、志愿服务等活动。与此同时,加强校园文化建设,积极开展"学海讲堂"校园品牌建设、大学生心理健康教育活动、大学生诚信档案建设、党校建设、团校建设、学生社团文化、创新创业教育、职业素质教育等。

第一课堂的学习让学生储备丰富的理论知识,第二课堂动手实践、检验真理,充满了乐趣、激情与创造性。第一课堂与第二课堂的协同教育机制推动了学生整体化知识的吸收,激活了学生的思维和创造性,促进了创新精神与实践能力的提高,创新了学风建设的长效机制。

【结语】我们在实际工作中,要不断分析学风建设中出现的问题,研究找出解决问题的新思路和新办法。要建立促进优良学风形成的长效机制,只有持续完善制度文化,持续强化综合素质教育,持续推进第一、第二课堂的教育,才能在学校的文化浸润之下,将学风建设推向新的高度。

第二章

多维度开展大学生思想政治教育工作的探索与实践 *

　　昆明冶金高等专科学校计算机信息学院设有计算机应用技术、计算机网络技术、软件技术、物联网技术、通信技术5个专业,目前在院学生1307人,拥有一支由28人(其中3名教授、8名副教授)组成的高素质教师队伍。

　　从2004年5月担任计算机信息工程系党总支副书记(主持工作)算起,我从事党的建设、大学生思想政治教育工作已经13个年头,算得上是党建和大学生思想政治教育工作战线上的一个老兵。总结13年来特别是安宁新校区启用5年以来的工作成绩,在学校党委行政的领导下,全面贯彻党的教育方针,团结带领学院全体师生:一是以立德树人为目标,切实做好大学生思想政治教育工作;二是以社会主义核心价值观为指导,持续推进大学生文明公寓建设;三是以传承创新为宗旨,努力促进大学校园文化建设工作;四是以质量提升为导向,深入开展大学生就业指导工作,促进学院各项工作全面协调可持续地向前发展。

第一节　以立德树人为目标　切实做好大学生思想政治教育工作

　　加强和改进大学生思想政治教育工作,是学院班主任、辅导员、党总支书记和学校各级领导干部所面临的一项长期而艰巨的政治任务。近年来,我们根据新时期大学生思想政治教育工作出现的新情况和新特点,主要开展了以下工作:一是加强理想信念教育,以立德树人为目标,激发大学生努力学习知识技能的自觉性和积极性;二是加强自觉遵守校规校纪的教育,努力营造依法治校、遵纪守法的优良校风;三是建立健全家长联系制度,针对不同的学生开展好有针对性的思想政治教育工作;四是构建征求大学生意见和建议的渠道,注重把解决思想问题与解决实际问题、促进大学生的健康成长紧密结合起来;五是构建学院教师全员育人、

---

　　* 本文作者:周凯,计算机信息学院

全方位育人、全过程育人的工作格局,把教书育人、管理育人、服务育人变为学院全体教师的自觉行动。

近年来,随着智能手机的迅速普及,互联网对当代大学生的思想观念、价值取向、思维模式、行为方式、个性心理等产生了十分广泛而深刻的影响,这就要求我们必须具备敏锐的政治意识,正确估量网络时代对思想政治教育工作的影响与冲击,创新工作思路和工作方法,全方位构筑网络文化教育体系,使思想政治教育工作更具实效性、扩大覆盖面,不留死角和盲区,增强影响力。

近年来,一些不法分子一刻也不消停,处心积虑,变换花样,变化手段,针对大学生群体不停地进行短信诈骗、电话诈骗、网络诈骗、传销和非法校园贷款等,企图达到其不可告人的诈骗目的,这对我们的工作又提出了更加严峻的挑战。面对挑战,我们没有退缩,在党总支的团结带领下,全体教师因势利导,主动出击,用正确的思想舆论、正确的世界观、人生观和价值观,积极占领大学生网络思想政治教育阵地,收获了很好的效果,受到学校党政主要领导的肯定和表扬。

我们的具体做法是:针对手机短信诈骗,我们编写了预防电信诈骗宣传信息——"电信诈,电信骗,只为钱;发短信,发链接,为套钱;不回复,不点击,看好钱;不侥幸,不贪财,守好钱;生活中,讲节约,节省钱",通过班主任发送到学院每一个同学的手机中,提醒每一位同学不受骗、不上当。再比如,针对非法校园贷款,我们编写了预防不法校园贷款宣传的信息——"校园贷:高利贷、非法贷、害人贷;同学们:擦亮眼、莫上当、不去贷;老师们:察实情、做工作、勤教育;生活中:不攀比、讲节约、讲朴素;学习上:争第一、强技能、比成绩",通过班主任发送到学院每一个同学的手机中,增强同学们的鉴别和防疫能力,力求在经济和精神上不受损失。

第二节　以社会主义核心价值观为指导
持续推进大学生文明公寓建设

2011年3月,学校安宁校区初步建成,我院600余名学生先后入住安宁新校区,开始了新的学习生活。面对功能齐备、环境优美、充满现代气息的新校区,广大同学兴趣盎然,特别是"双卫+宽带"的学生公寓,为同学们的学习和生活提供了优雅舒适的环境。

我们开始思考:校园生活的每一天,同学们有一半多的时间是在公寓里度过,能否制定一个统一的标准来建设和管理大学生公寓? 于是,我带领学院师生经过一年多的探索与实践,从全面贯彻执行党的教育方针,以立德树人为根本,自觉践行社会主义核心价值观的高度出发,决定以社会主义核心价值观来指导大学生文明公寓建设。由此,我们将社会主义核心价值观24个字(富强、民主、文明、和谐、自由、平等、公正、法治、爱国、敬业、诚信、友善)的要求贯穿于学院大学生文明公寓建设,提出了"干净、整齐、节水、节电、美化;学习、文明、礼貌、安全、和谐"的十星级大学生文明公寓建设标准以及计算机信息学院创建文明公寓量化评分表。

我们的具体做法是:从2012年春季学期开始,在学院开展"十·一·三·五"的大学生文明公寓创建活动。一是在每间公寓门口张贴宣传"十"星级文明公寓的建设标准与评比办法,营造人人参与建设和评比的氛围;二是在每张床前张贴"一"张名片,搭建师生交流的共享平台;三是在每间公寓内张贴学校颁布的"三"项禁令(禁止饮酒令、禁止晚归令、禁止使用大功率电器令),强化校规校纪教育的针对性与时效性;四是在每间公寓内张贴"五"句话的教育警示(打架斗殴的后果——花金钱、坑爹妈、损友情、受处分、拖学习),用学校极少数违反校规校纪学生的教训警示学生,不违规,不违纪。通过开展以上系列教育活动,取得以下成效:学生公寓干净了,学生行为文明了,打架斗殴没有了,学生家长放心了,优秀文化形成了。此外,学院还通过开展"公寓是我家,文明建设靠大家"的主题班会、演讲比赛、征文评比、每周一次的考评、总结表彰奖励等活动不断推进学院大学生文明公寓建设。

五年以来,学院大学生文明公寓建设工作,在全体师生的共同努力下,取得以下成果:一是大学生在创建文明公寓过程中文明素质得到提升,养成了健康文明的好习惯;二是学院大学生文明公寓成为学校党建和精神文明建设的示范窗口;三是2014年学院大学生文明公寓受到中宣部、教育部领导的表扬。

第三节　以传承创新为宗旨　努力促进大学校园文化建设工作

文化是民族的血脉,是人民的精神家园。"血脉"具有历史性特征,表明文化是动态发展的,承继于祖先,又要传递于后世。"家园"具有共识性特征,表明文化为全民族大众所共有、所共享,也需要大家共同建设。不同的学校有不同的文化,传承与创新优秀的校园文化是每一个师生共同的责任与使命。

五年来,在安宁新校区,学院党总支团结带领全体教师,不断加强校园文化建设,特别是加强学院的课余文化建设,丰富校园生活,让大学生充分地张扬个性,施展才华。一是院党总支和学生党支部积极加强舆论导向的把握和掌控,真正做到"以正确舆论引导人",营造一种高格调、高品位、艺术性、思想性和理论性兼备的舆论宣传格局,使整个学院到处充满正确的舆论氛围,从而促进优良校风院风的形成。二是院团委有计划地定期举办各种知识技能沙龙、讨论会、演讲会、征文、辩论会,每年举行艺术节、迎新晚会等文化艺术活动,让高雅艺术进校园,不断提高文化艺术活动的层次和品位。三是院学服办注重加强对学生适应性、和谐性和持续性的培养,优化成人成才环境,使大学生的个性、特长有自由发展的空间,让大学生接受科学思维的训练和科学方法的熏陶,使其在各种实践活动中增长智慧和才干,酿造一个"儒、雅、序、活"的校园文化氛围。

第四节　以质量提升为导向　深入开展大学生就业指导工作

就业是民生之本。大学毕业能找到一份满意的工作,每月获得一份理想的收入,是每一个莘莘学子的希望所在,也是每一位家长的希望所在。为了进一步推进学校毕业生就业工作,我所在的二级学院每年都要与学校签订就业工作目标责任书,年终按照目标兑现考核。因此,提高每一名在校学生综合素质和专业技能,加强对大学生就业指导和创业教育也就成了我们经常性的一项工作。记得我第一次开设就业讲座是在 2006 年 5 月,讲座一开始只是在学院毕业班的学生中讲授,后来影响逐步扩大到学校,现在,变成了学校《学海讲堂》的专题讲座之一。2008 年,我撰写的论文《论辅导员如何开展就业指导工作》荣获云南省高职高专教育分会 2008 年度优秀论文奖。

我们的具体做法是:做中学,学中做。目前,初步形成了一套系统完善,能够体现高职高专特点,促进大学生就业工作的指导思想和工作方法。例如,在毕业前的第五、六学期,学院积极开展"六个一"(学好一部法律《劳动法》、搭建一个平台、抢占一个岗位、实习一段时间、签下一份协议、工作一定年份)的就业教育活动,不断提高应届毕业生的就业意识和就业取向。再如,学院在毕业班中倡导,积极用好"五靠"的政策与资源,实现就业成果的"五优"(一靠政府,实现就业环境优;二靠学校,实现就业资源优;三靠老师,实现就业指导优;四靠亲友,实现就业支持优;五靠自己,实现就业决策优),克服毕业生对就业产生的忧虑情绪和畏难情绪,增强走出校门,走向社会,找工作、找好工作,干工作、干好工作的信心与决心。

十余年来,我们时刻牢记共产党人的信念与宗旨,认真学习贯彻党的十六大、十七大和十八大精神,认真学习贯彻党章党规,认真学习习近平总书记的系列重要讲话精神,注重把党的教育方针与学院大学生思想政治教育工作的实际情况有机地结合起来,在学校党委行政的正确领导下,团结学院全体师生,锐意进取,攻坚克难,勇于探索,创新实践,取得了一个又一个的骄人成绩。2009年1月,我荣获云南冶金集团股份有限公司"优秀共产党员"荣誉称号。2012年11月,我主编的《动态网站设计与制作》教材获得2012年度中国冶金教育学会教科研成果优秀教材奖一等奖。2015年6月,我荣获2015年中国大学生计算机设计大赛云南赛区专科组二等奖指导教师。2015年3月,计算机信息学院党总支荣获学校2014年度党的建设和精神文明建设先进集体荣誉称号。2015年5月,计算机信息学院团委荣获云南冶金集团股份有限公司团委授予的"五四红旗团委"荣誉称号。2013年5月,计算机信息学院团委书记潘宏斌同志被共青团云南省委授予"云南省优秀共青团干部称号"。2015年10月,计算机信息学院保帅等同学荣获第十届全国高职高专"发明杯"大学生创新创业大赛(发明制作类)一等奖。2016年5月,计算机信息学院朵云峰老师获得"2016年云南省优秀班主任"荣誉称号。2017年4月,计算机信息学院党总支荣获学校2016年度党的建设和精神文明建设先进集体荣誉称号。

总之,成绩属于过去,梦想成就未来。在实现中国梦的征程上,在实现中华民族伟大复兴的进程中,我们还有很多工作要做。今后,我们有信心,有能力,在以习近平同志为核心的党中央的领导下,在学校党委行政的带领下,在实现学校"十三五"发展规划的进程中,在做好新时期大学生思想政治教育工作的具体实践中,去争取更大的进步,取得新的成绩!

参考文献:
①习近平:《习近平谈治国理政》,外文出版社2014年版。
②习近平:《习近平总书记在全国高校思想政治工作会议上的重要讲话》,2016年12月7日。

第三章

新时期做好高职大学生德育工作途径探析*

第一节　新时期高职大学生德育工作面临的问题

一、信息流动的速度越来越快,信息的作用越来越大

随着电子网络化进程的加速,以数据资料、消息、新闻、情报等为主要内容的信息以几何级数成倍增长,特别是互联网和信息高速公路的出现,更使多元文化和思想在全球范围内畅通无阻。这些因素对学生的成长有积极作用,使他们增长知识、开阔眼界,也有许多不良因素在侵袭着他们未成熟的主观世界。

二、影响青年学生思想意识的领域越来越宽

报刊、电视、广播、网络正以各种方式不同程度地向青年学生们开放,各种各样的思潮、意识都会直接或间接地作用于他们。如果受到科学正确的世界观、价值观、健康文化的引导,则有利于他们健康成长;反之,则会给他们成长投下阴影。

三、家长对子女的期望值越来越高

家长更关注他们今后有无好工作岗位和优厚的待遇,而对他们在成长过程中思想道德素质及心理上的变化和精神需求关注较少。如果学校放任自流,就会使大学生关心集体和他人的意识淡薄,欠缺良好的道德修养和正直、诚实的为人之道,这将对高职院校的德育教育带来一定的考验。

---

* 本文作者:李剑泉、陈子祥、张琼华,物流学院、校长办公室

四、德育任务越来越重

当前的学生与以往学生相比,有一定的特殊性:1. 对新事物敏感,接受力较强,但分析与识别的能力相对较弱;2. 在课堂接受教育的时间较多,了解社会、接触实际的问题较少,吃苦精神、动手能力相对较弱;3. 在信息流的冲击下,了解接受各种各样的信息数量多,但比较、鉴别,吸取精华、剔除糟粕的扬弃能力较弱;4. 生活相对平稳安定,成长一帆风顺,接受的磨炼和挫折比较少,适应能力弱,心理素质差。

五、高职大学生心理健康教育更为复杂和艰巨

很多沦为罪犯的学生,大多数都有心胸狭隘、报复心强、聪明但自卑的性格特点,这种复杂的性格成为他们人生的"双刃剑"。当他们想在事业上崭露锋芒时,常常因为自身条件差,而在长期的磨砺中逐渐流露出敏感多疑和心胸狭隘的消极面,加上缺乏心理的疏导,产生了许多病态的反应。这种扭曲的心理活动发生裂变后,即使是发生很小的矛盾和摩擦,也可能成为触发病态心理的导火索,拔出已经扭曲的暴力之剑,最终导致剥夺他人生命、自我毁灭的悲剧。药家鑫、林森浩,都因为心理狭隘,无道德、文明、法制信念,最终成为社会剖析的黑色标本。由此可见,从分析性格缺陷,到当代大学生的德育工作,有太多方面值得教育工作者思考和探索。青年学生是祖国的未来,如果通过心理教育找到问题的根源,就能预防悲剧的重演。

六、新时期新情况的出现,给广大教育工作者提出了新目标、新任务、新要求

广大教育工作者要适应形势,认真分析,因势利导,掌握规律,扬长避短,把消极因素转化为积极因素。随着社会的发展,学校将会是各种矛盾、各种热点问题的集散地,青年学生犯罪问题也十分现实地摆在我们面前。因此,如何预防犯罪显得越来越重要。首先,要加强青年学生政治素质教育的培养,增强公德意识,引导学生正确认识社会、正确认识自我,树立正确的目标追求;加强对青年学生的心理引导,消除其人格障碍,增强他们对大是大非问题的认知能力,提高学生承受能力和应对挫折的能力。其次,要采取各种形式强化对学生的法制教育,增强其法制观念和守法、护法的自觉性。再次,要加强改进各级学生的管理,采取针对性措施,健全管理约束机制,建立预防犯罪的网络;最后,司法机关要采取人性化的帮教手段,对失足青年采取感化挽救方针,运用德育工作的成功经验,扎实工作,一定能够完成时代赋予我们的重任,使他们成为社会的有用之才。

第二节　充分发挥思想政治工作优势　加大德育工作的力度

　　国务院《关于进一步加强和改进大学生思想政治教育的意见》是新时期青年大学生思想道德建设的纲领性文件。党的十八大首次把"立德树人"写入党的报告,明确为现代教育的根本任务。这是我们党对教育本质认识的进一步深化。"立德树人",培养中国特色社会主义事业的合格建设者和可靠接班人,为我们加强和改进学校德育工作指明了方向。大学生是青年人的主体,而学校是培养造就合格社会主义事业接班人的阵地,高职学校在加强和改进学生思想道德建设中承担着义不容辞的责任。思想道德建设关系我们党、国家和民族的前途命运,面对新时期国际国内形势发生的深刻变化,高职院校要从确保党的事业后继有人和社会主义事业兴旺发达的战略高度出发,从全面建设小康社会和实现中华民族伟大复兴的高度出发,从树立科学的发展观,坚持以人为本、办好让人民满意的教育这一高度出发,增强做好青年学生思想道德建设工作的政治责任感、历史使命感和现实紧迫感。

一、要用科学的理论去教育和武装学生

　　开展德育教育,最重要的是培养下一代坚定的理想和信念。习近平同志在与北大师生座谈时特别强调:"青年的价值取向决定了未来整个社会的价值取向,人生的扣子从一开始就要扣好"。"立德树人"是教育的根本任务,"立德树人"要以德为先,"人无德不立,国无德不兴",它们相互统一、协调发展。"立德树人"要求教育工作者不仅要传授知识、培养能力,更要把培育和践行社会主义核心价值观落实到推进教育治理体系和治理能力的现代化中去,引导学生树立正确的世界观、人生观、价值观,真正把"立德树人"放在学校工作的首位。

二、充分发挥辅导员、班主任的基础性教育作用

　　对学生进行思想品德教育是辅导员、班主任工作中最重要的工作任务,因为一直战斗在学生德育教育第一线的辅导员、班主任,不仅是教育者,而且是学生思想品德教育活动的组织者和领导者。班主任承担教书育人的重任,其品格由信仰、追求、道德、人格作风等诸因素构成。我国古代思想家、教育家孔子一直倡导以身作则、为人师表,辅导员、班主任是创造未来人才的"雕塑家",他的人格和师表将会影响学生形成良好的品格,促使学生在德、智、体、美各方面全面发展,成为

有理想、有道德、有文化、有纪律的一代新人。班主任的品格修养直接关系到受教育者的思想,品格的吸引力是一种蕴含各种因素,并对他人产生的一种感召力,是高尚人格的外在表现。所以,要提高学校德育工作的效果,班主任是学生思想品德教育中重要的依靠力量。

三、要从中国的国情出发,开展中华民族优秀文化和革命优良传统教育

中国是一个有着悠久文明和辉煌历史的伟大国家,蕴藏着伟大的民族精神、革命传统和优秀文化结晶。我们在德育工作中,通过生动的事例向青年学生宣传展示这些宝贵的精神财富,激励他们热爱祖国、热爱人民、热爱家乡,让屈原、岳飞、林则徐、焦裕禄、雷锋、杨善州等中华民族的光辉典范在青年学生心中深深扎根。

四、大力弘扬艰苦奋斗、勤俭节约的创业精神,造就吃苦耐劳具有奉献精神的新一代

我们祖国是发展中国家,人口众多、国情复杂,国家实力与西方发达国家之间还存在着很大差距。要在德育工作中教育广大学生:只有国家的强大,才有我们美好的未来。而国家强大的关键在于运用我们的聪明才智,加上不断地艰苦奋斗和不懈地努力,才能赶上世界发达国家的经济发展水平。我们通过改革开放,借鉴了国际上先进的技术和经验,加快了经济发展的步伐,但在提高综合实力的关键环节上,还是要依靠自力更生、艰苦奋斗。

五、要把德育教育有机统一在智育、体育、美育以及学校各种实践行为活动之中

学校培养学生的主要形式是传授知识,但提高素质绝不能只是一句口号。思想政治素质是最重要的素质,不断增强学生的爱国主义、集体主义、社会主义意识,是素质教育的灵魂。我们在学校各项教学活动中,一定要把德育放在重要的位置上,渗透在各学科的教学中,结合在教育工作者的言行中,让学生在各方面的教育中受到熏陶,养成良好的思想道德品质和习惯。

第三节　适应时代发展要求　不断探索德育新路子

习近平同志在"七一"讲话中明确指出:"加强社会主义思想道德建设,是发展

先进文化的重要内容和中心环节,必须认识到,如果只讲物质利益,只讲金钱,不讲思想,不讲道德,人们就会失去奋斗目标,失去正确的行为规范。要把依法治国与以德治国结合起来,为社会保持良好的秩序和风尚,营造高尚的思想道德基础,要在全社会倡导爱国主义、集体主义、社会主义的思想,抵制拜金主义、享乐主义、极端个人主义等腐朽思想,增强全国人民的民族自尊心、自信心、自豪感,激励他们为振兴中华而奋斗。"①高职院校对学生开展德育工作,是贯彻党的教育方针,解决"培养什么人,怎样培养人"的核心问题,根据青年学生的年龄特征,德育应渗透在学校教育的各个环节,具体可分为两种形式:灌输教育和养成教育。

一、充分发挥思想政治理论课的课堂主渠道、主阵地作用

通过"两课"理论教学和职业道德课程教学向学生灌输马列主义、邓小平理论,"三个代表"重要思想以及法律法规、职业道德知识,使学生在世界观和人生观的形成中获取必要的营养,对学生进行辩证唯物主义和历史唯物主义教育。对于青年学生来说,他们成长在日益发展变化的社会环境中,国际、国内大事时时牵动着年轻人的心。要正确引导他们充分认识西方资本主义所谓的民主自由的本质,增强对社会主义祖国的热爱;引导他们理解我国为什么只能坚持走中国特色的社会主义道路,而不能走其他的道路。这些都需要教师运用马列主义的基本原理,联系改革开放的伟大实践,用科学的理论进行分析和阐释。

二、要充分应用网络信息化的成果,对青年学生进行知识经济和科技革命教育

要高度重视全球信息化浪潮对我们的影响,要在科学利用信息成果的基础上下功夫:要从各类学校和实际出发,在不同的教育学科中,有针对性地吸收和应用高科技的知识和手段,阐释知识经济的趋势和特点,逐步推广普及知识经济的成果;要从国家的综合实力竞争的高度重视新知识、新科技以及科学思想、科学精神的教育和实践,力求使青年学生在打基础阶段就有比较高的起点和较深刻的认识。

要认真贯彻《公民道德建设实施纲要》,引导大学生以集体主义为原则、以诚实守信为重点,勤于学习、善于创造、加强人文素质和科学精神教育,加强集体主义和团结合作精神教育,自觉遵守爱国守法、明礼诚信、团结友善、勤俭自强、敬业

---

① 《少先队小干部》编辑部:《思想道德教育辅导讲座》,载《少先队小干部》,2002 年第 21 期。

奉献的基本道德规范,从身边事做起,从具体事做起,着力培养良好的道德品质和文明行为。

三、加大对西方腐朽文化的防范力度

随着国际交往的增多,特别是网络信息全球一体化进程的加快,青年学生通过网络与西方文化接触的机会越来越多。一些黄色的、暴力的东西不时对青年学生造成毒害,这是德育工作者面临的一个新挑战。首先,学校德育工作要研究这些动态,在有关部门配合下,探索有效的管理措施;其次,要加强与家长的密切协作,有针对性地进行疏导;再次,要加强符合学生心理特点的道德教育,涉世处事的品质教育;最后,要帮助青年学生增强识别能力和防腐拒变的能力。

四、针对学生的思想动态和存在问题制定相应的教育计划

从实际出发,从小处着眼,通过军训、入学教育、校纪校规教育,文明班级、文明教室、文明宿舍评比,公益活动以及毕业生教育等不同形式抓好养成教育,潜移默化地培养学生良好的道德品质,提高学生学习兴趣,增强组织纪律观念,并将这种感受升华为爱父母、尊师长,爱祖国、爱人民、爱社会主义、爱集体的高尚情操。

五、调动社会及全校之力形成德育工作的良好氛围

构建德育工作的良好氛围对于学校来说是一项复杂的系统工程,要抓好德育工作者队伍建设,既要严格要求,使他们具有较高的素质修养和良好的师德,又要更多地关心和支持他们的工作,使他们安心开展工作。要动员和组织全体教职工参与德育工作,以教师良好的师德形象影响学生,使学生在老师身上学到为人处事的可贵品质。对于社会科学、宣传文化工作者来说,要把引导、哺育青年学生健康成长作为重要任务,多出好书、好节目、好新闻、优秀影视作品和理论文章,为他们提供健康向上的精神食粮。政府要加强对精神产品的管理,严格把关,防止腐朽文化产品充斥市场,从而净化社会环境。学生的教育同样离不开家庭和社会的支持与关心。家庭是社会的基层组织,人人生活在家庭之中。如果把家长们动员起来,承担起社会思想道德的重任,那么一定意义上就发挥了德育工作普及性、广泛性、群众性的特殊作用,对青年学生良好思想道德的形成是不可估量的。

六、结合"三下乡",定期走向社会、了解社会

深入厂矿、企业、农村,学习工农,让学生接触了解社会,教育必须同生产劳动相结合,培养学生劳动热情,使他们通过自我服务劳动、公益劳动、生产劳动,通过

与生产劳动相结合,从工人农民的身上学习勤劳的品质,认识到日常生活中所享受的衣食成果来之不易。培养学生热爱劳动的观点和良好的劳动习惯,增强自立、自强意识,树立热爱劳动光荣厌恶劳动可耻的思想。社会实践活动同样是很重要的手段,学校可根据专业理论知识,有针对性地培养学生实际操作的技能,使他们成为社会建设的技能型人才。

【结语】青年学生是跨世纪的一代,是时代的骄子,他们肩负着时代赋予的使命和中华民族实现伟大复兴的重任,是民族的未来和希望。青年学生的思想道德建设是中华民族持之以恒、常抓不懈的历史性工程,是公民道德建设的基础性工作,是培养一代又一代合格接班人的根本问题。高职教育工作者以及全社会都应予以十分的关注和重视,要针对青年学生的特点制定行之有效的教育计划和措施,战斗在高职教育一线的广大教育工作者更要肩负起这一历史使命。只要我们把握好时机,开展有效的思想道德教育工作,就一定能为祖国的未来,为实现中国梦、实现中华民族的伟大复兴培养出有理想、有道德、有文化、有纪律的合格接班人。

第四章

大学生资助工作中德育资源挖掘利用的探索与实践[*]

——以昆明冶金高等专科学校为例

大学生资助工作有扶助家庭经济困难学生顺利完成学业的基本功能,同时,大学生资助工作从政策内容到落实过程,均蕴藏着巨大、丰富的德育资源宝藏。昆明冶金高等专科学校学生资助工作,坚持围绕高等教育立德树人的根本任务,把解决家庭经济困难学生的现实困难和思想教育有机结合,把积极开发、努力挖掘和充分利用资助工作中的德育资源,追求资助工作效益的最大化,作为新形势下学校大学生资助工作的新定位和新要求。在学生资助工作过程中,学校始终注重和围绕资助育人的理念,把扎实开展落实好各项资助政策作为基础和保障,进而在努力丰富资助工作内涵、提升资助工作效益方面,进行了积极主动的探索,并开展了形式多样、内容丰富的有益实践。

第一节　扎实落实国家资助政策　保障贫困学生完成学业

昆明冶金高等专科学校一贯重视并扎实开展学生资助工作,把学生资助工作作为我校人才培养中心工作的重要组成部分,服务和促进全面提高人才培养质量这一核心任务。学校充分认识到,家庭经济困难学生的就学和发展问题,要通过贯彻党和国家的资助政策和组织实施各类资助项目解决,以保障学生安心求学,促进学生励志成才,"不让一个学生因家庭经济困难而失学"。这不仅涉及学生和其家庭的切身利益,关乎学校和社会的和谐稳定,更是担负着促进教育公平的重大责任,承载着立德树人的神圣使命。长期以来,学校党政从顶层设计到学院、部门的指导支持,从组织机构设置到人员保障,从经费支持到非经费支持,始终关心着家庭经济困难学生的成长成才、健康发展。学校党政领导经常研究、指导、关心学生资助工作,定期听取学生资助工作汇报已经成为常态。

---

* 本文作者:常青青、魏蓉、程玛、高亚杰,学生处、环境工程学院

一、组织机构健全,运行有效

学校早在 2004 年,就制定下发了《昆明冶金高等专科学校关于进一步加强贫困生助困工作的实施意见的决定》(昆冶高专校发〔2004〕59 号文件)。成立了由校长任组长,分管学生工作的校领导任常务副组长,相关工作部门领导为成员的学生资助工作领导小组。在学生处下设了"学生资助中心",具体负责全校家庭经济困难学生资助工作事务。校属各学院相应成立了以党总支书记为组长,以学生服务管理办公室主任、学院团委书记、学生党支部书记、学生会主席为成员的"学院学生资助工作领导小组"。各行政班级成立以班主任为组长,班长、团支书、生活委员和各宿舍舍长为成员的"班级贫困生关爱小组"。目前,学校学生资助中心配备专职人员 3 人,校属 15 个学院均设置至少 1 名专门负责资助工作的辅导员。校、院专门从事资助工作的专职人员师生比例已达 1∶1000,已超过政策要求的1∶2500 的比例要求。

在学校党政的领导、支持和指导下,学校资助工作队伍锻造成长为一支思想政治素质高、责任心强、有爱心、能吃苦、业务精、善沟通、富有创新意识的团队。他们与相关工作部门及全体辅导员、班主任密切配合,保证了资助工作有条不紊地开展。

二、政策体系完备,统筹落实到位

学校全面贯彻党的教育方针,认真贯彻落实《国务院关于建立健全普通本科高校、高等职业学校和中等职业学校家庭经济困难学生资助政策体系的意见》(国发〔2007〕13 号)及其配套办法等文件精神,采取多项措施,通过不断努力,建立了"奖、助、贷、免、勤、补、减、缓""八位一体"的学生资助工作体系,建立和完善了以国家奖学金、国家励志奖学金、国家助学金、国家助学贷款、省政府奖学金、省政府励志奖学金、服义务兵役和退役士兵国家资助、直招士官国家资助、基层就业学费补偿助学贷款代偿、新生入学"绿色通道"、勤工助学、学费减免等有机结合的家庭经济困难学生资助政策体系。此外,学校还积极争取企业、社会团体和个人设立奖学金、助学金,共同帮助家庭经济困难学生顺利入学并完成学业,稳步推进落实"精准资助、资助育人",充分发挥资助工作的育人功能,确保了全校"没有一个学生因家庭经济困难而辍学",切实使学生资助工作成为促进教育公平、社会公正和校园和谐的有效手段。

截至 2016 年 12 月,我校全日制大专学生中经认定的家庭经济困难学生 5707人,占在校生数的 34.11%。学校按照家庭经济困难学生的困难情况划分为家庭经济困难和家庭经济特别困难两个档次。其中,家庭经济困难学生 4000 人,占全校学生总数的 23.91%,家庭经济特别困难学生 1707 人,占全校学生数的 10.20%。全部家庭经济困难学生均按相关政策享受了国家二等助学金 2500 元/年以上的,不同政策、不同项目、不同档次的资助。

三、制度健全,运行规范

学校根据上级相关政策措施,并结合自身实际,陆续制定、修订完善了各项资助制度和管理办法。学校目前实施的具体资助制度措施包括《昆明冶金高等专科学校家庭经济困难学生认定管理办法(修订)》《昆明冶金高等专科学校国家、省政府奖、助学金评审发放和管理办法》《昆明冶金高等专科学校勤工助学管理办法》《昆明冶金高等专科学校生源地助学贷款管理办法》《关于免除入读我校的澜沧县富东乡小坝村建档立卡贫困户子女相关费用的通知》《昆明冶金高等专科学校关于推进澜沧县富东乡小坝村扶贫攻坚工作的通知》等 10 项学生资助制度政策,使学校资助政策体系得以完备,并确保了制度化、规范化和常态化。

工作中坚持规范、扎实落实上级和学校的各项政策:一是家庭经济困难学生严格按照个人申请、“班级贫困生关爱小组”初审、班级民主评议、学院审核、学院公示、学生处审核、全校公示等 7 个程序组织开展班级、学院、学校三级认定审核工作,定期开展动态管理和资格复查。二是严格遵循上级规定和学校政策开展奖助学金评定、服义务兵役和退役士兵国家资助、直招士官国家资助、基层就业学费补偿助学贷款代偿、生源地助学贷款等资助政策的审核上报工作,做到保障审核上报结果无错误、无逾期、无驳回、无投诉。三是按规定足额提取学校事业收入的 4% 作为学校助困专项经费,规范用于家庭经济困难学生的学费减免、勤工助学、奖助学金、国家助学贷款风险补偿金和特殊困难补助等。四是无论上级划拨经费还是学校提取经费,均做到专户核算、专款专用,根据审核结果及时、足额发放。在各项政策的评审及发放中,学工部门主要负责确定受助名单,财务部门负责发放资金,令奖助评选与资金发放严格分开、互相监督、有效杜绝了截留、挤占、挪用和套取资助资金等情况的出现。

第二节　充分挖掘资助工作德育资源　努力提高资助效益

学校坚持把扎实规范落实各项资助政策作为学生资助工作的基本要求;把围绕立德树人根本任务,服务和促进全面提高人才培养质量这一核心任务作为学生资助工作的根本目的。在落实好政策的同时,积极、深入、充分地挖掘和利用资助工作中的德育资源,有机融入并推动校园文化建设、学风建设、班级建设、社会实践、心理健康教育等思想教育工作,力求发挥好资贫助困和立德树人的双重作用,努力提高资助工作的效益。

一、充分挖掘资助工作的爱国主义教育功能

学校高度重视发掘和利用好资助工作中丰富的爱国主义教育的元素:一是在资助政策宣传工作中,重视宣传国家资助政策是促进教育公平的重大举措,是党和国家保障贫困家庭子女能够接受公平有质量的教育的庄严承诺。二是在资助政策落实过程中,重视宣传国家、社会、学校资助政策不断完善、资助标准不断提高、资助范围不断扩大,资助政策切切实实地落地生根,惠及家庭经济困难学生。三是借助思想政治教育的主阵地和主渠道,如《形势与政策》课程、爱国爱校主题班会、培育和践行社会主义核心价值观系列活动等,在校园中营造"热爱祖国、立志报效"的良好氛围。四是组织开展和广泛动员受助经济困难学生积极参加多种形式的教育引导活动,如"助学、筑梦、铸人""国家资助助我成长""一封家书"等主题系列活动。

帮助学生通过对国家资助政策的了解,对资助政策的目的形成正确的认识,使受助学生认知上识恩、情感上思报恩,同时能够感受国家的发展和社会主义制度的优越性,通过资助工作让爱国主义教育在受助学生当中入脑、入心。

二、充分挖掘资助工作中的诚信教育功能

结合家庭经济困难学生认定、国家信用助学贷款等工作,通过一系列举措,大力开展诚信教育活动:一是在家庭经济困难学生认定过程中,通过签署《诚信受助承诺书》,教育引导家庭经济困难学生诚信申请、诚信受助。二是每年均邀请国家开发银行、华安保险等金融机构到学校开展《助学贷款业务政策解读及诚信教育》宣讲活动。三是常态化、多样化地开展诚信教育主题班会、观看诚信教育专题片、诚信教育主题演讲、诚信签名、诚信问题大讨论等诚信教育主题活动。

通过上述措施,大学生学习诚信、经济诚信、生活诚信、诚信上网、诚信就业等方面的教育,使在全校学生特别是家庭经济困难学生群体得到了很好的教育实效。

三、充分挖掘资助工作中的励志教育功能

学校培养"高素质技术技能人才"的办学定位,和老、少、边、穷学生比例高的

特点,决定了培养学生树立励志成才、实干兴业的精神的重要价值。为营造浓厚的爱岗敬业、励志成才的文化氛围,学校结合实际:一是聘请全国劳模、云岭首席技师耿家盛同志为我校"技能大师"和"校外专家辅导员",并在学校设立"耿家盛技能大师工作室",教育引导广大学生提升技能、锤炼品质、励志成才;二是从2015年开始,将每年4月作为学校"技能文化月",期间全面开展各专业学科的技能竞赛、技能比武、技能展示和学习交流,培养学生热爱专业、勤于实践的品质;三是广泛开展先进人物事迹报告、励志人物事迹展、座谈交流、"勤工助学服务之星""自强之星""大学生年度人物"评选等活动,充分挖掘树立行业内的先进人物及大学生身边的优秀典型,激励家庭经济困难学生自立自强、奋发向上。

四、充分挖掘资助工作中的榜样引领教育功能

在资助政策体系中,为激励学生勤奋学习、努力进取,在德、智、体、美等方面全面发展,国家、省政府分别设立了奖学金、励志奖学金,这些奖学金表彰级别高、奖励金额大,是获奖学生的莫大荣誉,也备受广大学生关注。学校在严格评选上报获奖学生的同时,也注重发挥获奖学生的榜样示范引领作用:每年在奖助学金结果确认后,举办一系列活动,大力表彰宣传获奖学生,如及时召开"颁奖典礼暨学风建设推进会",举办获奖学生风采展,开展交流座谈等;同时鼓励各学院跟进举办相关活动,宣传表彰本学院的获奖学生,号召动员全校学生见贤思齐,以获奖学生为榜样不断进取,勤奋学习,励志成才。

五、充分挖掘资助工作中的心理健康教育功能

学校高度重视并积极研究分析家庭经济困难学生心理健康状况的特殊性,除了在资助政策落实过程中注意保护学生的自尊和隐私外,学生资助中心还与心理健康教育中心协调联动,把心理健康教育和助困工作有机融合、相互配合:一是每个工作日均常态化地提供心理咨询服务,对存在因经济困难而产生心理困惑的学生,学生资助中心及时介入,帮助其通过资助政策减轻压力;发现疑似还有心理问题的资助对象,及时对接心理健康教师予以介入。二是依托学校上半年的"5·25大学心理健康节系列活动"和下半年的"'双10'精神卫生日系列活动"大力开展心理健康教育和引导,特别重视对家庭经济困难学生心理发展能力、心理调适能力、心理承受能力和心理康复能力的引导和提升。

学校注重把解决学生的实际困难同开展思想政治教育相结合,在开展资助工作的各个环节,通过精心策划和组织,在润物无声中对学生进行生活的扶助、精神的鼓励、思想的引导和行为的规范,促进学生培育和践行社会主义核心价

值观。在新的历史时期,高校学生资助工作也已进入以提升质量为核心的内涵式发展阶段,学校还将继续牢固树立新的发展理念,努力突破瓶颈,实施"精准资助和资助育人",提高资助工作质量,为切实促进教育公平,全面建成小康社会贡献力量。

第五章

以就业导向创新学生服务管理方法的研究[*]

就业乃民生之本,工作乃生存之基。高校学生服务管理中心的重点工作之一就是做好毕业生的就业工作。结合电气学院近年来的就业服务管理实践,本文从以下几方面展开对创新学生就业服务管理方法的研究。

第一节　落实就业政策　提升综合素质

一、积极响应落实上级有关就业政策

就业关系到经济的发展和社会的稳定,政府和学校高度重视大学生的就业工作,出台了诸多关于促进就业、创业的政策,积极营造有利于大学生就业、创业的氛围。从国务院李克强总理号召全社会"大众创业、万众创新",政府出台政策鼓励大学生到基层就业,到全面实施"互联网＋"进一步解放生产力,再到学校实施鼓励云南籍毕业生"走出去"(外省)就业的政策,学院积极响应,联系学生实际,有针对性地落实政策;同时,依据政策不断完善学院各项教学、教育、管理制度,使就业工作紧密围绕上级政策不偏离,充分发挥政策引导就业工作的优势。

二、多方位提升学生综合素质

"打铁还需自身硬。"学生综合素质的高低事关学生应聘工作成功率的高低,因此,学院以学生"毕业即就业"为工作导向,从学生大一进校就多方位组织开展提升学生综合素质的教育活动。

1. 开展专业知识教育,提高学生学习思考能力。新生入校时,学院分批次组织新生进行专业知识教育。由各专业负责教师向新生们介绍专业知识的背景、课

＊ 本文作者:金荣、佟云峰、田怡、向丽萍、王爽、谢丽娟,电气学院

程结构、学习意义、学习方法、学习要求及升学、就业前景。在平时的教学工作中，授课老师严抓学风、考风，严格要求学生，从教学、实训、校内外参观实习等方面，做好学生的专业知识教育。

2. 丰富学院团委活动，锻炼学生社会实践能力。电气学院团委广泛组织学生开展活动，历年来在举办学生运动会、三大球（篮球、足球、排球）比赛、演讲比赛、书法比赛、汉字听写大赛、诗歌朗诵比赛、迎新晚会、志愿者服务活动等方面取得了骄人成绩。通过活动，进一步培养学生的团队合作精神、组织协调能力、人际沟通能力和语言文字表达能力，为求职奠定能力基础。近年来，在学生会、团委、青年志愿者协会等学生组织中任职锻炼的学生，社会实践能力较为突出，深受招聘单位青睐，求职成功概率极高。

3. 举办技能文化活动，培养学生动手操作能力。随着社会的发展和进步，有着较强动手能力的技能型人才越来越受社会的欢迎，技能竞赛是培养和发现技能人才的有效途径之一。电气学院响应、落实学校"技能文化月"活动的同时，每年4月份还组织"科普文化周"活动，选拔更多的优秀选手参加省赛、国赛。通过技能文化活动，培养学生的动手操作能力，尤其是学生在大学期间就取得电工、焊工、钳工等资格证书，为就业增加了求职砝码。

4. 做好创新创业教育，加深学生职业规划认知：（1）开展职业规划教育。学院积极邀请学校、学院专家为学生开展职业规划的讲座，同时组织学生参加学校职业规划能力大赛，让学生尽早认识自己，做好职业规划，选择适合自己的发展道路，充实每一天的学习和生活，在找工作时更有针对性。（2）开展创新创业教育。组织学生参加大学生"挑战杯"等比赛。学院举办创新创业大讲堂，邀请学院多年带领学生开展技能竞赛的专家、老师开展讲座，引导对创新创业感兴趣的学生组队参加"挑战杯"比赛，由学院老师负责指导；组织学生参与学校创新创业工作。学院2016年、2017年共有8个项目入驻学校大学生创业园，同时还积极组织学生参与"互联网＋"大学生创新创业大赛。通过此类活动，加深大学生对行业的了解，锻炼他们的创新、创业能力，为就业做实践准备。

第二节　全面做好毕业生的就业服务管理工作

在学生大一、大二专业知识积累、综合素质提高的基础上，毕业生因社会视野、阅历、知识面的制约，不完全能慎重地选择好第一份工作，因此给予毕业生求职辅导很有必要。

一、做好求职培训辅导

1. 通过就业指导课、专题报告会等形式,广泛宣传毕业生就业制度改革方案,规范毕业生就业管理制度,认真组织毕业生进行有关政策的学习和讨论。

2. 为毕业生提供就业政策100问之每天一问的学习,宣传解读就业政策。

3. 开展就业咨询和专题讲座。由学院就业指导教师开展行业咨询、简历制作、面试技巧和工学交替办理流程等专题培训,分析就业形势,引导就业方向,要求毕业生转变就业观,不等、不靠、不挑,合理定位,厚实自我,勇敢应聘,将个人梦融入民族梦中,到基层去,到祖国最需要的地方去,先就业求生存,再择业求发展。

4. 引导毕业生完成角色转变。通过学海讲堂举办讲座,邀请优秀校友回校现场面对面沟通交流,使毕业生掌握择业技巧和方法,树立正确的择业观,树立良好的职业道德,帮助毕业生解决好在择业过程中遇到的特殊情况和实际问题,使毕业生正确认识自己,把握就业时机,顺利步入社会。

5. 举办学院模拟招聘大赛。组织毕业生认真准备简历、自我介绍、面试内容,参加学院级、学校级的模拟招聘大赛。邀请学院就业指导老师作评委,对参赛选手做面试点评、辅导,进一步锻炼学生求职心理素质、丰富求职技巧、积累应聘经验。

二、做好招聘服务管理工作

1. 及时掌握学院的专业市场需求和毕业生应聘情况,充分利用学院宣传栏、电话联系、面对面交流、网络、访谈等途径,拓宽就业咨询渠道。

2. 通过学院就业信息QQ群、大三班主任微信群、就业指导微信群、微信空间等网络媒体,及时发布招聘信息,让学生尽早做好应聘准备。

3. 学院2016年共自行组织招聘会52场,招聘会来源有:学校及学院教师介绍、校友推荐、毕业生所在工作单位推荐、招聘网络平台推荐、长期联系伙伴关系单位等;招聘会地点有:阶梯教室、学院教室、专门开设的学院招聘面试教室。学院自行组织的招聘会还有就业工作人员做专门统计和登记。

4. 及时跟踪招聘单位录用学生的名单,通过电话、QQ、微信等方式通知毕业生在规定时间签订就业协议、实习三方协议,及时掌握每一个毕业生的就业动态。

5. 督促班主任落实毕业生就业情况,建立毕业生就业情况统计表,掌握每个专业群、每个班级、每个学生的就业信息。针对就业困难的学生,单独组织学生谈话,进行求职辅导。

三、做好与学校招就处的对接工作

1. 认真贯彻落实学校招就处关于专升本、就业、创业的政策。

2. 积极配合招就处做好招聘信息发布、招聘会组织、毕业生推荐、就业相关协议盖章、就业管理系统数据填报、模拟招聘大赛和职业生涯规划大赛材料上报、初次就业率和年终就业率上报、专升本和就业数据统计结果(见附录)上报等工作。

四、加强与用人单位合作

1. 积极推进"校企合作"模式。学院积极与后藤电子(上海)有限公司、昆明铁路局等单位建立长期的院企合作关系,历年来为合作单位输送大量毕业生,解决学生的就业问题。

2. 做好与用人单位的招聘对接事宜。学服办主动与用人单位联系,及时发布招聘简章、招聘需求等信息,提供招聘会地点和服务,搭建毕业生与用人单位间的"桥梁",做好录用学生的协议签订、实习管理工作。

3. 做好毕业生质量跟踪调查工作。学服办定期与用人单位、毕业生进行电话回访,了解所在单位毕业生的工作情况。通过回访,用人单位反馈认为:电气学院7个专业的称职满意或者基本满意的比率平均达到85%以上,同时肯定了各个专业的培养目标和教学安排。部分企业还表示,愿意与我校建立长期的合作关系。这说明用人单位对电气学院的毕业生总体上还是满意的、电气学院在培养人才方面的方式方法是正确的。

4. 主动到访用人单位,加强交流合作。历年来,学院安排教师妥善组织毕业生到实习单位报到,体现了学校、学院各级领导以教育为本、以学生为本,对毕业生实习、工作、生活的深切关心,对校企合作模式及毕业生实习、就业工作的高度重视,对毕业生就业"走出去"政策的大力支持。例如2017年3月学院安排1名就业辅导员教师带队,送学生至新疆其亚铝电有限公司报到,进一步加强了学校、学院与该公司之间的交流与合作,加深了学校教师与学生、校友之间的感情,对提高学校、学院学生就业率起到了促进作用。

五、提升就业指导教师服务管理水平

1. 参加校企合作洽谈会。2015年4月,学服办就业工作教师参加"2015年东莞市校企合作洽谈会",参观用人单位3家,与30多家企业取得联系并对学院各专业进行宣传,努力为学生们开辟省外就业渠道。

2. 参加与就业相关的培训。自学校举办就业培训以来,学院先后组织就业辅

导员参加 2015 年教育部西南高校师资培训中心培训、高校创新创业教育研讨会、高校学生职业生涯规划指导等培训。除就业工作教师外,学院还推荐其他非就业工作的辅导员参加北森高校职业规划教学 TTT－2 培训班,提高辅导员的就业指导能力。

3. 参与就业课程教学。学院部分辅导员教师开设并参与《职业生涯规划》和《就业指导》课程教学。学服办教师带头参与课程教学工作,并获得第八届教学课堂比赛二等奖、第九届教学课堂教学比赛一等奖等荣誉。

第三节　对就业工作的思考和相关研究

据统计,2017 年高校应届毕业生达 795 万人①,就业依然是毕业生、学校、企业、社会关注的热门话题。一方面国家推行供给侧结构性改革,淘汰落后产能企业和"僵尸企业",提高以服务业为主的第三产业的 GDP 比例,一些以钢铁、水泥、化工为主的重工业企业效益受挫、大幅裁员。而云南重工业企业较多,客观上降低了毕业生岗位需求量。另一方面,随着大学教育的普及,每年应届毕业生人数持续增多,高学历毕业生人数也随之增加,加剧了大专毕业生的求职竞争。因此,岗位需求量的减少与求职毕业生的增多形成主要矛盾,对应届大专毕业生的综合素质和能力提出了更高、更严的要求,对高校学生就业工作也提出了新的问题和挑战。

因此,如何培养、提高毕业生的专业知识水平、动手能力、社会实践能力、求职能力等综合素质? 如何培养符合企业要求、适应市场需求、紧跟社会发展的技能型、复合型人才? 如何提高就业指导教师的就业服务管理能力? 如何创新方法推进学生就业数量和质量? 这些问题都值得每位就业指导教师在实际工作中不断思考、探索和改进。电气学院学服办教师近年先后参与学校《在顶岗实习就业工作中的思考》课题,主持申报云南省级《云南跨越式发展新形势下高职大学生创新创业教育现状及发展对策研究》等课题,不断探索创新大学生就业创业工作方法。

【结语】在国家供给侧结构性改革的背景下,"大学生就业难"现象需要全面、客观、冷静分析、面对。从事高校学生服务管理工作的教师,是学生就业工作主要的组织者、实施者和创新者,更应该从多方面提升自身能力,贯彻实施上级就业政策,协同高校招生就业处开展就业工作,加强与用人单位合作,不断以就业为导

---

① 代丽丽:《本科生起薪比预期低 900 元》,载《北京晚报》,2017 年 5 月 2 日。

向,探索、研究、创新学生服务管理工作的方法,助力大学毕业生就业工作。

附录

表 1　电气学院年终分专业就业率统计表(2013 年至 2016 年)

年份	专业	毕业人数	就业派遣人数	其他就业人数	就业总人数	签约率(%)
2013 年	城市轨道交通车辆	54	29	25	54	100.00
	城市轨道交通控制	58	31	26	57	98.28
	电力系统自动化技术	189	128	60	188	99.47
	电气自动化技术	241	126	112	238	98.76
	机电设备维修与管理	45	21	24	45	100.00
	机电一体化技术	142	83	56	139	97.89
	应用电子技术	87	39	47	86	98.85
		816	457	350	807	98.90
2014 年	城市轨道交通车辆	52	22	27	49	94.23
	城市轨道交通控制	114	40	69	109	95.61
	电力系统自动化技术	105	46	59	105	100.00
	电气自动化技术	257	79	168	247	96.11
	机电设备维修与管理	102	38	63	101	99.02
	机电一体化技术	223	121	97	218	97.76
	应用电子技术	52	6	45	51	98.08
		905	352	528	880	97.24
2015 年	城市轨道交通车辆	46	14	32	46	100.00
	城市轨道交通控制	47	8	38	46	97.87
	电力系统自动化技术	89	28	61	89	100.00
	电气自动化技术	297	72	221	293	98.65
	机电设备维修与管理	53	12	41	53	100.00
	机电一体化技术	100	30	68	98	98.00
	应用电子技术	53	7	45	52	98.11
		685	171	506	677	98.83

年份	专业	毕业人数	就业派遣人数	其他就业人数	就业总人数	签约率（%）
2016 年	城市轨道交通车辆	25	8	16	24	96.00
	城市轨道交通控制	45	20	24	44	97.78
	电力系统自动化技术	83	38	43	81	97.59
	电气自动化技术	329	112	213	325	98.78
	机电设备维修与管理	50	17	33	50	100.00
	机电一体化技术	171	69	97	166	97.08
	应用电子技术	29	0	29	29	100.00
		732	264	455	719	98.22

注：本表数据来源于《昆明冶金高等专科学校就业质量年度报告》(2013 年至 2016 年)。

第六章

SWOT 视域下以辅导员为主导的大学生职业生涯规划课程开展路径与解析[*]

全球化已进入一个转型的新阶段,随着这个转变,社会对高校毕业生也提出了不同的新要求,这对将来毕业的高校学生来说无疑是一个巨大的挑战。如何来应对挑战,提高就业率,提高学生对社会的适应力以满足市场的需求,就要我们以大学生职业生涯规划课程为突破口,对学生进行新一轮的教育和辅导。而目前我校职业生涯规划课程的任课教师大部分为辅导员,这既具有一定的优势,也存在着劣势,同时还面临着不同的机遇与挑战。因此,本文将用 SWOT 分析方法针对以辅导员为主导的大学生职业生涯规划课程进行分析和讨论,试图转劣为优,将辅导员承担的大学生职业生涯规划课程所面临的机遇和挑战转为开拓该门课程新视域的一种途径,提高我校毕业生的社会适应力和就业竞争力。

第一节 以辅导员为主导的大学生职业生涯规划课程 SWOT 分析

一、以辅导员为主导的大学生职业生涯规划课程内部优势分析(S)

1. 政策支持。教育部《普通高等学校辅导员队伍建设规定》中明确指出,辅导员的工作职责之一就是积极开展就业指导与服务工作,为学生提供优质高效的就业指导与信息服务,帮助学生树立正确的就业观念。在政策的支持下,辅导员在开展大学生职业生涯规划课程时不仅有义务提升学生的就业能力,还有责任对课程进行改进和创新。

2. 职业生涯规划课程是一个动态的学习和辅导过程,他需要大学生在整个人生的不同阶段对自身进行审视,对外界环境进行了解和分析,从而制定短期或者长期的职业生涯规划路径,以符合不同阶段的不同需求。而辅导员对学生的管理

---

[*] 本文作者:李剑婷、赵霞,建工学院

和指导也应贯穿整个大学阶段。我校的辅导员基本上是与学生同生活同学习的，为了便于辅导员深入学生宿舍与学生沟通交流，了解学生的学习和生活现状，辅导员的宿舍是安排在学生宿舍楼里的；同时，为了便于辅导员了解学生的学习状况和对目前教育的诉求，各学院会定期召开相关的教学会议，讨论学生目前的学习状况和分析学生对教学的意见和反馈，参会人员包括学院领导、教研室主任、班主任和辅导员。我校的辅导员上对学生职能管理部门，中对班主任、教研室主任，下对学生干事和学生本人，不仅了解学校的就业情况、学生的学业情况还了解学生的家庭环境、个人的思想品德、性格特征、兴趣爱好、职业能力和价值观等。辅导员在生活和学业方面都是正面面对学生个体的，因此更能针对不同学生因地制宜的帮助大学生提高自我认知，分析他们现在面临的机遇和挑战，提高职业测评水平。

二、以辅导员为主导的大学生职业生涯规划课程内部劣势分析（W）

1. 教育部要求高校设专职辅导员比例不低于 1：200，而辅导员平时日常工作琐碎，事务性工作繁多，譬如，按照辅导员的人数比例配备辅导员，我校学生人数多的大学院可以分配 10 名左右的辅导员，对于辅导员的工作还可以进行分工；但是有些几百人的小学院，仅配备两名辅导员，团委工作由一个辅导员负责，另一个辅导员就需要承担整个学院一到三年级所有学生的事务性的评优、助贷、就业、考勤等繁杂的工作，有时还要处理突发性事件。我校辅导员多半还担任班主任，还需承担班主任对学生的管理工作内容。同时，目前在很多高校中已运用的新型办公软件来处理评优、助困等资料的审核，完全脱离了纸质办公，实现办公网络化，这大大地提高了办公的效率和准确性，然而我校在这一块工作上仍然使用纸质办公，在审核学生资料的时候需要花费大量的时间和人力。所以，即便辅导员有对不同学生因地制宜进行职业规划路径设计的必要性，但因时间空间狭窄、精力和体力不足的原因也不具备可操作性。

2. 辅导员在职业生涯规划课程教学方面能力参差不齐。由于辅导员队伍不断变化，岗位流动性比较大，新辅导员较老辅导员在课程教授经验和指导能力上有欠缺；由于不同的辅导员对课程的理解也不尽相同，课程设计的重点偏好不同，对就业政策的解读深度不一致，导致了教学水平的参差不齐以及培养出来的学生就业竞争力有差别。

3. 辅导员理论基础薄弱，缺乏实践性，不具备专业的教学能力。大学生职业生涯课程是一门理论性和实践性非常强的学科，这就要求辅导员有较强的理论知识基础和实践指导性。但很多辅导员在教学中常常照本宣科，流于说教，与实际结合不紧密,缺少自己对课程的理解和系统的实践指导性,课程内容枯燥乏味,学生兴趣不高。另一方面,大学生职业生涯规划课程是一门专业性较强的学科,需要与实际相联系,课程设计既要符合学生个体需求又能满足社会需求;而基于辅导员的身份和工作内容,目前仅能把握好学生的个体需求,对于市场对学生能力的需求了解还不够深,教学实践能力较弱。

三、以辅导员为主导的大学生职业生涯规划课程外部机遇分析(O)

1.社会对辅导员和学生的期待。各个用人单位在最大程度地节约人力和资金成本的基础上,需要的是在毕业以后有用、能用、好用的学生团体。所以,辅导员在校期间对学生的培养和教育应更适用于用人单位本身。因此,为使职业生涯规划课程更具本土适应性,也为提高学生职业规划的意识和明确职业规划目标,各用人单位也会积极配合学校单位的需求到校进行宣传和讲座。

2.社会服务体系的支持。国家和社会重视大学生就业工作的同时,发现大学生职业生涯规划课程是提高就业率的一大途径,因此开始建立与学生个体相匹配的职业生涯培训的社会服务体系。在政策的支持下,TTT－1、TTT－2、KAB、SYB等课程相继开发出来,立志于职业生涯发展教育和创业教育的培训开发、工具研发和理论探索,开拓了辅导员的视野,开辟了新的教学方法和研究途径,给教学经验不足的辅导员提供了参考,满足了辅导员承担职业生涯规划课程时理论和实践不足的需求。

四、以辅导员为主导的大学生职业生涯规划课程外部挑战分析(T)

国家政策的变化对辅导员承担大学生职业生涯规划课程的影响。根据国际形势的变化,国家的政策也在变化,市场经济环境的改变影响着社会对高校毕业生需求的转变。辅导员在课堂上强调学生就业时应以"择己所长,择世所需"为标准,但是实际情况却是课程的内容过分强调了大学生能提供什么,而忽视了企业和社会需要什么。这是因为辅导员虽能够尽量地把握学生的个体情况,为学生提供个性化的职业规划路径,却未能把握国际形势对国家政策的影响以及对市场需求的影响。这就出现了部分辅导员一套课件上五年,课程内容陈旧跟不上新形势的问题。这就对辅导员能否正确解读国家政策,掌握经济环境的变化,了解社会市场需求的改变以及能否及时针对变化而对课程内容进行调整和创新提出了挑战。

第二节　以辅导员为主导的大学生职业生涯规划课程开展路径选择

一、SO 策略:构建终身全面的职业生涯规划体系

对于学生的职业教育,现在大部分高校都是重短期效益而轻全程规划,以我校为例,大一上学期开展职业生涯规划课程,大二上学期开展就业指导课程,因此大一下学期和大二下学期以及大三整个学年都处于空档期,职业生涯规划没有贯穿于大学生整个大学阶段,同时也不能加强他们对规划的理解和重视。笔者认为,职业生涯规划是一个长期而全面的规划进程,规划内容和规划进度必须与学生各个成长阶段的心理需求、任务目标、职业期待相契合,应该建立一个全面而系统的终身职业规划体系。以在校大学生为例,大一的新生入校后应多开展类似于职业生涯觉醒的讲座,提高他们对规划概念的认知,但职业生涯规划课程不宜放在大一上学期,因为这个阶段新生急于探索大学生活,相对于适应强制对职业生涯进行规划,他们更乐于去体验大学自由的生活,而且规划概念模糊,目标不明确,所以这一阶段被动式的规划课程效果并不明显。大一上学期对大学生活的探索阶段结束后,职业生涯规划课程可以在下学期开展,辅导员可以利用其身份对学生进行情感教育,分析大一上学期学习生活的得失,让学生有所感悟,产生规划意识,这时职业生涯规划课程就可以从学生被动学习转为主动学习,大大提升教学效果。大二上学期学生处于职业生涯规划的探索阶段,教师应创造机会鼓励学生多参加职业实践活动,比如举办职业生涯规划比赛、创业大赛、职业生涯心理测评、职业角色扮演、大学生技能大赛、模拟招聘比赛,让学生在各种比赛过程中认知自我,从而明确目标并制定符合自身特点和实际需求的职业生涯规划方案。大三的学生应该有很强的职业憧憬和职业期待,有明确的职业价值导向和职业目标,这时候再开展就业指导课,针对学生对于职业环境的好奇、困惑以及不安心理,可以有较好的教学效果。同时,还可以邀请培训机构或者各个专业的对应企业到校进行讲座,针对学生个体的需求,指导学生了解就业市场、行业需求和专业的发展现状,使学生能够对自身和实际情况进行清晰定位,做好步入社会的心理准备,加强自信心和抗挫能力。

二、ST 策略：实行"外扩内紧"式的教学模式

1. 坚持校本培训机制。对于辅导员不能及时并正确解读国家政策，不能应市场需要及时调整职业生涯规划策略等问题，一方面需要辅导员提高自身觉悟与警惕性。不能放松对提升自我教学水平的要求，要经常钻研课程理论，形成有针对性的行之有效的实践教学方案；一方面要坚持校本培训机制：在教育行政部门、教师培训机构的规划指导下，教师任职学校自主开展紧密结合学校工作实践，以提高学校教学质量和办学效益、促进教师专业发展和职业修养为目的的教师在职培训形式。教学团体应紧密联系，资源共享，将政策准确传达给辅导员，进而正确解读国家的形势政策，然后共同进行合理化分析和讨论，形成符合国家政策要求、满足学生诉求、适应市场需求的课程设计，这不仅能提升辅导员的教学水平还能构建和谐高效的教师团队，促进辅导员专业成长、学校科学发展。

2. 现在国家鼓励高校教师到企业去学习实践锻炼，这种"走出去"的教学模式同样也适用于承担职业生涯规划课程的辅导员。辅导员本身因为工作性质的原因，很少有机会去企业进行考察学习，不了解企业现在的运行机制，不清楚企业对毕业大学生的要求，对于学生所学专业对企业发展的影响也不十分明确。我校每年的毕业生座谈会都会有学生提出在校学习的知识在单位上不够用，或者实际工作岗位上运用的专业知识在学校里没有学过的问题，这些超出学生职业生涯规划的部分，正是我校学生就业竞争力上缺失的部分。因此，辅导员应"走出去"，去与教学专业相对应的企业进行长期的实践锻炼，在这个学习过程中，实现校方与合作企业信息与资源的共享，实现学校供给与企业需求的同步性，最大限度地保证学生在进行职业生涯规划时目标的准确性，进而实现学生个体与用人单位双赢的局面。

三、WO 策略：构建专业化、深入化和可持续化的辅导员教学模式

1. 资源整合，加强师资力量。根据教育部关于专职辅导员配比的指示，在学生人数不变的情况下，增加辅导员人数有难度。为了解决辅导员日常事务繁忙与职业生涯规划课程水平提升之间的矛盾，笔者认为：首先应该整合学校的资源，提高办公条件，尽快实现辅导员日常事务性工作网络化，这样既提高了办公效率也间接地为辅导员赢得了工作时间，使辅导员能够有精力专注于一对一的学生个性化指导。其次，除了辅导员之外，还应扩大职业生涯规划的教学团队建设，打造一支专业化程度高，具有实践科研能力的教学团队以保证教学效果和教学成果的不断提升。

2.搭建平台保证教学水平。辅导员教学水平参差不齐在于没有一个为他们共同提升教学能力的平台。为解决这个问题,可以以招生就业处为龙头,由学生工作部牵头组织负责大学生职业生涯规划课程的辅导员开发科研项目或者集体编写教材;在此过程中,就各种难点疑点进行深入讨论和研究,对课程改革提出具有创新性的建议和意见,同时也可以针对该门课程的难点和重点的解决进行任务分配,意见的统一是提高执行力度的先决条件,辅导员的教学团体对教学内容、教学方案、课程设计方面统一认识后,再根据学生的具体情况进行个性化教学,这样既保证了辅导员教学效果,也提升了整个教学团队的水平。

3.辅导员职业生涯规划课程技能专业化。职业生涯规划社会服务体系的建立也为辅导员技能专业化提供了可能。以我校为例,我校会与相关的培训班合作,定期组织辅导员参加职业生涯规划和 KAB 培训,以此来提高辅导员理沦水平和素养,提升教学能力。经过培训的辅导员即可申请授课,但是目前还未完全做到持证"上岗"。笔者认为,学校应鼓励承担大学生职业规划课程的辅导员利用职业生涯社会服务体系取得如 CCDM 中国职业规划师、职业生涯咨询师、BCC 全球生涯教练等认证。取证不仅是为了持证上岗,更是为了提升辅导员的教学理论和技术,提高学生职业生涯指导能力。

第七章

辅导员开展就业指导工作的创新探索[*]

——以昆明冶金高等专科学校为例

　　辅导员处在高校思想政治教育工作和学生服务管理工作的第一线,工作内容不仅包括学生的思想政治教育,还包括学生的日常教育管理,涵盖了大学生活的方方面面。高校辅导员的工作对象相对固定,从新生入学到毕业,与学生朝夕相处,通过开展深入细致的工作,了解掌握分管年级每个学生的家庭背景、性格特点、专业技能、综合素质等各个方面,根据每个学生的特点开展个性化的就业指导,帮助学生及时分析自身存在的优势与不足,制定科学的职业规划,树立正确的就业观念,提升综合素质,提高就业竞争力,掌握求职择业技巧,实现顺利就业。

第一节　辅导员开展就业指导工作的创新举措

　　目前,高校就业指导主要有三种形式,一是开设专门的就业指导课,由专职教师或兼职职业指导专家担任教学工作;二是将就业指导渗透到专业课教学之中,由专业课教师结合专业知识渗透就业教育;三是学校就业指导中心或院(系)邀请企业人力资源部管理人员及相关人士开展就业指导讲座。这三种形式的就业指导无疑都是切合实际的有效做法,有利于提高学生的就业率和就业质量,但无形中容易忽视辅导员在就业指导中的作用。而作为大学生思想政治教育工作和服务管理工作的直接参与者,通过与学生长期的接触,辅导员们了解掌握学生的家庭背景、性格特点、专业技能、综合素质等情况,他们理应成为学生就业指导最直接的教师。早在2007年,昆明冶金高等专科学校(以下简昆明冶专)就下文明确了辅导员兼任就业指导员,通过近几年的运行情况,有效促进了昆明冶专大学生的就业工作,取得了良好的效果。

---

　　[*]　本文作者:李玲,机械工程学院;周凯,计算机信息学院
　　本文发表在《消费导刊》,2010年第8期。

第二节 辅导员开展就业指导工作的实践探索

学生就业观的形成是一个连续和渐进的过程,辅导员只有通过深入学生,及时掌握学生的各种思想动态,深入细致地向学生分析职业状况与就业形势,具体解决学生供需中存在的相关问题,才能切实做好学生的就业指导,帮助学生树立正确的人生观、价值观和就业观。以下是昆明冶专辅导员开展就业指导工作的一些具体做法和经验。

一、教育体系贯彻始终

辅导员要在不同年级开展不同阶段、不同内容的就业指导工作。

一年级全面开展专业与就业教育工作。通过教育,让学生充分认识各专业的人才培养方案是一个学得懂的方案,长技能的方案,能就业的方案。辅导员在大一期间,还应帮助学生认清今后毕业时将会面临的就业压力,让学生清楚自己所学专业前景、工作情况等,使学生了解今后的就业形势,对自己进行正确的定位,避免产生对社会就业期望值过高的思想,让学生清醒地认识就业是自己的事,就业过程中最具核心竞争力是自身的能力与素质。辅导员要根据相关专业的培养目标,教育学生端正学习态度,在学习中刻苦钻研,勤学苦练,掌握本专业或相关专业知识,取得本专业或相关专业职业资格证书(计算机等级证书、英语等级证书、物业管理资格证书、预算员资格证书、项目经理资质证书、会计从业资格证、导游证、电工资格证书等),从思想上帮助学生将未来的就业压力转化为整个大学阶段的学习动力。

二年级全面开展专业技能鉴定考核(考试)取证工作。在证书显能力、证书定岗位、岗位定薪酬的社会用人机制下,让每位在校学生至少取得一本中高级专业技能证书,从而提高毕业生的就业竞争力和就业质量。

三年级全面开展就业推进工作。让学好一部法律(劳动法)、抢占一个岗位、实习一段时间、签下一份协议、工作一定年份的"五个一"就业措施真正得到落实并最终实现,积极行动起来,抓住机遇,抢占就业市场的目标。

二、加强宣传,营造氛围

为实现毕业生就业工作的总体目标,辅导员要充分发挥宣传工作的强大推进作用,在学校主要道口和醒目位置建立就业信息宣传栏,主要张贴宣传就业政策法规、就业办理流程、应聘面试技巧。心理调适等内容的就业宣传材料。通过宣传让毕业生明晰政策法规,树立就业观念,做到心理准备充分,认识高度统一,行动步调一致,顺利实现就业。

三、信息发布,广泛到位

辅导员要充分利用传统和现代传媒手段宣传就业信息:采用传统方法让就业信息栏进教室、进宿舍(公寓)、进实验室,达到广而告知的目的;使用网络、电子大屏幕、手机信息群发等现代传媒的手段,让就业信息全方位地冲击毕业生的眼球,实现就业信息及时传达与反馈。

四、分类指导,定向推荐

辅导员要对每位毕业生下发就业意向调查表,收集汇总、分类整理出每位毕业生对就业地域、岗位、薪酬等方面的取向及需求,在就业推荐时做到,充分掌握毕业生的情况,及时调配,定向定岗定人推荐,提高就业推荐的满意率和成功率。

五、台账管理,进程监控

辅导员要充分使用网络化办公平台,以班级为单位建立毕业生就业推荐情况登记表(内含姓名、生源地、获奖情况、第一、二、三次推荐时间、已签约等内容),实行辅导员毕业生就业信息动态监控的台账管理运行机制,实现年度总体就业进程,领导清楚,就业指导中心掌控,真正让全员推进就业的各项责任落到实处,没有盲区。

六、社会实践,促进就业

辅导员要带领学生利用课余时间、双休日和寒暑假自觉开展社会实践活动。在大学期间,仅学好各门专业知识是不够的,学生只有充分接触和了解社会才会热爱劳动,明白劳动创造价值,通过社会实践活动,树立正确的人生观、价值观和就业观,锻炼和培养适应社会的能力,全面提高综合素质。

【结语】关注民生,促进就业,已经成为我国高等教育工作的一项重要内容,是新形势下进一步做好大学生思想政治工作的出发点和落脚点。由学校组织的宏观就业指导不可能针对学生的个案进行面面俱到的微观指导;但作为学校班级的服务者和管理者,辅导员在大学期间,开展不同阶段、不同内容的有针对性的就业指导工作,是大学生就业指导工作的重要补充和完善,对于让学校的整体就业指导工作更加贴近学生、贴近实际,提高就业率和就业质量,有着不可忽视的作用,是当前需要认真做好的一项重要工作。

第八章

高职院校辅导员队伍建设问题探析*

——以昆明冶金高等专科学校为例

中华人民共和国教育部令第 24 号对辅导员的定义是："辅导员是高等学校教师队伍和管理队伍的重要组成部分,具有教师和干部的双重身份。辅导员是开展大学生思想政治教育的骨干力量,是高校学生日常思想政治教育和管理工作的组织者、实施者和指导者。辅导员应当努力成为学生的人生导师和健康成长的知心朋友。[①]"本文就加强高职院校辅导员队伍建设的重要性,以昆明冶金高等专科学校辅导员队伍建设取得的成效和采取的措施来阐述加强云南省高职院校辅导员队伍建设所面临的有利机遇和挑战,从而提出加强云南省高职院校辅导员队伍建设的对策。

第一节　加强高职院校辅导员队伍建设的重要性

高职院校辅导员扮演着大学生成长过程中亦师亦友的角色,承担着大学生德智体的教育工作,同时也承担着大学生很多琐碎的日常管理事务,以及与学校相关职能部门沟通和协调的任务[②]。同时,高职院校辅导员是学校师资队伍的重要组成部分,因为对辅导员越来越高的要求和规范,使得高职院校辅导员队伍的建设问题也越来越趋向于严峻的局面,而这种局面的产生一方面来自学生层面,另一方面来自辅导员自身。

一、当代高职院校大学生的特点

1. 当代高职院校大学生随着扩招和个别学校具有单独招生的权利,进入到学校的生源素质参差不齐。存在的问题诸多,纪律性不强,综合素质不够高等问题

＊　本文作者:王敏,人力资源处

本文发表在《中共云南省委党校学报》,2016 年第 2 期。

较本科生来说更为突出。以昆明冶金高等专科学校为例,同一个班级的学生,如果既有全国统招高考生,又有单独招生的学生,其学习基础、学习方法、学习能力都完全不同,学生的综合基础知识差距也较大,但一个班的学生朝夕相处,互相之间有所影响,这就考验学院辅导员的管理能力和洞察能力,从学习上对学生进行激励和鞭策。

2. 90后学生,一部分由爷爷奶奶辈带大。从小溺爱宠惯,却忽视了心理健康的教育,这些学生狭隘、自私、目中无人,个性更为鲜明,心理疾病出现的概率更高,所以当今的大学校园,例如大学生自杀等现象频频出现,辅导员对其的心理辅导、心理教育显得尤为重要。

3. 学生之间贫富差距较大。进入到大学校园给学生们最大的感受就是同学和同学之间的贫富差距很大,特别是大学校园可以自由选择住宿的标准,同一个班的同学有些住四人间,有些住六人间,有些住八人间,在同学当中,出现了似乎住四人间的学生要高人一等的看法,甚至有些学生公寓里,六个学生入住,五人有笔记本电脑,一人因为来自农村,每天晚上只能干瞪眼看着别人玩电脑,极易产生心理问题,而且贫富差距较大的状况,也影响了班级成员的团结,辅导员的思想动员和教育在此更能彰显其作用。

4. 科技发展是把双刃剑,既给大家带来新的科技产品,也影响着孩子们的健康成长。现在的孩子从小接受手机、电脑、网络等科技产品的影响,却忽视了亲近自然,加强体育锻炼的重要性。在过去的校园里,休息时间总能看到球场爆满,大家都在争相参加体育运动,而现在,无课或周末的时候,大部分孩子都待在宿舍里打游戏、看电影。忽视了增强身体素质的重要性,而学生们远离父母在外求学,没有人纠正没有人管理,这时候的辅导员,更像他们的家人一样,需要从生活上从体质上对他们进行无微不至的关心。

二、高职院校辅导员队伍建设的重要性

通过以上对当代大学生特别是高职院校大学生的现状分析可以看出,目前大学生出现的众多问题使得高职院校的辅导员扮演着多重角色,不仅承担着学习、思想上的教育还承担着对大学生生活、心理等方面的辅导,同时也要求辅导员们从全局出发,具有奉献精神,爱生如子。只有建立一支稳定的综合能力强的辅导员队伍,才能行之有效地管理好学生的一切。

第二节　昆明冶金高等专科学校辅导员队伍建设的现状

一、学校对加强辅导员队伍建设的措施

昆明冶金高等专科学校是全国百所之一的国家示范性高等职业院校,历史悠久,师资力量雄厚,办学条件优越,办学特色鲜明,以工为主,是集工、管、文、商、艺并举的全日制公办普通高校,为社会培养了近10万名毕业生,为更加规范高效地进行学生管理,近五年来,学校对学生工作的重视程度越发提高,认识也越来越深,为加强辅导员工作,学校为辅导员能力提升做出了很多举措。

第一,为辅导员提供较多培训机会,让辅导员们更多地"走"出去,加强信息沟通,不再坐井观天[③]。学校每年划拨大笔培训经费,分学期轮流让所有的辅导员们参加各级各类组织召开的培训交流会,以使其开阔视野,做好学生工作。

第二,每个学期定期组织辅导员沙龙,让所有的辅导员以及学生处、校团委等学生工作者们面对面地进行交流,同时每年还定期举行辅导员职业能力大赛,提高辅导员职业能力。

第三,有计划地配备专职辅导员,不断充实辅导员队伍。为稳定辅导员队伍,昆明冶金高等专科学校每年都在有计划地对一些缺岗较为严重的学院进行专职辅导员的招聘,而在招聘方案设计中,学校也比较注重辅导员所学专业,应聘人员大多为学习音乐、舞蹈、思想政治教育、政治学理论的人员,这与辅导员的岗位要求、工作内容和专业要求是完全吻合的。

第四,重视辅导员的教学能力、授课能力,鼓励辅导员们参加学校的教学课堂比赛。在高校里,能够获得教学比赛奖、说课比赛奖等对于老师的授课能力是极大的肯定。而教学比赛奖的获得,对于辅导员们评聘职称,竞聘岗位都有很大帮助。辅导员们能够在完成本职岗位工作的前提下,承担相应的教学工作任务,对于其职业生涯也是极其重要的事情。

二、学校辅导员队伍建设的成效

经过学校对辅导员队伍建设多方位的扶持,在进修培训,考察学习,干部提拔等方面做出的巨大努力,使昆明冶金高等专科学校辅导员队伍建设初有成效。

第一,重视辅导员职务职称提高。每年有计划地提拔辅导员队伍中表现优秀的年轻干部。对辅导员行政职务、职称、学历方面的重视和培养,良好地构建了学

校辅导员队伍的梯形结构。政治和个人待遇提高了,辅导员们的工作积极性也就提高了。

第二,就业工作方面成绩突出。大家都知道,对于高校来说,其就业率的高低直接代表了学校的声誉,经过全校师生特别是辅导员们幕后辛苦的工作,学校在学生就业工作、学生管理工作等方面均取得了很大的成效,获得了较高荣誉:学校连续十年获得云南省高校就业工作一等奖,先后荣获教育部"全国高校毕业生就业工作先进单位",全国毕业生就业典型经验五十强高校、云南省就业典型经验十强高校等表彰奖励,这为学校扩大招生、提高生源质量等都有直接的影响,学校声望提高了,生源质量自然也提高,形成了较好的良性循环。

第三,辅导员个人频频获奖,得到上级部门表彰。通过学校的重点扶持和鼓励,先后有辅导员获得了"云南省高校优秀辅导员""云南省年度优秀辅导员""最受敬佩辅导员年度人物提名奖""共青团云南省优秀团干部"等称号,学校连续四年获"云南省辅导员职业能力竞赛优秀组织奖"等集体荣誉。这些荣誉的取得都与学校加大辅导员队伍建设力度分不开。

第三节　昆明冶金高等专科学校辅导员队伍建设面临的问题

根据国家教育部 2006 年 9 月开始执行的《普通高等学校辅导员队伍建设规定》的精神,如何管理好、教育好辅导员是学校师资队伍建设的一个难点,也是重点,特殊的工作身份和工作制度让辅导员队伍形成了自身的特点,无论是从学校层面还是从辅导员自身角度出发都有一些问题存在。

一、学校管理方面存在的问题

1. 缺岗现象突出,辅导员人数严重不足。根据国家教育部对高校辅导员的配备要求,必须按 200∶1 的比例配备,也就是 200 个学生需有 1 名辅导员管理。如果按此比例,学校有学生的 14 个学院中,只有 1 个学院符合配备要求,另外 13 个学院均存在缺岗现象;但因每年招生情况不同,招生数在波动,所以上级部门也同意在 200∶1 的比例基础上按 80% 来配备辅导员,但即使是按照 80% 来配备,在学校的这 14 个学院中,刚刚达到辅导员配备数量的有 8 个学院,依然还缺岗的学院有 5 个。通过以上数据可以看出,即使学校对于辅导员队伍的建设做出了努力,但辅导员的配备依然供需不平衡,缺岗现象较为突出。

2. 矩阵制管理模式,辅导员受双重管理。在很多学校里,辅导员的管理类似于矩阵制管理模式,各个教学单位的辅导员既受所在学院党总支的组织领导,又受学校学生处和团委的工作安排,从而形成了双重领导模式。

二、辅导员自身存在的问题

1. 辅导员专业化程度不高。因为辅导员工作内容都是面向学生,包括了对学生进行思想教育,心理辅导,就业指导,职业生涯规划,贫困生认定,优秀学生评选,奖助学金审核等工作内容,繁杂而多样,基于学生工作的特殊性,辅导员队伍较为年轻化,经验相对不足,专业化程度不高,在招聘新职员时,招聘专业和方向较广,导致了辅导员所学专业五花八门,缺乏相关专业背景和专业素养。

2. 辅导员晋升职称困难,难以稳定人心,人才流失较为严重。很多学校,都大力提倡向一线专任教师倾斜,积极提高专任教师学历和职称,对专任教师的扶持和培养较为明显,但是却忽略了对行政管理人员特别是辅导员的培养和提升。首先,在高职院校里,相对于专任教师来说,辅导员们普遍学历较低,科研水平和学术水平都比不过专任教师,辅导员们对于论文的撰写,科研项目的申报,课时量的增加,开课能力的提高都没有专任教师的平台和能力,导致了职称申报困难重重;其次,很多辅导员自身虽然很努力,但是从事辅导员工作后,渐渐脱离了本专业的继续学习和研究,很多辅导员因为岗位特点,读书时候所学专业五花八门,与工科院校、以工为主的大环境不融合,因没有相关专业的或和岗位适应的论文发表,科研立项,教研申请,职称对于他们来说实在是遥不可及[④]。长此以往,难以稳定人心,流动频繁,更别谈辅导员的职业化、专业化的发展。

3. 部分辅导员工作积极性不高。由于担任辅导员的大部分教师都较为年轻,甚至一些90后的大学毕业生已经充实到了辅导员队伍中,某种意义上说,这些大学一毕业就担任辅导员工作的年轻人,在心理上、感情上还只是孩子,也许是时代的特点或者家庭教育及本人个性化的因素,有部分辅导员仅仅把自己的工作当作糊口的任务来完成,却未用心去体会应该怎么才能干好本职工作,怎么才能出色地完成各项工作任务,很多应该由辅导员完成的工作却交由学生干部去完成,甚至迟到、早退、无故旷工等现象屡屡发生,使得很多工作没有按计划按时保质完成,这充分体现了年轻一代新教师责任心不强,工作积极性不高的一面[⑤]。

第四节 云南省高职院校加强辅导员队伍建设遇到的机会和挑战

一、云南省高职院校加强辅导员队伍建设的有利机会

经过以上对云南省高职院校辅导员内部环境和外部环境因素的分析,可以看出,对于云南省高职院校的辅导员队伍建设,有一定积极的因素,即发展的机会。

1. 辅导员队伍需求人数不断增加。近几年来,高职院校招生规模不断扩大,辅导员人数需求也不断增加,面对日益增多的学生数量,学校也加大了辅导员的招聘数量。加强学生管理工作的决心,有了这种有利的发展机会,辅导员的队伍建设得到基础性保证。

2. 各级部门重视辅导员个人发展,为稳定辅导员队伍做出努力。为了稳定辅导员队伍,各级部门做出相应的举措保证辅导员的职业规划⑥。在干部培养和提拔、职称晋升和聘任、学历提高和进修等方面都对辅导员做出了最大限度的支持和鼓励。以昆明冶金高等专科学校为例,在干部提拔方面,党委明文规定:若从事辅导员工作满十年且表现优秀的,可优先或破格提拔为上一级领导职务。充分体现了学校党委惜才爱才、重视辅导员队伍稳定的决心。在工资津贴方面,辅导员连续工作满三年后,校内津贴系数将上浮一档。而国家教育部也注意到辅导员提升学历的重要性,专门出台了《高校辅导员在职攻读博士学位》的文件和通知,只招收高校辅导员攻读在职博士。

这些举措的实施,对辅导员来说,无疑为有利之举,鼓励更多的年轻人加入到辅导员的队伍中,既能够报考专门的博士学位,待遇又有所保证,辅导员能够看到自己发展的曙光,也能够给自己有一个准确的定位。

二、云南省高职院校加强辅导员队伍建设在新形势下遇到的挑战

1. 国家教育部和上级部门对辅导员队伍的建设提出了新的要求。从 2004 年到 2014 年这十年间,国家不断出台新的文件,以提高辅导员队伍的总体水平,尤其是 2014 年 3 月教育部印发的《高等学校辅导员职业能力标准(暂行)》这一文件中,明确了高校辅导员的培养、进修、考核、提升的标准,对高校辅导员的职业化、专业化进行了界定。同时还阐述了高校辅导员所具备的能力就是要有较强的组织能力和逻辑思维能力,以及团队协作的能力和良好的沟通能力,从总体规划上对辅导员队伍的建设提出了新的要求。

2. 人才流动对于稳定辅导员队伍具有一定冲击性。2006 年,国家实行了机关事业单位公开招聘制度,这一制度的实施更加强调了人才流动的重要性。一是辅导员身份尴尬导致流动性快。很多辅导员对于自己的身份问题非常不能释怀,觉得自己在高校里接触学生最多,但又不是真正的专任教师,各种向一线教师倾斜的政策自己也享受不到,导致了心理不平衡,纷纷出现重新就业或转岗的现象,这对于稳定辅导员队伍极其不利。二是辅导员们较为年轻化,对于理想状态的事物更多趋于美好的想象。总想象着自己换了岗位以后会如何的完美,忽视了矛盾无处不在的道理,这也加快了辅导员的人才流动异常频繁。

3. 学生人数剧增对辅导员的胜任力提出挑战。随着扩招的深化和学校办学规模的扩大,每年的招生人数日益增多,对辅导员的配备人数要求也就越来越多。一是辅导员数量和质量之间存在矛盾。作为一名合格的辅导员,因为是接触学生群体最多的教师,要求辅导员们不仅仅要思想积极向上,品德端正,为人师表,同时还要求辅导员从思想、生活、心理健康、就业工作等方面对学生进行全方位的指导。二是对辅导员的文体特长和综合能力要求提高。以昆明冶金高等专科学校为例,在招聘辅导员时,除了应聘专业确定外,还明确了应聘人员必须是中共党员,从思想觉悟上来选拔人才。在辅导员招聘面试的时候,和专任教师招聘一样,需要试讲,需要说课,需要现场展示其特长,从某种意义上说,对于辅导员的挑选更加全面而复杂。

第五节　加强高职院校辅导员队伍建设的对策

通过对昆明冶金高等专科学校辅导员队伍建设的现状进行分析,本文总结出云南省高职院校辅导员队伍建设存在的机遇和挑战,将对加强高职院校辅导员队伍的建设提出一些对策和思考。

一、从战略高度重视辅导员队伍建设

辅导员在家长和学生之间起着桥梁和纽带作用,加强辅导员队伍的建设关系着学校对学生工作支持和管理的力度,"以生为本"是每个学校必须遵守的根本,作为校方,不仅仅只看辅导员的基础工作,基本的岗位职责,而是应把辅导员队伍建设纳入到全校师资队伍建设不可或缺的一部分[7]。

1. 严把进人关。辅导员的招聘、选拔要从思想、组织、协调、沟通、文体特长等方面的能力进行全面考核,重点考察其政治立场、应变能力和管理能力。

2. 加强辅导员团队建设。仅靠一人之力无法把全局工作做好,这里的团队建设既包含了基层的学生管理群体建设,也包含了整个学校的辅导员团队建设。作为辅导员,不仅要和团学工作部门紧密联系,也应和学生的各科任老师紧密联系,全面掌握学生的信息,对症下药,因材施教地管理好学生。须定期召开辅导员交流会、沟通会,相互学习,相互交流,构建教育学生的全局化。如果辅导员队伍建设搞不好,将直接影响整个学校的教师队伍建设,影响学生工作和就业工作等。

二、优化辅导员队伍结构,稳定辅导员队伍

1. 加强辅导员队伍的思想素质教育。思想即观念,其活动的结果属于认识。对于辅导员来说,强化其正确的思想观、价值观、人生观直接影响其工作的方式、工作的思维和动力,对学生才有正确的引导和培养。同时让辅导员在工作过程中找到自我价值,能够正视面临的困境,只有明确了自己的岗位职责和工作内容,更新知识结构,才能开展创新、创造、创效的工作局面。

2. 建立合理的激励机制。辅导员的工作冗繁而琐碎,相较于教学第一线老师来说,不容易出教学成果,论文撰写、科研教研项目申报也存在一定困难,长此以往,在职称评聘各方面都没有优势。对此,校方应制定合理的激励机制,保证辅导员队伍的稳定性,对辅导员工作给予合理的量化安排。在继续教育培训、考察学习、绩效分配方案、工作奖励等方面进行专项安排,特别是在职称评审方面适当地进行调整评聘条件,将"24 号令"中规定的"双线晋升"落实到实处。让辅导员能够安心在本岗位上认真工作,稳定辅导员队伍。

三、加强辅导员的胜任力培养,提高其工作能力和服务理念,更好地做好学生服务工作

1. 加强制度建设,强化辅导员工作纪律和要求。对于很多高校特别是高职院校来说,在招聘辅导员的时候,设定的招聘条件往往比专任教师的学历偏低,招聘专业范围也较广。很多人因为报考专任教师岗位学历或专业受限,从而"退而求其次"选择报考辅导员岗位,带着混口饭吃的思想来工作,肯定是干不好的。所以从辅导员们一入职,就要明确其工作纪律。只有强化纪律和要求,从思想上、行动上主导辅导员们尽职尽责,坚守岗位,才能把辅导员的工作做好。

2. 加强辅导员胜任能力的培训和学习。能够创造性的让辅导员们参加更多的职业能力培训,从中吸取经验和教训。只有视野开阔,思路清晰才能干好自己的本职工作。

3. 做好辅导员的职业生涯规划。在高校里担任辅导员工作的人员大部分趋于年轻化,朝气十足,他们的职业生涯还很漫长,所以在辅导员一进入到工作岗位以后,学校就应该积极拟定政策,为辅导员的职业生涯规划提供帮助,为辅导员开展工作积极提供有利的环境,努力打造辅导员团队,让更多的辅导员向"专家型"辅导员靠近[8]。

参考文献:

①周三多、陈传明、鲁明泓:《管理学——原理与方法》(第四版),复旦大学出版社。

②郑柏松:《高职院校辅导员职业能力的构成与提升策略》,载《中国成人教育》,2014 年第 6 期。

③江本智:《浅谈高校辅导员职称评聘现状及对策》,载《辽宁行政学院学报》,2009 年第 1 期。

④李晓菲:《关于高职院校辅导员工作实效性的研究》,载《教育与职业》,2015 年第 1 期。

⑤李晓迪:《高职院校辅导员工作浅析》,载《企业导报》,2015 年第 12 期。

⑥汪猛:《关于高职院校辅导员职业化建设的思考》,载《教育与职业》,2015 年第 8 期。

⑦黄林栋:《高校辅导员胜任力素质模型的构建研究》,载《企业导报》,2015 年第 8 期。

⑧贾德民:《高职院校辅导员职业能力发展探析》,载《职业技术教育》,2015 年第 2 期。

第九章

团体心理辅导助力朋辈辅导员实现自我成长 *

朋辈辅导起源于高校心理健康教育工作的实践。朋辈的原意是,同辈的友人或志同道合的友人,是由一些年龄、兴趣、爱好、态度、价值观、社会地位等方面较为接近的人所组成的一种非正式初级群体。在青少年时期,朋辈群体的影响日趋重要,甚至可能超过父母学校教师的影响。

每个人自身都具有能量,人本主义心理学认为:每个人都应该相信人是有能力、有价值、有责任感的,充分尊重人与人之间的相互依存关系,这是一切活动所必须遵循的基本原则。王永会等研究者 2011 年对北京高校大学生朋辈辅导员工作情况的调查报告也显示:71% 的大学生希望有在学习、工作能力和个人魅力方面较好的人担任朋辈辅导员,来引导和帮助自己。

第一节　问题的提出

我校每年对刚入学的所有新生,均采用 SCL – 90 及 UPI 量表进行心理健康普查。

2012 级、2013 级新生的实测数据见表 1:

_____

* 本文作者:潘亚姝、郭芮彤、赵亚芳,学生处

表1　2012级、2013级新生心理实测数据

量表类型	类型	说明	2012级	2013级
SCL-90	一类重点	按全国常规结果,(为1-5的5级评分)总分超过160分,或阳性项目数超过43项,或任一因子分超过2分,可考虑筛选阳性,需进一步检查。一般规定任一因子分值或总均分≥3分为阳性,表示有中等程度以上的心理健康问题。	4.06%	4.14%
	心理困扰		28.27%	29.86%
UPI	第一类	心理健康状况很差	17.89%	17.77%
	第二类	心理健康状况较差	32.19%	31.76%

　　通过对近年的普查情况认真分析:一年级新生面对新的学习、生活、人际环境及职业发展等问题,产生了诸多心理上的不适应,涉及有心理困扰的学生比例达30%左右。面对这种情况,我们从事学校心理健康教育工作的老师,须及时做好有心理困扰学生的疏导、调适、防范等工作,防止个案情况严重化,避免校园危机发生的同时,我们应为考虑引用人本主义心理学理论,利用同龄人之间共同爱好、价值观和文化背景,彼此之间容易理解沟通的特点,运用"他助—互助—自助"的机制,重点从应用型方面,探索如何有目标、有计划地培养一批有影响力的"朋辈辅导员",去影响和帮助普通学生。培养的这批"朋辈辅导员"(学生骨干),既能够帮助解决学生的一般性心理问题,还能够成为学生中有影响力的引领者、学生管理工作的帮手、学校与学生之间的纽带,在他们自身得到锻炼发展的同时,又能帮助其他同学一起共同进步,尤其是能够帮助新生缓解入学后的不适应症状,营造一种民主性的"他助—互助—自助"的过程。

　　我校"朋辈辅导员"群体人员的构成是:"心晴协会"的骨干、学生干部、班主任助理和班级"心理健康信息员"。

　　团体心理辅导是一种在团体情境中提供心理援助与指导的咨询形式,我们有计划地培养朋辈辅导员队伍的"胜任力",让他们能协助管理新生班级;能够开展新生班级的一般性团体辅导活动,为及早发现学生心理疾病提供信息和帮助;能够成为学生群体中的"示范",以自己正向积极的行为去影响带动帮助学弟学妹们互助成长。

第二节　朋辈辅导员的胜任力设计

我们设计朋辈辅导员的"胜任力"包括有：①较强的政治素质、思想道德品质；②过硬的专业素质和健康的人格素质；③一般心理问题的初级辅导能力；④生涯规划的初级指导能力；⑤强化他们在与普通大众学生在同伴同行中，能影响和感染他人，成为学生群体中的示范。

一、具有荣誉、导向、示范、桥梁作用

1. 能够被选拔当上一名"朋辈辅导员"，在学生中是很高的荣誉；

2. 能够协助专职辅导员、班主任做好学生的思想政治工作和日常管理工作，掌握班级学生的思想、学习、生活等情况，及时将有关学生工作的信息与要求等传达到班级学生，发挥桥梁作用；

3. 能够引导学生养成良好的道德品质和行为习惯，自觉遵守校规校纪，维护学校正常的学习、生活秩序。

二、具有班级管理能力

能够协助班主任做好班级学生干部的选拔、培养和管理工作；能指导和参与班级工作及活动，促进所带（所在）班级优良学风的形成。

三、具有开展班级团队辅导、应对一般危机的能力

能够在新生班级中开展团体辅导，充分发挥"共通性高、互动性强"的特点，帮助引导新生尽快适应新环境，营造和谐人际交往氛围；能够在当身边的同学有异常心理行为时，及时发现并予以帮助，或者寻求相关辅导老师的帮助，为及早发现和诊治学生心理疾病提供信息和帮助。

四、具有一般职业规划指导能力及影响作用

利用相同专业学习背景的优势，影响和帮助同学树立正确的学习目标，端正学习态度，调整学习方法，树立专业意识，明确职业目标，进行职业规划的影响和一般性指导；帮助解决他们一般性的人生困惑、职业迷茫等问题。

第三节 培训计划的设计

为了帮助朋辈辅导员更好地胜任本职工作、实现个人成长,真正成为学生中的引领者,我们将朋辈辅导员的培训分为两个阶段:"上岗培训"和"发展胜任力提升阶段培训",既有理论培训,也注重实际应用培训。我们注重形成一种充满理解与支持的团体氛围,通过指导老师的引导,小组内人际的交互作用,发挥小组内的助力,在小组中运用自我表露、反馈、尝试、澄清等策略,促进个体在交流中通过观察、学习、尝试、体验探讨自我,认识自我,接纳自我,规划人生,从而获得自我成长;同时调整和改善与他人的关系,掌握在校学生工作日常事务、时间管理、角色定位等,从而形成新的态度、行为方式和良好的生活适应,去影响、帮助他人。

同时,加强校园宣传工作,与各学院学生服务管理办公室建立联系制度,统一部署、密切合作,定期收集朋辈辅导员工作表现反馈意见;搭建朋辈辅导员信息交流平台,表彰宣传优秀典型等。

一、上岗前培训

上岗前培训阶段课程针对该阶段的朋辈辅导员即将走上工作岗位,面临着从普通优秀学生(普通学生干部)成为班级引领者、班级管理和建设的指导者角色转变,须学习并提高开展朋辈辅导工作的素质和技能,以便在短时间内适应新的角色定位。

培训的课程有:《朋辈辅导员角色定位》《如何当好一名朋辈辅导员》《学生工作日常事务解读》《时间管理》《快乐双赢的人际关系》。

此阶段培训后,选拔出进入第二轮次培训资格的人员名单,反馈各学院,经过学院推荐、本人自愿(学院需把关,避免参训人员分配不均),并进行公示,最后确定进入第二轮发展胜任力提升阶段培训的人员名单。

二、发展胜任力提升阶段培训

这个阶段人员是经过上岗培训后选拔,学院推荐及自愿参加。这是朋辈辅导员的成长提升期,需要培养具备指导朋辈开展各种活动的基础,需要具备对朋辈们的影响力、指导力等胜任力。

培训的课程有:《有效沟通技巧》《团体辅导方法和技巧》《朋辈辅导员压力与情绪管理》《大学生常见心理问题及应对方法》《职业生涯规划》。

将第二轮培训的人员情况及时反馈到各学院,各学院根据自身情况,安排相应的朋辈辅导员上岗。

三、定期工作交流

由学生处、心理健康教育中心组织,实行每月一次工作交流会;搭建网络交流平台,对朋辈辅导员的工作过程适时指导,促进他们互助交流提高。

四、工作总结评比

学年结束时,进行朋辈辅导员工作评比,表彰先进。

第四节　讨论与思考

一、细化培训计划,适时调整,避免盲目

1. 培训计划的制订要符合学生本身的成长规律、个体需求、学校发展,也要结合朋辈辅导员工作岗位的要求。

2. 对朋辈辅导员胜任力界定的合理性还在进一步的验证中。我们认为,对朋辈辅导员胜任力提升项目的培训内容应该随着学校的发展、学生的具体情况适时调整。

3. 围绕提升朋辈辅导员的胜任力,注重培训内容及应用的实效性,竭力避免培训的随意性、盲目性、学非所用、学非所需等问题。

4. 对整项工作过程进行跟踪管理、适时调整,保证培训效果的可控,实施效果的评估。

二、开辟了一条新时期思想政治教育工作的方法

1. 搭建平台,培养和树立"朋辈影响力",使参与者既能达到自我探索、自我教育、自我管理、自我成长的目的;又能作为学生群体中的示范,去影响带动普通大众,尤其是新生们尽快适应新环境;树立了正气,有利于学校良好校风的形成。

2. 人在成长中会遇到各式问题或是困难、挫折,其中有一些是自己可以克服的,还有一些就须靠别人的帮助,而从人的本性来看,人人都渴望得到别人的帮助。人先天就有友爱、合作的潜能,有同情心、道德感和乐于助人的心理倾向。作为经过培训的"朋辈辅导员"或是助理班主任、班级心理信息员,在同学需要帮助

时,他们就在身边,既是学校辅导员、班主任工作的补充,缓解了他们的工作压力,又充当了学生与学校管理方面的桥梁作用,开辟了一条新时期思想政治教育工作的方法。

三、延伸拓展了学校心理健康教育工作的方法和形式

1. 让心理辅导被动变主动,不受时间地点限制。通常情况下,一般的专兼职心理辅导老师,是被动地在心理咨询中心等待前来寻求需要帮助的学生。而朋辈辅导员生活在宿舍、班级中,每天都要与同学接触,因此,能及时了解身边同学的苦恼和不安,当同学有困惑、需要帮助时,他们就在身边,能及时帮助到有困难的同学。

2. 发现问题及时。将要出现问题的学生在平时的生活和学习中会有一些具体的异常表现,经过培训的朋辈辅导员就能及时发现他们的变化,而从事心理健康教育(心理辅导)的老师由于不可能顾及每一个学生个体,很难发现,朋辈辅导员恰恰能够弥补这一不足:当身边的同学有异常时,他们往往能及时发现,并且帮助解决或者帮助找相关的辅导老师。

3. 帮助学校心理健康教育工作防患于未然。朋辈辅导员作为同学的良友(同辈的友人),延伸了学校心理健康教育工作的方法和形式,缓解了学校心理健康教育、心理咨询工作的压力。

4. 易于建立良好关系。美国人本主义心理学家罗杰斯指出:咨询是一个过程,其实咨询员与人的关系能给予后者一种安全感,使其可以从容地开放自己,甚至可以正视自己过去曾否定的经验,然后把那么些经验融合于已经转变了的自己,做出统合。由于朋辈辅导员与同学间已具有较为可靠的信赖关系,沟通上较为容易,尤其同辈人之间有着许多共同的经历和情感体验,因此他们容易互相理解,便于沟通交流,这是其他心理辅导模式无法比拟的独特优势。

四、助力朋辈辅导员成长

朋辈辅导员是经过相关知识培训上岗,一方面他们作为学生中的示范,随时提醒和加强自我管理、自我教育,帮助影响同学,互助成长;另一方面,因为他们具有一定的心理学知识,他们在帮助别人时也在对自己进行着内部的整合,帮助自己,在助人自助的过程中,有利于朋辈辅导员的成长。

五、存在的问题

1. 经过二轮培训后,各学院上岗的朋辈辅导员参差不齐,人员选择困难;

2. 培养过程稍长、艰难;

3. 容易造成过失:毕竟没有系统深入的学习过程,而且并不是人人都接受心理辅导,有的人有了心理问题害怕跟老师谈,而一味相信同学,这样就很可能贻误"问题",甚至加重"问题"。

【结语】团体心理辅导的特点就是适用性广泛、易操作且效果明显。把它应用到我国学校的教育中,对促进学生自我意识成长、启迪心智、解决人际关系、适应环境等方面的压力和困惑是一项很有效的方法。

我们通过组建"朋辈辅导员"队伍,运用团体心理辅导培训,帮助他们建立正确的认知观念和健康的态度行为,最终让他们在参与团队的过程中尽快适应新时代的大学学习生活、适应新时期社会的发展,获得自我成长;同时,学校为他们提供"朋辈辅导员"的岗位平台得以实践锻炼,既提升了他们管理团队的业务素质、工作能力,又使其真正成为学生中的示范,在学生群体中,彰显出导向的作用;而且,他们能作为同学的良友(同辈的友人),在同学们困惑需要帮助时,他们就在身边,延伸了学校心理健康教育工作和思想政治教育工作的方法和形式,在学生群体中树立示范、典型,进行表彰,广泛宣传,弘扬正能量的模式,有助于积极向上的良好校风建设,有助于培养适应现代社会发展的适用人才。

第十章

高职院校学生自主学习现状调查及指导策略研究*

自主学习通常指主动、自觉、独立的学习,与被动、机械、接受式的学习相对。作为一种学习能力,自主学习不仅有利于提升学生在校期间的成绩,还是其终身学习和毕生发展的基础①。在科技飞速发展,国家处于大众创业、万众创新的新常态下,个体必须通过自主学习不断掌握、更新知识和技能,适应社会发展需要。自主学习能力的强弱,将决定其未来发展的空间与平台。

高职教育作为我国高等教育的重要组成部分,其主要任务是为生产、建设、管理、服务第一线培养高级技术应用型人才。高职院校作为培养高职学生的主要阵地,肩负着培养学生自主学习能力,提升高职人才培养质量的重要责任。本文在问卷调查的基础上,了解高职院校学生自主学习的现状,分析探究提升自主学习能力的方法策略,旨在为高职院校提升学生自主学习能力提供参考。

第一节 现状调查

一、问卷设计及结构

笔者采用问卷调查的形式进行调研,问卷参照毛成教授的大学生自主学习理论模型②,在华东师范大学庞维国教授探讨大学生自主学习状况时采用的学习问题的基础上编制而成,主要从学习动机、学习方法、学习时间、自我监控、学习环境五个方面调查学生的自主学习状况。

调查对象选择了云南省高职院校中较有影响力和代表性的公办和民办高职院校各一所,共 1385 名在校学生,涵盖了工、管、文、商、艺五个学科门类。采用随机抽样的方法选择调查对象,其中男生 548 人,女生 837 人;大一学生 804 人,大二

---

* 本文作者:杜重麟、李目文、赵发宾、段奇宏,环境工程学院

学生 510 人,大三学生 71 人。问卷调查实施于 2017 年 2 月。

二、调查结果与分析

调查结果表明,高职学生自主学习总体情况良好,但还存在明显不足,特别在学习计划安排、学习时间管理和学习资源利用方面不够理想。

1. 学习动机。当前高职学生的学习动机主要表现在七个方面:个人发展前途、家庭期望、自身兴趣、追求完美、就业压力、珍惜当前学习机会和物质追求,如图 1 所示,个人发展前途、家庭期望和就业压力是主要动机,自身兴趣次之,物质追求所占的比例最低。

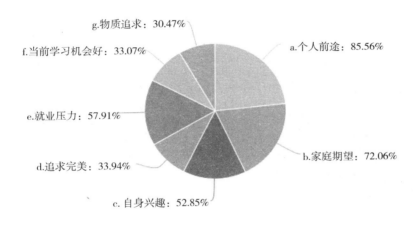

图 1　高职学生学习动机

高职学生对学习的意义有明确的认识,如图 2 所示,88.7% 的学生认为学习可以使自己获得知识和技能,不断提升自身素质,完善自我,将来在社会上学会应用和生存,创造美好的生活。绝大多数学生认为凭自己的能力和努力能学好全部或部分专业课,说明他们对自己学习目标的设置及目标设置的有效性具有一定的信心,对于学习动力的内在驱动是正向积极的。

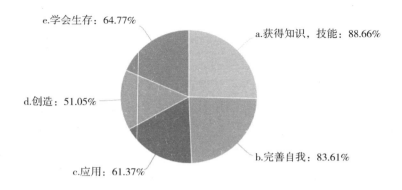

图2 学生对学习的认识

导致不愿意学习的原因分析,结果如图3所示,排在前三位的是学习内容枯燥、懒惰和缺乏兴趣,不自信和任课教师因素的影响较低。对取得好成绩的原因分析,如图4所示,勤奋端正的学习态度、兴趣、良好的学习环境、科学的学习方法、善于思考、自信、沟通能力、家长和老师的激励都是主要因素,而天赋、运气和能力不足的原因处于较低的比例,说明学生具有积极的、富有成效的归因信念,有利于促进学生努力学习。

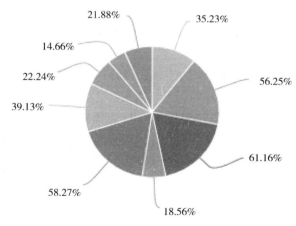

图3 不愿学习的原因分析

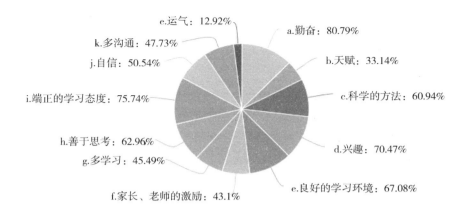

e.运气：12.92%

a.勤奋：80.79%

k.多沟通：47.73%

b.天赋：33.14%

j.自信：50.54%

c.科学的方法：60.94%

i.端正的学习态度：75.74%

h.善于思考：62.96%

d.兴趣：70.47%

g.多学习：45.49%

f.家长、老师的激励：43.1%

e.良好的学习环境：67.08%

图4 取得好成绩的原因分析

2. 学习方法。高职学生了解掌握全面而完备的学习方法，如图5所示，通常使用的学习方法达到15种之多，其中记笔记、认真听课、做练习、复习是最主要的学习方法，而其他自主性较强的学习方法，如预习、课后整理、复习薄弱环节、反复看书、涉猎相关内容、讨论、请教、参加课外学习班、参加实践教学活动等方法使用比例较低，说明高职学生的学习主要依赖课堂上老师的讲授和作业要求，在课前和课后进行的自主学习较少，所以，需要训练学生科学合理地使用已经了解掌握的学习方法，进一步提升学生学习的主动性。

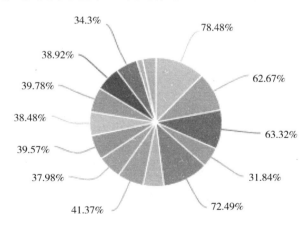

34.3%

78.48%

38.92%

39.78%

62.67%

38.48%

39.57%

63.32%

37.98%

31.84%

41.37%

72.49%

■ a.记笔记 ■ b.复习 ■ c.做练习 ■ d.涉猎相关内容 ■ e.认真听课 ■ f.预习
■ g.考前突击 ■ h.背诵 ■ i.课后整理 ■ j.反复看书 ■ k.请教 ■ l.讨论
■ m.复习薄弱环节 ■ n.参加余外的学习班 ■ o.参加实验实训等实践教学活动

图5 学习方法使用情况

3. 学习时间。学习时间的自我管理是学生自主学习的一种重要表现,对学生的成绩有明显影响。从图6可以看出,除了上课外,高职学生安排在学习上的时间比较少,每天自主学习时间在2个小时以上的只占到28.7%。晚自习是高职院校的一项规定,但是,如图7的数据显示,高职学生对于晚自习时间的利用率不高。另外,有41.4%的学生出现学习先松后紧的情况,采用了考前突击的学习方法。一方面在厌学的原因分析中,21.9%的学生认为是缺乏时间和精力,另一方面在课外学习时间的利用上又如此令人担忧,因此,高职学生在学习时间的自我管理方面需要进一步改善。

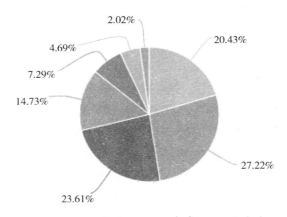

■ a.0~1小时 ■ b.1~1.5小时 ■ c.1.5~2小时 ■ d.2~2.5小时 ■ e.2.5~3小时 ■ f.3~4小时
■ g.除上课和日常生活,全部用于学习

图6　学习时间的安排情况

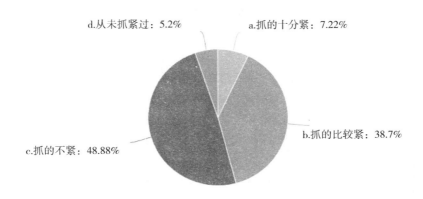

图7　晚自习时间利用情况

4. 自我监控。在学习过程中,自我监控是指个体利用某些标准评估自己学习进展的过程。自我监控是自主学习的关键过程,个体只有对学习进行自我监控时,自主学习才成为可能。调查结果显示,高职学生能够对自己的学习过程进行监控,认为自我控制能力不强的学生仅占 10.4%;能够对自己的学习动机进行调节,对于消极的状态做出及时的调整,当学习让他们感到心烦的时候,77.7% 的学生会选择自我调节的手段来继续学习,但是在学习安排和学习主动性方面并不理想,如图 8 所示,仅 12.1% 的学生对于一天的学习活动具有明确安排;在自主学习过程中如果感到心烦,有 15.1% 的学生选择放弃学习;在不愿学习的原因分析中,还有 18.6% 的学生归因于无人监管,他们更习惯于中学时期旁人安排好学习进度,有其他人在身边督促学习的状态。

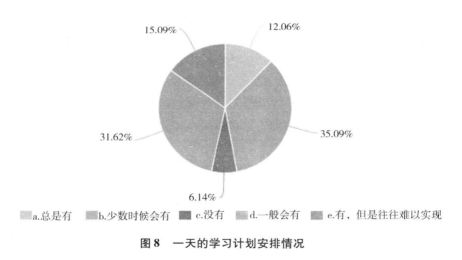

图8　一天的学习计划安排情况

5. 学习环境。影响高职学生自主学习的环境主要包括校园物质环境、校园人际环境以及校园文化环境。调查结果显示,高职学生能够根据自己的需要选择合适的学习环境进行学习,67.1% 的学生将良好的学习环境归为取得好成绩的原因之一。在谈到学习方法的时候,有 39.8% 的学生把请教作为一种学习方法,38.9% 的学生采用与别人进行讨论的学习方式;如图 9 所示,在面对学习困难时,59.6% 的同学选择求助教师,80.7% 的同学选择求助同学。说明学业求助已经成为高职学生一种重要的学习方式,校园人际环境在自主学习中广泛被运用,学习的社会性普遍被认同。但校园物质环境利用方面是有所欠缺的,学习方法中涉猎相关内容、参加实验实训等实践教育活动、参加课外学习班等方法的使用率低,不懂得利用学校提供的学习资源去充实丰富自己是一大弊端。

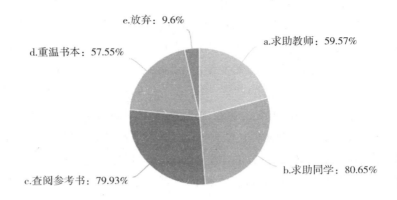

e.放弃：9.6%

d.重温书本：57.55%

a.求助教师：59.57%

b.求助同学：80.65%

c.查阅参考书：79.93%

图 9 遇到学习困难时的做法

第二节 提升自主学习能力对策研究

针对学生自主学习中存在的问题和不足，建议学校从以下几个方面提升学生的自主学习能力。

1. 将学生自主学习能力培养纳入学校人才培养目标体系。知识和技能的掌握不是靠教师"教"出来的，而是靠学生自己"学"出来的，需要强化学生、教师对这一理念的认识和理解。要培养学生的自主学习能力，学校首先应该把自主学习能力纳入人才培养目标体系中。不仅要把学习知识和技能作为衡量学生进步的重要指标，还要把学生自我教育能力作为一项同等重要的指标来看待。从学生的实际出发，学习上强调自学、生活上强调自理、行为上强调自律，向学生提出"个性上自尊、能力上自信、学习上自主、行为上自律、生活上自理"的目标要求，在提高学生整体自主水平的基础上，发展他们的自主学习能力[①]。

2. 帮助学生制定职业规划，明确学习目标，激发学习动机。职业规划在高职院校人才培养中具有重要意义。职业规划明确具体，有助于学生确定明晰的学习目标，促进学习能力提高；职业规划模糊不清，学生就没有目标，学习缺乏方向和动力[②]。学校可以将职业规划列入新生入学教育内容，通过开设大学生职业规划课程、讲座及系列活动，指导学生进行职业规划，确立学习目标、制定学习计划，学会使用各种学习方法，自行监督和评估自己的学习行为和学习效果。

激发学习动机不是一个独立的教学环节，它贯穿于教学过程的始终[③]。学校可以充分利用第一课堂和第二课堂,激发学生的学习动机和学习兴趣,如参观校史馆、开展专业介绍、课程介绍、图书馆的使用、开放实验室和实训基地、定期开展就业讲座等。

3. 引导学生提高学习时间管理效率。时间管理在动机和行为之间起到一个显著的中介作用,动机可以通过时间管理影响个体行为[④]。学生使用学习时间通常是基于习惯,而不是基于计划。训练学生掌握时间管理策略,需要帮助学生意识到时间计划的重要性,并优先考虑时间的运用。学校需要开设关于时间管理类型的讲座或相关的素质拓展训练,改善学生的时间管理能力。首先让学生了解自己当前的时间使用情况,并做出客观评价,帮助学生认识到自己的时间利用与实现目标的关联程度,然后根据目标的重要性排序合理安排时间,提升单位时间的利用效果和有效利用率。

4. 改革教学模式,训练学生掌握高效的学习方法和技巧

目前高职院校招生录取渠道多元化,有普通高考录取、"三校生"高考录取和高职院校单独招生考试录取,加上同一专业文理兼招,导致学生文化基础和知识结构差异明显,传统的教学模式不能满足需求。改革教学模式,创新教学方法,因材施教,满足个性化发展成为一种必然趋势。提倡以学生为中心,教师为辅导,探索现代学徒制、导师制、校企合作、工学结合人才培养模式。采用有利于培养学生自主学习能力的教学方法,如项目教学方法、案例教学法、模拟教学法、情景教学法等,引导学生主动思考、探究和创新。注重实践教学,通过实验、实训、实习和课程设计、毕业设计等项目训练,让学生在学中做、做中学,师生之间、学生之间建立民主、平等、合作、和谐的关系,教师在教学过程中有意识地、系统地指导和训练学生掌握有效的学习方法和技巧,帮助学生解决"如何学"的问题,教会他们如何研读教材和参考资料,如何利用图书馆、网络平台,如何使用课前预习、记笔记、归纳、小结、复习等学习方法,使学习变得高效有序。

5. 完善课程体系,给学生更多自主学习空间。高职院校在推行学分制的过程中,在规定的必修课基础上,开设较多的选修课,使学生有更多的机会,根据自己的兴趣爱好、能力特点和就业需求,选择课程、老师、时间和进度,拥有更大的自主学习空间。增设辅导型选修课,加强对基础课程的学习,让基础差的学生得到帮助;增设拔高型选修课,给能力强的学生以自主发展的空间和学习支持,拔高型选修课教学内容可参照职业能力标准加深拓宽,以专业社团或创新团队的形式组织教学;增设职业技能型选修课,为学生参加国家职业资格考试和相关等级考试提供学习平台,推进高职院校"双证书"制度的落实。

6. 培养学生自我监控能力。自主学习的过程中,碰到困难和干扰,学习焦虑、

情绪低落的情况下,需要掌握一些方法来解决困难、排除干扰、化解情绪,使自己的精力有效地集中在学习任务上。高职院校需要通过各种活动,提高学生的自我监控、自我调节、自我激励能力,培养学生自信乐观的心态、较强的意志控制能力和抗挫折能力,重视心理疏导,及时化解情绪。实施多元化的考评体系,将学生的实践能力、创造力、团队合作、学习方法、学习态度、学习效果等综合指标纳入评价体系,做到既考知识,又考能力和素质。完善激励机制,将外部激励和内部激励有机结合,有利于增强学生的成就感和自信心。

7. 学习环境的营造和利用。尽管自主学习本质上是一种独立学习,但并不是一种绝对孤立的学习。学习环境的好坏直接影响学生的学习状态和效果,一方面学校通过提供优良的学习场所和学习辅助设备设施,如体育场馆、图书馆、教室、实验室、网络资源等,从物质环境层面培养学生自主学习能力,培养优秀的人才;另一方面,充分发挥校园文化的引领作用,引导学生科学合理地使用学习资源。校园文化建设是最好的隐形课程,使学生在潜移默化中成长。作为高职院校,学生技能的培养训练是特色和亮点,将技能文化融入校园文化建设中,营造"知识改变命运,技能点亮人生"的文化氛围。组织和引导学生参加各级各类职业技能培训鉴定、竞赛等活动,让"学知识,练技能"成为一道校园风景线。提倡合作学习,成立以教师为引导,学生为主体的学习发展中心,成立学习小组,组建课堂以外的学习组织,培育合作互助,互相监督,互相激励的良性竞争机制,促进学生自主学习能力发展。

【结语】高职学生自主学习能力的提高是一个复杂的系统工程,需要学校、教师和学生共同努力,需要在实践中不断创新与发展。我们将不断探索提升学生自主学习能力的方法和措施,不断丰富、完善自主学习资源,开展形式多样的教育教学活动,创造良好的自主学习氛围,激发学生的内在学习动力,让学生学会学习并养成终身学习的习惯,为社会培养更多的高素质人才。

参考文献:

①庞维国:《自主学习学与教的原理和策略》,华东师范大学出版社2003年版。

②毛成:《大学生自我调节学习模型的构建及应用》,载《中国成人教育》,2010年第13期。

③刘志艳:《试论高职学生自主学习能力的培养》,载《潍坊高等职业教育》,2014年第2期。

④王海瀛:《大学生自主学习能力培养研究》,中国计量学院硕士学位论文,2015年。

第十一章

高校学生突发事件预防与处置[*]

突发事件,《中华人民共和国突发事件应对法》中写道,"突发事件,是指突然发生,造成或者可能造成严重危害,需要采取应急处置措施予以应对的自然灾害、事故灾难、公共卫生事件和社会安全事件"。

高校学生突发事件是突然发生在校内或校外的,与高校师生紧密相关,不以管理者的意志为转移并且给学校或师生造成一定的影响甚至危害的事件。

高校与社会联系紧密,又相对独立。高校里的学子,他们思想活跃、积极热情、主动性强、易冲动,有着丰富多彩的校园学习生活的同时,也带有普遍的社会性特点。高校学生突发事件既有通常突发事件的特点,也有高校自身的特点。

第一节　高校学生突发事件的成因及类型分析

一、高校学生突发事件产生的原因分析

高校突发事件通常有其复杂而深刻的原因,有时是政治、经济、文化、教育、管理的原因;有时是思想、伦理、道德、价值观的原因。这些原因既有客观条件的,也有主观心理意识的;有时可能是单个原因引起,有时也可能是多个原因交织,各种原因之间互为条件、互为因果、互相作用。分别来说,主要有以下几个方面:一是敌对势力的渗透破坏;二是社会环境的复杂多变;三是教师的不当言行带来的影响;四是学生价值认同偏差带来的问题;五是学生心理健康方面产生的问题;六是家庭教育错位、缺位与不到位;七是网络世界恶意炒作造成的误导等方面。

2014 年 3 月 27 日,教育部以教思政〔2014〕2 号印发的《高等学校辅导员职业能力标准(暂行)》规定:"辅导员是高等学校教师队伍和管理队伍的重要组成部

---

* 本文作者:杨鑫,测绘学院

分,具有教师和干部的双重身份。辅导员是开展大学生思想政治教育的骨干力量,是高校学生日常思想政治教育和管理工作的组织者、实施者和指导者。辅导员应当努力成为学生的人生导师和健康成长的知心朋友"。

《高等学校辅导员职业能力标准(暂行)》对辅导员的职业能力标准做出了明确规定。其中,辅导员的职业功能包括:思想政治教育、党团建设、学业指导、日常事务管理、心理健康教育与咨询、网络思想政治教育、危机事件应对、职业规划与就业指导、理论与实践研究九个模块。

危机事件应对的职业功能,是对辅导员明确的职业要求。同时,九个模块之间互成体系,既有开展教育过程中时间序列上的反映,也有客观存在相互间的联系、相互的作用。

辅导员、班主任在开展思想政治教育疏导过程中,面对高校突发事件的不同发展阶段,必须采取相应的措施,这样才有利于妥善处置高校突发事件。

二、高校学生突发事件类型分析

当前,高校突发事件种类多,形态繁复。要结合高校特点,根据某些突发事件的相关性、相似性进行必要的类型归纳总结,做到具体问题具体分析。

1. 高校政治类突发事件。高校政治类突发事件,主要是指高校学生未能采用正确的方式方法表达自己良好的愿望,或在激发自己的爱国热情过程中受到一些别有用心的人煽动和利用,进而引发的突发事件。

事件:2011年10月15日周六晚9时许,辅导员接到2011级测绘班班长程某电话,称湄公河惨案遇害的三等船长的女儿张某在其所担任班主任的班级,辅导员立刻在赶往学府路校区的路上将此情况汇报了学院书记和学生处处长。学院书记指示,找到这名女同学后,积极安抚情绪;并让同宿舍与其要好的女生轮流提供照顾,同时保证联系通畅,让几位学生的手机开机;再与张某约好,明天一早到学院办公室座谈安抚。学生处处长也同时向学校党委书记做了汇报,指示学院积极关注同学动态和情绪,力所能及地提供帮助,同时出于照顾同学隐私和情绪,除当事人和少数知情同学外,不扩大知情面,不接受外界采访和不与来历不明的人接触,并积极关注事件动态,配合下一步的事件发展。

该事件中,辅导员在面对不可预见的突发事件时,及时地了解和掌握,给予学生及时、正确的引导和帮助;及时将了解掌握并及时报告给上级领导,对事件正确认识和定位,并向学生当事人进行广泛有效的宣传和沟通。

2. 公共卫生类突发事件。高校公共卫生类突发事件是由自然因素或人为因素导致,主要包括传染病疫情、群体性不明原因疾病、食品安全以及其他严重影响师生健康和生命安全的事件。高校是人员高度聚集的场所,也是最容易发生公共卫生事件的地方。

事件一:2013 年春季学期,学院学生服务管理办公室负责学生考勤管理的辅导员发现,学院 2012 级地理信息与地图制图专业女生周某,开学以来请假和到课情况异常,同时,班主任也反馈,该女生心理状态不稳定。学服办按工作程序约谈周某的同时,班主任也同步开展调查工作。经调查发现,周某已有四个月身孕,故不能参加体育课和专业实习实训课。周某与高中同学陈某一直保持恋爱关系,陈某在江西某大学就读,双方父母知晓两人恋爱关系。周某尚未对其怀孕事实告之男友及家人,担心影响学业的同时,也担心做流产会影响与男友的感情,同时,面对双方家庭和外界的压力,身心状态也极焦虑与矛盾。经过辅导员、班主任认真细致地开展工作,周某男友知晓事情后,内心极不平静,无所适从。经双方父母合议,周某和双方家庭决定,结合相关法律法规和学校相关规定,先行办理了退学手续。待孩子长大些,周某再行考学或以其他形式学习、工作。

事件二:2014 年 1 月 1 日晚,安宁校区值班教师在晚上按要求走访假期留校学生宿舍过程中,发现 2014 级测量监理学生武某独自在宿舍,同宿舍同学或登记回家或外出。武某出现类似伤风症状,乏力、畏寒伴随发热,并有加重趋势。通报学院学服办辅导员和班主任老师后,班主任立即开车赶往安宁校区,同时辅导员前往学校学生医保对口昆华医院等候。经诊断,武某患结核性胸膜炎,此类患者先有乏力、畏寒、虚汗、全身不适、逐渐发热、胸痛、咳嗽、深呼气或活动时加剧,随着病情深入,肺脏受压,则胸闷、气短更为显著。在办理留院治疗手续后,与武某家人取得联系,家人第二天一早赶往医院。武某返校后,学院和班级在持续关注的同时,也向师生说明病情,明确该病症不存在传染性。

当前,公共卫生安全问题不仅是社会的普遍问题,也是高校公共卫生类突发事件的常见问题,辅导员和班主任应及时掌握学生情况,并要加强对学生的生理和健康卫生知识的普及,提高学生的公共卫生安全意识。

3. 自然灾害类突发事件。高校自然灾害类突发事件是由自然因素引起的,给高校师生造成人身伤害、学校设施设备受到严重破损等意外事件,主要包括水灾、地震灾害、地质灾害、建筑物倒塌、火灾、重大污染等。自然灾害类突发事件多是由于不可抗拒的外力导致的,也有一些是管理不到位造成的,具有较强的突发性、破坏性和不可抗性的特点,往往不能预见、不可克服,具有严重危害性,极易引起恐慌和混乱,轻则影响学校正常的教学秩序,重则可能导致高校师生的人身遭到伤害。

学院每学期,都有大量的专业实习实训和丰富的校园文化活动,辅导员应主动和自发地学习并组织在校学生以及在外实习和预就业学生,按期按计划进行防护、自救知识的培训,学院组织班级同学进行各类自然灾害防护研讨会系列活动,班主任在班级开展主题班会教育活动,做到防患于未然,以减少或避免突发事件发生所造成的损失。

4. 治安安全类突发事件。高校治安安全类突发事件是指扰乱公共秩序,妨害公共安全,侵犯他人人身权利、财产权利,妨害社会管理,具有社会危害性,但尚不构成刑事犯罪的行为而引起的事件。这类事件主要有学生打架、偷盗或者被偷盗、学生自残自伤自杀、坠楼、溺水、宿舍火灾、实验室爆炸以及校园交通肇事等。

事件一:2011 年 5 月,学府路校区 4 幢宿舍电源跳闸,该幢学生多为各专业毕业班同学,临近毕业季,学生因毕业事项、就业压力等因素,开始喧哗并向宿舍外乱丢杂物和垃圾。值班辅导员接到消息后,及时到达现场,并联系了毕业班班主任,通报了情况。辅导员到达现场后,与涉及该宿舍的学院各专业各班的学生宿舍管理小组成员和班级学生干部取得联系,共同开展说明教育工作,平复学生情绪。

事后,学院加强了对毕业班和针对各年级同学的教育引导工作;学院团委,在日常的宿舍卫生安全检查过程中,以社团的名义,将宿舍的饮料瓶及旧物件,在同学同意的情况下进行收集,变卖后用于学院勤工助学。同时,毕业班同学不用的旧书等物品,学院也发动同学捐助出来,给后面入学经济困难的学弟学妹们予以帮助。

事件二:2016 年 12 月,学院女生宿舍 2 幢某宿舍发生火情。同宿舍 4 名女生,除一名女生因起火导致的玻璃炸裂轻微划伤外,无人员伤害。宿舍紧临两张床的被褥被烧毁。起火原因经鉴定为使用不合格插座给手机充电引发的事故。

事故发生后,学院辅导员、班主任及时告之家长,同时对学生进行了安抚和教育,并继续加强学生的日常安全防范教育。对事故中女生及时调换宿舍,学院从学生经费中,为学生购置新的被褥,降低了事故对学生正常学习生活的影响。

在治安安全类事件中,辅导员应及时而有效地结合时间节点、客观环境,在日常服务管理工作中,主动开展教育与引导,增强意识、及时发现、高效应对、妥当处置。

5. 学校管理类突发事件。高校管理类突发事件是由于日常管理问题无法得到及时有效地解决,导致教师或学生产生抵制情绪,甚至是对抗性的过激行为而引发的事件,这类事件主要有上访、告状、罢餐、罢课以及闹事、破坏公物等。

事件:2013 年秋季学期的评优工作,测绘学院评出校级奖学金 68 名,其中,一等奖学金 14 名、二等奖学金 20 名、三等奖学金 34 名,三好学生 34 名,优干 54 名。

在学院公示程序中,学服办收到了一封来自学生的匿名信,经事后核实,是2012级测绘专业秦某的来信。

经查,证实学院在校级奖学金评选过程中,两位分别负责学生综合测评和学生评优的辅导员老师,在收到班级上报的综合测评数据时,没有统一评定标准综合计算学分,导致综合测评各专业、各班标准不统一;在按评优文件执行过程中,没有对学生综合测评成绩进行仔细核对,造成未获评同学的成绩和参评条件优于公示的已获评同学成绩。

秦某的来信,记录了学院公示的结果,并结合班级上报的数据,同时依据相关评优评奖文件,指出了在评优过程中的错误和评选工作中的漏洞,还提出了明确有效的4项建议。学服办在收到秦某来信后,作为学生服务管理人员,深感工作的不细致和不到位。及时对该次评优工作重新进行了全面而详细的核对,及时进行调整梳理。在按要求重新将核对无误的数据进行公示的同时,将本次工作失误向学院师生做了说明并致歉。并对学生秦某表示感谢。

在此类事件中,既要正视事件客观情况,辅导员和班主任还应积极发挥桥梁和纽带的作用,及时疏导学生情绪,稳定秩序,针对事件依靠师生的支持与谅解,稳定事态,保证正常的学习生活工作秩序。

6. 心理健康类突发事件。心理健康类突发事件是指由心理健康问题而引起的突发事件,是当前高校发生频率较高的一类突发事件。一方面,当前高校学生群体所处的年龄段正是一个人形成和确立世界观、人生观、价值观的关键时期。无论是从生理角度,还是从心理角度,他们都是处于急剧发展变化的阶段。另一方面,教育领域普遍存在重智商、轻情商的现象,对学生的心理素质和健康人格的培养重视不够,加上学业压力、就业压力和竞争压力的日益增大,容易产生认知障碍、情绪障碍、意志行为障碍等心理健康问题,表现为退学、出走、自残、自杀甚至杀人等。高校心理健康类突发事件一旦产生,不仅会强烈冲击高校学生的内心,而且还会给他们带来人身安全威胁和财产损失,使他们在今后的工作、学习、生活和心理发展等方面受到一系列负面影响。

事件:2015级测量监理专业学生反映给班主任,发现同宿舍范某近期两次在晚上搬着被褥到宿舍楼顶睡觉。辅导员在与范某交流过程中发现,范某表现十分紧张,双手手指交叉握紧,呼吸急促,说话不流畅,眼神躲闪。在与家长取得联系后,家长表示在进校前,范某就确诊为患有适应障碍症,家长寄希望于学生进校学习后能获得一技之长,有个谋生的出路。鉴于进校后,范某不能正常开展学习生活,家长到校办理了退学手续,带回治疗。事后,辅导员与家长联系得知,范某在家人的陪护下,在家中依托网络平台做起了微商,同时继续治疗。

学生服务管理工作应加强对学生心理健康的教育引导工作,建立健全心理危机预警与干预体系,成为良师益友,春风化雨、润物无声。

7. 网络安全类突发事件。当今社会,网络的运用和新媒体已深深影响和作用于社会政治、经济、文化、生活等方面,对于当代高校学生而言,生活、学习、思维、交往和娱乐方式,乃至价值观念、道德行为,都与网络新媒体紧密相连。

事件:2017 年 4 月,测绘专业 2015 级学生赵某无故离校,班主任及时将情况通报学院及学服办。后经发动师生广泛联系得知,赵某去呈贡大学城找高中同学。

赵某在班级不引人注目,表现平常,与同学相处融洽。经查,其在网络应用软件和手机 APP 上发现能够以低门槛进行借贷,同时,APP 还提供实质是网络赌博的平台。赵某出于想缓解家庭经济压力的目的以及投机心理,想借助此项借贷通过网络赌博,在获得收益后与朋友合伙创业;故向网络平台借贷的同时,还委托老乡和朋友三人代自己从网络平台借贷。在负债累计 7 万余元的情况下,自己焦虑和恐慌日增,告之同宿舍同学,不想读书了,背包离开学校,前往呈贡大学城找高中同学商量,试图以外出打工的形式,自己偿还此笔校园贷款。

目前,该学生已在校正常上课,其负债由本不富裕的家庭偿付。

学生服务管理工作必须重视运用网络新媒体在对学生的信息传播、舆论引导和监督方面的作用,在引导学生树立正确的价值观、养成良好的品行的同时,还要满足学生的自我认知、情感传递、尊重理解的需要。防止不良思想的侵害、不良资讯的误导,运用网络新媒体手段,及时、适时引导学生健康积极地学习、生活、工作。

第二节 不同阶段高校学生突发事件处置

在高校突发事件中,辅导员、班主任如何有效地开展思想政治教育疏导,改善信息不对称情况,发挥和发扬学生自我管理作用十分重要。突发事件的处置要争取做到及时掌握与通报,事前关注与预防,事中陪伴与引导,事后总结与抚慰,预警通报,过程跟踪,记录备案;以学生为主,建立学院、班级、宿舍信息员队伍,结合辅导员、班主任、专任教师、学生干部、信息员协同管理,保证学生学习、生活、工作的正常秩序,构建平安学院。在高校突发事件发展的不同阶段,高校突发事件会呈现出相应的阶段性特点:

一、重在事前思想政治教育引导、化解问题

通过思想政治教育引导,可以有效地预防或减少突发事件的发生。要"把培育和践行社会主义核心价值观融入国民教育全过程,把培育和践行社会主义核心价值观落实到经济发展实践和社会治理中,加强社会主义核心价值观宣传教育,开展培养社会主义核心价值观的实践活动"。通过社会主义核心价值观的培育与践行,帮助疏导对象实现对个人价值准则、社会价值取向、国家价值目标的高度认同。正如《中华人民共和国突发事件应对法》中明确指出的:"各级各类学校应当把应急知识教育纳入教学内容,对学生进行应急知识教育,培养学生的安全意识和自救与互救能力",突显了辅导员思想政治教育的作用与价值。

问题化解,是指教育引导对象在高校突发事件事之前所面临的需要解决矛盾和疑难问题。问题解决的过程,实际也是引导任务完成的过程。突发事件实际就是各种问题或矛盾的集合体。在事前,常常表现为比较容易被发现的小纠纷、小摩擦、小矛盾等外显的问题,累积到一定程度,就可能会转化为大问题或大矛盾,进而导致突发事件的爆发。所以,辅导员要重视对类似小问题和小矛盾的化解,只有将这些小问题和小矛盾遏制在萌芽状态,才能够更好地避免或控制突发事件的产生。而且,这些小问题和小矛盾与社会上的热点问题、难点问题、焦点问题交织在一起,就容易导致突发事件爆发。这就要求辅导员深入教育引导对象的学习、生活和工作,善于同疏导对象交朋友。并且在事前摸清实情,有针对性地开展工作。同时认真听取各方面的意见和建议,深入分析,全面掌握,做到透过现象看本质,按照规律处置。合理依规依法解决问题的办法,要切实可行。

在引导过程中,辅导员、班主任要以自身的人格魅力和良好示范,对所引导的对象产生影响力和号召力。并且要真诚地尊重、理解、关心引导对象,尽可能减少突发事件的发生。

二、在事件中注意舆论引导与信息沟通

在突发事件发生过程中,要运用舆论来影响和引导对象的思想观念和价值取向,从而改变或控制人们的行为活动。古人云:"防民之口,胜于防川。"因此,要发挥思想政治教育引导作用,通过网页、手机、微博、QQ群、微信等新媒体平台,及时准确地发布信息,公布事实真相,从正面加强对突发事件的舆论引导,辟除流言、谣言,澄清认识,廓清是非,稳定校园秩序和师生情绪,阻止事态继续扩大。同时,发挥引导对象班级、宿舍等独立归属群体的作用,进行拉、帮、劝,对引导对象主动关怀与交流。

面对突发事件,在保证畅通的信息渠道的同时,辅导员尤其要注意与引导对象的信息交互与沟通。在信息交互上,辅导员要尽量避免非主观的错误信息的传递和信息传递的不及时与不到位,在与引导对象的沟通过程中,力求明确和有效的信息交换与意思表达。从而达到引导情绪、安抚人心、稳定局面的目的,这是处置突发事件的重要措施。

三、事后旨在持续关注、引导和价值观重塑

如何处理和解决突发事件发生后的遗留问题,辅导员、班主任要对事前和事中存在的问题和发生的事情进行分析总结,通过分析总结,对下一步工作进行适当调整,通过对引导对象的意识辨析、价值观引导等方式,尽可能地减少引导对象所受的损失和痛苦。同时,在依法依规的范围内,对突发事件的引导对象尽量予以帮扶。高校的几年时间,在学生一生中并不算长,但却是重要的人生刻度和关键时期,高校教育应有效地结合相关教育理论和教学规律,帮助学生厘清思路,明心见性,合理规划,以合理有效的心理援助与陪护,确立正确的价值观导向,帮助学生顺利度过心理危机,更好地扬帆起航。

学生服务管理工作中,学生突发事件处理,首当其冲,需要清楚地认识突发事件的成因,明确事件因果关系,结合突发事件不同类型在存续期间的状态,有针对性地、潜移默化地对大学生开展思想政治教育。针对不同类型的突发事件,运用适宜的工作方法,结合国家相关法律法规,会同家庭、社会,将学校、家庭与社会三位一体地有机结合,对学生成人成才开展培养教育工作。

学生服务管理工作,任重而道远。

第十二章

高职院校家庭经济困难学生就业心理解析*

——以昆明冶金高等专科学校为例

有数据表明,2016 年全国高校毕业生在 770 万以上,加上出国留学归国人员以及处于待业的往届毕业生,预计届时将有 1000 万人竞争有限的工作岗位。大学生就业难已然成为社会关注的焦点问题。

近年来,高职院校在进行生源扩招的同时,实施并轨收费制度,使得家庭经济困难学生人数不断增加。作为大学生中的特殊群体,家庭经济困难学生由于受到自身物质条件和社会环境的限制和影响,在就业方面处于弱势地位。他们面对巨大的就业压力,容易产生一系列心理问题。因此,作为高校教育工作者,了解和掌握家庭经济困难学生的就业心理也就显得非常必要。从高职院校来讲,毕业生就业情况直接影响到学校招生工作,而生源则是高职院校的生命线,故而学校的每一位员工都应该为学生就业服务,应当分析家庭经济困难学生就业心理,找出存在问题,积极对他们进行心理干预,让家庭经济困难学生不断提升就业能力,不能让家庭经济困难学生成为"双困生",从而打造学校良好的就业品牌形象。

第一节　高职院校家庭经济困难学生就业心理问卷调查情况

昆明冶金高等专科学校是一所历史悠久、特色鲜明,以工为主,工、管、文、商、艺并举的全日制公办普通高校,是全国百所之一的国家示范性高等职业院校。学校设有 14 个学院,开设 78 个高职高专专业,有全日制高职在校生 16882 人,在校贫困生 5300 余人,笔者从安宁校区机械工程学院、外语学院、建工学院、矿业学院、艺术设计学院等 13 个学院中,随机抽取了机械自动化、矿物、商务英语、珠宝首饰加工、视觉传达、地质、建筑、电气自动化、环境工程等专业中的 540 位贫困生

---

* 本文作者:李妍依依,学生处
　本文发表在《昆明冶金高等专科学校学报》,2016 年 4 月刊。

进行问卷调查,共发放问卷540份,有效问卷495份,男生302人,女生193人,其中大一69人,大二302人,大三124人(毕业班)。从家庭经济困难学生中选取8人作为访谈对象,其中男生4人,女生4人。此次调查采取抽样调查法,使用笔者设计的《家庭经济困难学生就业心理调查问卷》,从家庭经济困难学生的自我认知、就业能力、就业心态、就业指导需求等方面进行调查,进而了解家庭经济困难学生的就业心理。以匿名形式进行以保证结果尽可能真实可靠,学生必须根据自身情况如实填写问卷。

第二节　高职院校家庭经济困难学生就业心理调查结果及存在问题

一、自我认知不到位,产生自卑、求名、从众等心理问题

1. 自卑与自负心理并存,专业认同度还有待提高。自卑是一种消极的、失去平衡的心理状态。自负心理则是盲目自大,过高地估计个人的能力,失去自知之明。从自信度调查结果来看,家庭经济困难学生自卑与自负并存。在调查过程中,49%的学生不喜欢自己,存在自卑心理,这些家庭经济困难学生往往缺乏自信心和勇气,回避竞争。这种自卑心理使得一部分家庭经济困难学生在就业中瞻前顾后,优柔寡断,不敢向用人单位推销自己,错失就业良机。当然,也有51%的学生了解自己的优缺点,且显得比较自信,甚至有些自负。具有自负心理的家庭经济困难学生认为来高职院校读书源于自己高考失误,他们个性好强,不易接受挫折和失败,有超强的"自尊"需求。为了维护这种自尊,在就业选择时往往会表现出反向心理,心理定位也相对较高,心想一毕业就当"白领",专门寻找权威行业或管理岗位,而对生产第一线等基层岗位缺乏兴趣,眼高手低,不切实际。在调查的学生中,较多的学生认为实习经历和专业技能是他们就业的优势所在,大多数学生认为自己最欠缺的能力是解决问题的能力和协调能力。详细调查情况见表1。

表1　自信度和专业认可度调查结果统计表

调查项目	比例排前四位的选项							
	选项（A）	占比	选项（B）	占比	选项（C）	占比	选项（D）	占比
是否知道自己的优缺点并喜欢自己	知道，很喜欢	51%	知道，无所谓	22%	知道，不喜欢	15%	不知道，无所谓	12%
自己最欠缺素质	解决问题能力	29%	共同协调能力	26%	抗压能力	27%	实习工作经验	14%
自己最有竞争力的方面	学习成绩	8%	专业技能	37%	实习经历	46%	考试证书	9%
你对所学专业满意吗	很满意	16%	满意	33%	一般	49%	不满意	2%

从表1中可以看出，49%的学生对自己的专业比较满意，认可自己的专业，仅有2%的贫困生不满意自己的专业，调查结果也在情理中，大多数情况，学生在选择专业时都是按照自己的意愿，极少数情况是迫于家长的压力或是受到热门专业的影响。

2. 薪金期望趋中，择业存在从众、求名心理。调查显示，家庭经济困难学生对第一份工作的薪金期望并不高，72%的期望在2000～3500元人民币之间。家庭经济困难毕业生对于工资期望更"趋中"，容易受到身边朋友、同学的影响，且认为大多数人钟情的工作就是好工作，存在从众心理。家庭经济困难学生对薪金的期望，在一定程度上也反映了他们有自卑心理，在就业心理上处于弱势。家庭经济困难学生在职位期望上，大多数学生希望找一个稳定的工作，就业职位选择方面过于偏执，缺乏主见，存在从众心理。52%的学生倾向于选择国企或是政府单位，追求"铁饭碗"。有的学生则向往国外知名企业，存在"求名"心理。调查显示，仅有12%贫困生选择就业公司是私企，愿意自主创业的也很少。详见图1。

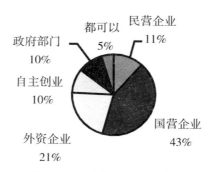

图1   就业决策调查情况分析

二、就业心态起伏不定,形成焦虑、冷漠、回避、怯懦等心理障碍

对于家庭经济困难学生来说,他们一旦毕业就想马上就业,想通过工作来减轻家庭经济负担。调查结果显示,61%的贫困生有着先就业后择业的心态,仅有8%的学生准备升本。贫困生看到别人找到工作而自己暂时没有找到的时候,或是在屡次求职失败后,心态就会起伏不定,就会产生焦虑、恐慌、怯懦,甚至抑郁等心理障碍。

1. 就业压力大、困惑多。在"你此刻认为就业压力大,未来存在困惑多吗"的调查中,有79%的贫困生感到压力大,存在着就业方面的困惑,另有27%的贫困生不知道怎么应对就业带来的压力和困惑。巨大的就业压力和诸多的就业困惑往往导致家庭经济困难学生不敢直面竞争,害怕未来发生的事情会伤害到自身利益,于是容易产生焦虑、恐慌等心理障碍。

2. 就业形势不清晰,犹豫不定。当前乃信息化社会,发展迅猛,大学生就业形势也就随之瞬息万变。面对瞬息万变的就业形势,许多家庭经济困难学生难以适应,无法分辨,他们难以审时度势,往往逃避现实、缺乏斗志,甚至行为退缩,回避就业,呈现出冷漠、回避的心理障碍。

3. 就业迫切感强。家庭经济压力是贫困生就业急迫的主要原因,家庭经济困难学生在求职的过程中,非常渴望得到一个满意的就业机会来结束"贫困生涯",在面试时容易表现得谨小慎微、手忙脚乱,有一种"丑媳妇怕见公婆"的心理,担心说错一句话就会被淘汰,存在怯懦的心理障碍。

4. 求职屡次受挫,无法有效地进行自我调整。有些家庭经济困难学生在求职过程中,难免遇到多次不被用人单位认可和接受的情况,在屡屡受挫后,易长时间情绪低落、愁眉不展、失眠多梦,若不进行正向引导,假以时日便会产生抑郁心理。

三、就业创业指导不够

1. 学生就业指导需求大。从调查情况来看,学生希望得到的就业方面指导较多,60%以上的学生希望得到学校"就业之星"的经验分享和案例分析。一些同学还建议学校开展就业创业大讲坛,使用新媒体为同学们提供就业指导和帮助等。可见,家庭经济困难学生对于就业指导的需求远远得不到满足。

2. 创业指导少。学校对于家庭经济困难学生创业相关政策宣传指导较少,学生也缺乏相应的创业意识。在问卷"如何看待自主创业"调查中,有29%的家庭经济困难学生认为应该大力推动,而49%的认为诱惑大,但风险也大,甚至有25%的家庭经济困难学生排斥创业,认为家庭经济困难学生就应当安心找份工作,不应该想着创业。家庭经济困难学生对创业失败带来的担忧大大削弱了他们的创业激情,多数家庭经济困难学生希望尽快找到一份稳定的工作,结束"贫困生涯"。家庭经济困难学生创业中体现出来的胆怯,说明了学校对家庭经济困难学生创业的指导还不够。

第三节　高职院校家庭经济困难学生就业心理问题成因分析

一、内部因素

1. 自我认知不全面。有些家庭经济困难学生自我认知不全面,对自己的就业能力无法客观地进行评估。比如自己与众不同的地方在哪里？什么是自己的兴趣所在？等等。有些家庭经济困难学生只看到自己的短处,而未能发现自己的优点,总是觉得自己低人一等,显得自卑;有的学生则只看到自己的长处,不能发现自身的缺点,总是盲目乐观、骄傲自大,显得较为自负。由于家庭经济困难学生不能全面地进行自我认知、客观实在地认清自己,诱发了他们自卑、求名、从众等系列心理问题。

2. 综合素质能力不高。有些家庭经济困难学生综合素质不高,就业能力不强。贫困生往往因为经济上的拮据,自尊需求常与自卑感同在,与人交流、语言表达能力欠缺,在就业过程中面对环境适应、人际交往、自我表达环节时显得竞争力不够,致使他们在就业竞争中感到恐慌、冷漠,甚至回避。

3. 社会实践经验不足。鉴于我国教育体制,学生参加实践的机会少,缺乏社会阅历,调查中,39%的家庭经济困难学生认为就业难的一大因素就是缺乏实践经验,36%学生认为学院应当提供就业体验指导。很多同学只会纸上谈兵,大多贫困生连学生干部经验都没有,"一心只读圣贤书",只想能评到"奖学金、助学金"。

二、外部因素

1. 社会就业压力大。中国青年政治学院的一项调查显示,51.4%的调查对象将大学生心理问题的原因归咎于"就业压力过大"。尤其是高职高专院校生源扩招,使得在校人数逐年增加,毕业生数量也随之增加。加之,农民工进城打工现象日益凸显,使得城市就业形势日趋严峻,劳动力市场出现了供大于求的局面,大学生就业也随之受到冲击,大学生就业困难和就业压力过大也就在所难免,一些高校大学生甚至才毕业就面临失业。社会严峻的就业形势给家庭经济困难学生造成了巨大的心理压力。

2. 家庭就业期望值高。经济困难学生家庭对子女的就业都抱有较高的期望,经济困难学生家庭为了给孩子接受高等教育,通常是举家借贷,倾其所有,家长希望自己的孩子毕业后,一是能马上就业,找到"铁饭碗""金饭碗";二是希望子女将来能够出人头地、光宗耀祖;三是早点挣钱,摆脱贫困。这些期望无形中让孩子背负了巨大的责任,同时这种高期望也给他们带来了巨大的心理压力,而严峻的就业形势又使得就业变得不可预期,父母的厚望与现实之间的差距导致压力和焦虑产生,因长期处于这些纠结中,家庭经济困难学生的心理负担和精神压力会越来越大。

3. 就业心理辅导机制不够完善。大多高职院校设立了心理咨询机构,但由于体系不够完善,未能切实开展大学生就业心理辅导,家庭经济困难学生的就业心理障碍没有得到及时调适。

第四节　高职院校贫困生就业心理问题应对策略

就业是高职院校发展壮大之本,通过就业可以检验学生的综合素质和学校的办学质量。家庭经济困难学生就业难作为当前社会焦点问题,亟待解决。然而,要解决家庭经济困难学生就业问题,高职院校就应充分认识到家庭经济困难学生就业心理问题的重要性和紧迫性,应当积极采取应对策略,帮助家庭经济困难学生走出心理误区,顺利就业。

一、引导家庭经济困难学生进行自我心理调适,让他们直面就业困惑

自我调适是解决家庭经济困难学生心理问题的根本对策,各高职院校应当重视家庭经济困难学生就业中产生的一系列心理障碍,积极引导他们进行自我心理调适,让家庭经济困难学生直面就业困惑。

1. 准确定位自我,客观择业。高职院校应当指导家庭经济困难学生如对思想表现、专业学习状况、各种能力、身心素质等方面进行自我认知,自我反思。对自身个性心理特征有充分、客观的认识,在择业时有着重要的参考作用。例如气质方面,心理学一般将气质分为四种类型:胆汁质、多血质、黏液质、抑郁质,气质类型的不同,适宜从事的职业范围亦不同,了解自己的气质特点,便可以对气质表现加以控制和调节。正确树立就业、择业观,结合自身实际,从个人优势出发,找准自己的职业需求,不从众,不求名。

2. 保持积极乐观心态,从容应对面试。积极的心态才有良好的状态,好心态指的是敢于正视社会,适应现实。在就业心理调适过程中,学生要与社会进行比较,从比较中找到自己的优势,并根据自己的实力调整求职计划。比如:高职院校学生可以利用自己动手能力强、操作经验丰富这一点来和普通院校毕业生进行比较,建立自信心,克服怯懦心理,从容应对面试,切实提高心理承受能力。

3. 加强挫折心理的调控,勇于竞争。家庭经济困难学生要有充分的思想准备,尤其是提高自身的挫折心理调适能力。家庭经济困难学生应摒弃侥幸和幻想,面对机遇,正视现实,在竞争的激流中奋力拼搏。当就业机会来临时,敢于竞争,当仁不让,强势展示自己的特长,努力实现自己的抱负。

4. 及时宣泄消极情绪。在就业择业过程中,难免会遇到各种失败、挫折。家庭经济困难学生一定要学会一些心理疗法,对自身焦虑、恐慌、自卑等心理困惑进行及时调适,运用运动、缓慢呼吸放松法、宣泄、慰藉等方法适当的方式释放压力。一旦出现无法调适的负面情绪,要及时求助心理咨询机构。

二、加强贫困大学生就业心理辅导,帮助他们走出心理误区

当家庭经济困难学生求职过程中产生了系列心理障碍,高职院校应当及时介入,对他们进行心理疏导,帮助家庭经济困难学生走出心理误区。

1. 健全学校心理辅导机制。一是设置就业心理辅导机构,并配备一定比例的心理指导人员;二是完善心理辅导制度,加强管理。有了指导人员还应当完善就业心理辅导制度,通过制度对家庭经济困难学生就业心理辅导机构和人员进行监管。完善的制度既能促进辅导体系的形成和实施,也能帮助指导工作人员提升业务能力,使得学校就业心理辅导机构能正常高效地运转,为家庭经济困难学生就业心理疏导提供重要保障。

2. 落实家庭经济困难学生就业心理辅导。一是定期对家庭经济困难学生开展就业心理辅导工作,目的在于通过分析家庭经济困难学生特殊的就业心理进行心理干预,让他们摆脱心理困惑,找回自信,树立职业理想。二是锻炼大学生抗压能力。从调查情况来看,有33%的家庭经济困难学生希望开展素质拓展训练和就业体验,通过开展心理辅导,让大学生内心变得强大,心理素质得到提升,心理危机得到排除,面对就业压力能从容面对,不容易被就业压力击垮;三是加强与就业工作部门的协调,采取团体辅导与个性化服务相结合的办法,定期开展家庭经济困难学生就业心理调查、就业心理指导等服务活动,帮助家庭经济困难学生健全人格、端正心态,从而以健康的心理去面对就业。要针对自卑、怯懦、焦虑等高职院校家庭经济困难学生中主要的就业心理问题,采用寓教于乐的方式,利用团体辅导帮助他们在活动中敞开心灵,正视贫困,正确看待自己,对情绪波动较大的学生,应单独进行心理疏导,引导他们学会正确看待就业中的不公平现象,使其认识到绝对的公平是不存在的,要能够坦然面对,逐渐提高其心理承受能力。

3. 多方联动共同干预。大多数青少年的心理危机,与原生家庭有密切的关系,和社会矛盾也有一定的关系,所以形成"学校、教师、家长、社会"多方联动干预机制是有必要的。学校为学生提供优质的就业心理辅导服务;辅导员及时关注学生心理状态并进行疏导;家长应当多关注孩子心理,引导家庭经济困难学生发现自身的优势和闪光点,让他们在情感上得到依托,学会与人沟通交流,学会展示自己,从而增强其自信心;社会应为家庭经济困难学生就业提供更多的帮扶,采取多方联动机制势必会帮助家庭经济困难学生更容易消除就业心理压力,促进就业。

三、抓好家庭经济困难学生就业指导,帮扶学生顺利就业

家庭经济困难学生若无法树立正确的就业择业观念,势必会产生许多心理困惑,甚至产生心理障碍,最终形成心理疾病。故而高职院校应当抓好家庭经济困难学生就业创业指导,满足他们的就业指导需求,让家庭经济困难学生认清就业形势,掌握求职技巧,消除心理顾虑,从而顺利就业。

1. 形成就业指导体系,提升就业指导服务水平。高职院校就业管理部门应全程化指导家庭经济困难学生的就业过程,形成完整的指导体系,针对特困生实施"一对一"帮扶制度;从大一开始,开设就业指导课程、就业知识讲座、就业经验交流等,帮助家庭经济困难的学生尽早掌握就业知识,认清就业形势,确立职业理想,使其综合素质能力得到提高。高职院校应当定期或不定期地对学生需求进行

调研,根据学生的需求来改变服务,满足学生就业指导服务,并管理和监督好整个服务过程,为家庭经济困难学生提供优质的就业指导服务。

2. 灌输创业意识,鼓励家庭经济困难学生创业。在"大众创业,万众创新"的时代背景下,高职院校应当采取系列举措培养大学生创业创新能力。对于家庭经济困难学生,高职院校应当加强大学生创业政策的宣传,给家庭经济困难学生灌输创业意识,让家庭经济困难学生了解政府关于大学生创业的帮扶政策,消除家庭经济困难学生创业心理顾虑。大部分家庭经济困难学生头脑聪明灵活,且能吃苦耐劳,因此,只要适度引导,家庭经济困难学生走上自主创业之路,让家庭经济困难学生从就业升级为创业,使他们充分实现自我价值,从而提高学校就业工作质量,并非难事。

06

第六篇

以学校共青团为依托
打造校园文化建设 "软实力"

【内容介绍】博观而约取,厚积而薄发。所谓"软实力",是指学校在培养青年学生的技术性要素之外,还要有校园精神的吸引力,要有团组织的凝聚力,要能处理好青年学生文化素养和职业技能之间的关系,也就是使学校和学生实现全面发展。本篇从抓好团组织建设、提高学生骨干业务能力、社团管理、校园文化建设等方面,对校园文化建设进行了系统性再思考,试图为将"软实力"做成"硬本领"提出更多的建议和方案。

第一章

狠抓团组织建设　永葆青春活力[*]

——以昆明冶金高等专科学校为例

高校共青团工作是全团工作的重要组成部分,是全团工作的重点。第一,高校共青团工作面对的是团员分布密度最高的,具有较高文化知识修养的团员青年。目前高校的团青比例已达到90%以上,是全团各条战线中团员与青年的比例最高的。同时,高校团组织的主要对象是在校的大学生,文化知识层次较高,这些青年思想活跃、敏锐,知识面广,对社会问题十分敏感,他们的思想状况在一定程度上对全团青年有着引导性影响,团组织如果抓好了高校团的工作,在很大程度上也就抓住了全团工作的主导性因素,对全团工作起着举足轻重的作用。第二,高校共青团工作的目标是育人,通过课余时间进行思想政治教育,帮助青年团员成长成才,它既是学校教育工作的助手,也是党的助手。与其他战线的共青团组织相比,高校共青团组织一直比较健全,但随着教育改革的深化,学校共青团的自身建设也面临着一系列新的问题[①]。然而共青团组织是一个系统,要使这个系统良性运行,就必须坚持党建带团建,坚持围绕中心服务大局,坚持"眼睛向下、重心下移",不断完善制度建设,深化队伍建设,活跃团的基层组织,着力巩固团的基础建设,力争使团的基层组织网络覆盖全体青年,使团的各项工作和活动影响全体青年。下面将主要从共青团的自身建设、队伍建设、基层组织建设三个方面进行分析。

第一节　坚持党建带团建　抓好共青团的自身建设

按照《团章》的要求,紧紧依靠学校党组织,强化校院两级共青团组织的建设。工作中要勤于向学校党组织汇报,从经费、机构、活动阵地、人员上得到充实,待遇上得到落实,不断健全和完善好团的组织体系,为开展好团的各项工作提供组织

---

[*] 本文作者:张丽娜,学生处;杨彬楠,学校团委

保障。

　　以昆明冶专为例：学校党委通过明确层级、落实待遇、严格选拔等一系列具体措施，在组织建设上给予了重要保障，学校校院两级团委干部均为专职团干，均解决了待遇问题；为更好地服务同学，增加团学活动阵地，按团委工作需求，学校新建了"大学生艺术中心"和"室外演出舞台"，两个场馆均由学校团委负责管理使用，大力加强了学校团学组织阵地建设；为保障各项工作的良好开展，学校按生均拨款的原则给予学生活动经费，并且对大学生创新创业教育工作进行每年单独拨款，学校团委工作经费得到了有力补充。

第二节　建立高素质的团干部队伍　抓好共青团的队伍建设

　　高校团的具体工作要靠团学干部队伍来完成，在队伍建设方面尤其要抓好团学干部队伍的建设。建设一支优秀的团学干部队伍，关键是提高团干部的整体素质，要积极利用各类校内外培训教育，提高他们的政治素质，优化知识结构，增长实践经验，扩大视野，砥砺品格，积极为团干部的成长发展创造良好的外部环境。其中的关键是要充分发挥业余团校的作用，通过定期举办的业余团校，全方位、多渠道地对团学干部进行培训。在培训中不仅要举办丰富多彩的讲座，重要的是把培训教育落实到具体的工作和人当中，做到开展一项工作，指导和教育一批人，提高一批人，同时树立开展工作的过程就是团学干部素质提高过程的意识[②]。

　　以昆明冶专为例：2013年5月，为进一步发挥我校共青团组织育人功能，切实发挥团学骨干在青年学生中的模范带头作用，由校团委牵头，学校党委组织部、教务处、学生处共同制定了《昆明冶金高等专科学校首期大学生骨干班实施方案》。首期大学生骨干班60名成员均从全校团学组织中，经过学院团委、党总支推选、考察及公示的程序产生，在为期一年的时间里"大骨班"学员参与了12场专题理论学习、3次校内外素质拓展，学员分别到教育厅大学生工作部、学校党委组织部、宣传部、学生处、安宁团市委、安宁住建局、安宁教育局、安宁交运局开展了最短为期两周的校外挂职锻炼，每名学员联系了一个团支部、讲了一次团课、服务了一个同学、做了一次工作调研、制作了一套工作方案，还有30名学员在暑期组成服务队开展了三下乡社会实践活动，服务队被授予"全国重点团队"荣誉称号，产生了很好的社会效应。2014年5月，所有学员已经顺利结业，绝大部分同学已经成长为校院两级学生组织的主要学生干部。大学生骨干班现已成为引领青年学生学习理论的桥头堡、推动实践的示范区和锤炼作风的大熔炉。

第三节　加强基层团组织建设　提高团组织活力凝聚力战斗力

就高校而言,共青团面临的主要矛盾和重点课题是提升组织活力,其关键在基层团支部。如同生命有机体的基本单元是细胞一样,团支部也是承载和实现团的组织功能和作用的基本独立单元。在高校提升团支部活力的重要意义在于:从外部环境看,随着改革开放的不断深入,社会主义市场经济体制进一步确立,以互联网、移动通信技术为基础的信息化社会蓬勃发展,我国经济发展充满活力,社会生活日益丰富,既为高校团组织提升活力提供了良好的社会环境和物质基础,也增加了较大的外部压力。从组织自身看,高校团组织体系相对健全、干部队伍相对整齐、团员聚集度相对较高、各项工作基础相对较好,除少数民办高校和独立学院外,大多数高校团组织面临的不是组织覆盖问题,而是活力问题:一方面,传统团支部的活动内容和活动方式显得陈旧落后,不被学生喜欢,有的团支部有名无实、有组织无活动;另一方面,面对班委会、学生社团与学生生活密切相关的具体有形的工作,团支部的职能显得模糊甚至被边缘化,这些都迫切要求学校团组织把提升基层团支部活力作为当务之急③。

以昆明冶专为例:2013年,学校团委经过摸索和尝试,在全校范围内开展了"团支部活力工程"系统工作,重点抓好升国旗进团支部、团支部品牌工作立项两项典型工作。

一、升国旗进团支部

使用仪式教育加角色扮演的方法,让团支部和团员青年成为这一庄严仪式的主角,每学期初,在各学院团委同意和支持下,由团支部向校学生国旗护卫队自由申报,根据实际情况和报名先后,校学生国旗护卫队安排各团支部的升旗仪式举行的先后顺序和时间,并在校团委备案。校学生国旗护卫队为开展活动的支部提供音响、国旗、服装等必要物品,并对该支部就队列、流程等方面进行具体指导和排练。各支部可根据实际情况安排学院党团组织负责老师及班主任致辞、优秀年轻教师讲话、优秀团员发言、全体同学宣誓等形式多样的活动内容,使升国旗活动的内容更加丰富、活动效果更加明显。

活动特点:一是意义重大。升国旗进团支部活动虽然是学校团学活动中的一个微型活动,但却是坚持"普遍性"工作准则,将大学生思想引领和基层组织建设紧密契合做的探索和尝试。二是形式鲜活。升国旗仪式每天都在进行,同学们都已经习以为常。学校团委对这个活动稍加调整,使用仪式教育加角色扮演的方法,当一直是路人或观众的同学成为护旗手,国旗从他们手上升起时,一种自发的爱国主义教育会浸润他们的心灵,青年就自然地得到了引领。三是覆盖面广。以往,学校的活动参与对象主要是部分综合素质强或具有某方面特长的同学,而在这样的直接面对团支部的活动里,最广大的普通同学就是活动的主角,能最大限度地影响到青年。四是推广性强。共青团的活动目的主要是吸引和凝聚青年,对比一些投入高、环节复杂、但曲高和寡、影响力有限的活动,这样的活动投入小、简单易行、操作性强,还能达到较好的效果,只要结合自己单位的实际稍加调整,就可实施。

二、团支部品牌活动立项

各团支部紧紧围绕团支部的基本职能,精心设计好团支部立项项目的活动方案,深入开展主题鲜明、形式多样的支部活动。校团委在全年立项 25 个团支部活动,并给予经费支持,年终在立项的团支部中评出 10 个团支部精品项目给予表彰奖励并进行大力宣传推广,逐步达到"一团一品"目标。

随着党在新时期任务的变化,作为执政党的青年组织,共青团面临着来自新形势、新青年、新媒体时代的挑战。共青团自身建设的需求决定了高校共青团工作将学生的成长成才服务作为其工作的重要定位,共青团自身建设的基础环节是在服务青年中增强团组织的凝聚力。只有用青年喜欢的方式,开展团的活动,努力为青年办实事,不干或少干没有实际意义的工作,不单关注和重视优秀青年,更加关注和重视全体普通青年的需求,坚持做青年友、不做青年官,才能使高校共青团的工作真正赢得青年的支持。

参考文献:

①《中国共青团工作全书》,红旗出版社 2005 年版。

②陈向贵、张丽娜、揭莹:《高校共青团工作探索与实践》,科技信息出版社 2007 年版。

③《高校基层团支部——活力宝典》,中国青年出版社 2011 年版。

第二章

共青团改革时期高职院校学生骨干业务能力培养培训探讨*

2016 年 11 月,共青团中央、教育部联合下发《共青团中央 教育部关于印发<高校共青团改革实施方案>的通知》(中青联发〔2016〕18 号)。《通知》要求在新形势下,各高校要结合工作实际完善共青团干部培养培训使用制度,以提高团的业务能力等为重点建立健全培训体系,"努力打造信念坚定、品学兼优、朝气蓬勃、心系同学的学生骨干队伍"。现如今,各高职院校已初步形成以人才培养为核心,以思想政治教育、社会实践服务、创新创业培养、文化技能提高为主要内容的工作格局①。为深入贯彻落实改革方案,高职院校团组织及学生骨干,应当解放思想,在工作理念和模式定位上达到自我教育、自我提高、自我完善②,增强学生干部培养培训的广泛性和系统性,积极拓展学生骨干培养的深度和广度,努力提高大学生骨干素质,以适应新形势的发展需要。

第一节 高职院校共青团学生骨干理应具备的素养能力和专业技能

一、素质能力配备

1. 思想政治与道德修养素养。高职院校共青团工作思想引领是首位,若无深厚的政治理论知识作为基础,若无高尚的道德情操作为前提,开展共青团思想引领工作就是无本之木、无根之源。

* 本文作者:纳佳,学校团委
基金项目:本文系昆明冶金高等专科学校青年项目"基于 ZOPP 的在校专科学生学风建设项目规划应用研究——以昆明冶金高等专科学校为例"(课题编号:2015XJQN006)的研究成果。

（1）思想政治素养。高校共青团学生骨干应承前启后、与时俱进地认真学习一系列政治理论知识,用所学政治理论知识端正自身思想态度;用实际行动践行理论,牢固树立正确的世界观、人生观、价值观;在政治、思想和行动上与党中央、团中央密切保持高度一致,坚定地走建设中国特色社会主义道路,坚决贯彻党、团路线方针政策;有敏锐的洞察力和政治见解,维护学校的团结和稳定,确保学校各项工作顺利开展③。

结合高职高专具体实际,高职院校学生团学骨干应严格按照"三严三实"要求,筑牢理论根基,提高自身自律性、自制力和思想约束力,用先进的政治理论武装头脑,不传播、不轻信、不制造任何政治谣言,旗帜鲜明地与各种违背、抨击社会主义的思想及言论做斗争。牢记宗旨,树立正确的群众观,从青年学子中来,到青年学子中去,倾听青年诉求,搭建桥梁纽带,积极引导广大团员青年主动、自觉地履行民主权利。

（2）道德修养素养。在实际工作与生活中,高职院校共青团学生骨干应该有高尚的道德情操和崇高的意识觉悟,要始终坚持解放思想,实事求是,与时俱进,勇于创新创造;要始终坚持全心全意为人民服务这一宗旨;要正确处理好自身与组织、与集体、与国家的三重关系;树立正确的政绩观和权力观,应将自身始终置于各级组织和广大群众的监督之下,言行一致;不滥用、乱用权力,行使好自身的监督权力;在大是大非面前要坚定立场、勇于质疑、敢于斗争,自觉摒弃低级趣味,带头抵制歪风邪气,为学校的改革发展献计献策;不存私心杂念,以友善的态度对待他人,以奉献精神对待工作,乐于助人,诚实守信;听取接受不同的声音,客观剖析自己,敢于承认缺点和错误,在自我反思中不断完善自我;为青年学生发言发声,办好事、办实事、解难事,谦虚谨慎、戒骄戒躁,扎实引领、服务青年学生的成长成才。

2. 科学文化素养。坚定科学观念,坚持学习科学文化知识,始终是高校共青团学生骨干一个永恒的要求,是学生干部永葆活力的根基。随着社会政治形势、经济趋势、就业模式、分配方式的变化,高校共青团工作环境和工作对象也随之改变。想要跟上时代的脚步,牢牢占领意识形态阵地,高校共青团骨干就必须勤于学习、善于学习,要向书本学习,夯实自身自然科学和人文科学知识;要向群众学习,在实践中验证和提高自身理论知识,这样才能在错综复杂的世界政治局势面前,运用自身掌握理论知识,理清政治因素,明确政治立场,做到"知行合一"。共青团学生骨干作为学生代表,知识面不仅要宽,在不断学习马克思主义理论知识之外,要涉猎历史学、心理学、管理学、经济学、法学等学科基础知识,还应学好本专业知识理论,而且要精、要深,要主动了解学科前沿学术成果;同时还要拓展与本学科相关的其他学科基础知识,在学习上发挥表率作用。学生干部只有努力提高自身科学文化素养,才能使自身工作能力得以提升。

3. 心理健康素养。有一颗强大的责任心,良好的心理素质,可以有效帮助高校学生骨干坚定理想信念和政治立场。心理素质不强,无法转换角度看待问题,面对大是大非问题就容易走偏、出错。所以高职院校学生骨干提高自身心理健康素养,可有效帮助其坚持政治立场,严守政治纪律,提高政治辨识能力。在日常工作学习生活中,学生骨干应正确认识评价自己、悦纳自我,通过实践增加社会经验,在此基础上多收集解决问题的方法,增长自身解决问题的能力,开阔眼界,锻炼心理承受能力,学会处理棘手事件,选择积极的应对方式,练就一颗能吃苦不怕困难的心。

二、专业技能构成

1. 组织、管理、协调技能。一方面,团委工作不会是单一的、孤立的,所有活动必然牵涉不同的个人、组织和团体。为了实现既定目标,怎样把所有资源有效利用起来,把各个要素有效结合到一起,激发参与者积极性,协调各方面力量,是高校共青团学生骨干在工作中必须努力提高的技能点。另一方面,高校共青团学生骨干不仅是团学干事,更是高校学生怎样处理好学业和工作之间关系的体现和示范,在不同的时间段孰轻孰重,个人的时间和精力应如何妥善分配,也是需要掌握的能力。

2. 观察、分析、判断技能。高校共青团学生骨干经常需要处理急事、难事、杂事,怎样在有限的时间内把工作按照重要性和紧急性排序,找到问题症结点、抓住关键点,制定可行方案,形成正确决策,冷静观察、沉着分析、果决判断是必须在实践中不断摸索、掌握和具备的技能素养。

3. 表达、宣传、号召技能。要提高表达、宣传、号召技能,以及培养和锻炼看、听、思、写全过程。看,一是要善于观察和发现问题,在问题事发之初就能够观于细微、察于无形,把问题解决于初始阶段,以求事半功倍之效;二是要善于抓住和树立典型,挖掘先进事迹,为正能量的传播寻找素材。听,亦即听取不同的声音,面对批评指责,既不要讳疾忌医也不要妄自菲薄;面对表扬鼓励,既不应夜郎自大也不应故步自封,要养成耐心听取各方意见,客观收集传递信息的习惯。思,就是要对前期看到的、听到的信息进行甄别、分析和判断,筛去有误的、干扰的材料,留存真实的、有用的讯息,进行由此及彼、由表及里、去粗取精、去伪存真的分类整理,为正确的决策制定打造坚固基础。写,就是要把通过看、听、思整理后的材料进行汇总,以文字的形式呈现出来,以便在保证精确性的同时使得传播更加广泛,而精炼语言、增加文字的说服力和吸引力就是这一阶段应掌握提高的技能。

4. 创新创业技能。2016年11月，共青团中央下发了《高校共青团改革实施方案》。在这一时间节点，为扎实推进高校共青团改革，对高校共青团学生骨干提出了更高的要求，团学干部不仅要继承好我团优良传统，还要结合工作实际，锐意进取、开拓创新、大胆实践，发挥基层首创精神，切实加强和改进高校共青团各项工作和建设，最大限度发掘自身潜能，结合学校办学特色、专业学科特点，发掘新思路、拓展新想法、搭建新平台，为推进高校共青团改革创新积极献计献策。此外，为更好地完成共青团"思想引领"和"成长服务"这两大战略任务，高校共青团骨干应积极响应"大众创业万众创新"的国家号召，在"挑战杯"全国大学生课外学术科技作品竞赛、"创青春""互联网＋"全国大学生创新创业大赛、创业孵化园等一系列实践活动中发挥先进模范作用，带头在学生团体中利用各类活动平台，主动锻炼创新、创效、创业、创造技能。

5. 社会交往和人际沟通技能。团学工作多且杂，但任何时候都要牢牢把握思想政治引领这一核心任务，始终站在联系服务引导青年的最前沿，问需问策问效于青年学生。要做好"凝聚青年、服务大局、当好桥梁"工作，就要求高校共青团学生骨干要适应不同工作环境，团结不同工作对象，争取不同个人、团体、组织的广泛支持和帮助；要在工作中努力提高团组织的吸引力和凝聚力，想办法让广大同学更加坚定听党话、跟党走的信念，使青年师生更多地参与到高校共青团工作的设计、决策、实施和评议中来，为共青团工作更好地开展创建良好的外部环境。

6. 调查研究技能。调查研究能力，亦即发现问题、判断问题、分析问题、解决问题、总结经验教训的综合技能。脱离了实际一切都是空谈，没有调查就没有发言权，科学严谨的调查研究，是共青团创新和组织活力提升的基础。想要更好地为大学生成长成才服务，高校共青团学生骨干必须从同学们的思想状况、学习情况、生活现状着手，充分掌握客观的、唯物的第一手资料，对所掌握的信息进行深入加工，科学研究，综合分析，掌握规律，以便能够防微杜渐，及时发现和有效解决在共青团工作中出现或即将出现的问题，做到着眼根本、立足长远、总结推广，形成具有普遍性、可借鉴性的做法和经验。

第二节 新时期高职院校共青团学生骨干培养培训模式探讨

一、以日常培养为主

1．"以老带新"的指导模式。在实际工作中我们发现，新进学生骨干对高校共青团工作缺乏系统的学习、了解和认知，对高校共青团工作的优良传统缺少切身体会，对担当新时期共青团改革的重任、促进共青团事业的繁荣发展缺乏必要的技能。"以老带新"就是要把我团的优良传统、好的经验、优秀做法、失败教训以"传、帮、带"的方式对新团干进行言传身教，加快新进学生团学骨干的培养进度。"以老带新"要"带"什么？一是"带"思想，要指导新进团干深刻领会我团精神实质，增强政治意识、大局意识和责任意识，牢牢把准政治方向，按照党的要求努力成长成才。二是"带"业务，对不同岗位的团学干部要帮助他们掌握岗位基本情况，掌握工作规律，抓好关键节点。三是"带"作风，老团干要树立模范带头作用，把实干作风、服务作风以自身吸引力、说服力和感染力，以"身教"方式，来增强新进团干的责任感。

2．"结对互学"的团队模式。要提高团组织的创造力、凝聚力和战斗力，必须提高学生骨干的综合实力。"三人行必有我师"，结对共赢、互学互帮，可起到 1 + 1 > 2 的功效。广泛进行交流与讨论，相互学习、相互促进，这种分享型的培养模式，可在更大范围内取长补短，获取智力支持，达到互学共赢、共同成长的目标。

3．"理实结合"的实践模式。高校共青团学生骨干提升自身能力，归根结底是为了更好地工作。所以，学生团干部想要具备较强的工作能力，除了从书本上学习之外，还要在工作中学习、在生活中学习，在实践锻炼中发现自身的缺陷，针对"木桶短板"不断锤炼自己，并到实践中检验技能提高技能。"理实结合"，把感性的实践感触理性化，把具体独立的案例概括化，把零散的工作细节系统化，只有这样才能有预见性地、系统性地、创造性地提高自身能力。

4．"互联网＋"的自学模式。古人云，"业精于勤荒于嬉"，高校共青团学生骨干能力提升不是一蹴而就的事情，而是一项细水长流的工作。制度的帮扶、别人的帮助只能起到阶段性的提高，真正的领悟贯通还必须要靠自身持续不断的积累。诚然，学生骨干在学好专业学科知识的基础上还要处理大量工作，常会感觉时间紧张，高校共青团学生骨干要充分利用好线上线下资源，运用好碎片化时间，挤出时间自学，树立终生学习理念，把自我修养、自身能力的提高作为一种需求，以需求增强学习的积极性和主动性。"互联网＋"的自学模式不仅指终生的持续性的学习,也包含全方位的全手段的学习。高校共青团学生骨干不仅要学好自身专业学科,为了更好地开展工作,还应涉猎政治学、哲学、管理学、法学、经济学、文学、心理学等相关学科,把所有学科有机结合起来,科学指导工作开展。

二、兼职挂职锻炼为辅

按照《高校共青团改革实施方案》要求,为增强团组织活力,要不拘一格从学生中选拔优秀人才,建设挂职、兼职学生骨干相结合的队伍。但反过来,我团也要持续打造"三下乡"、社会实践、大学生骨干机关挂职锻炼等品牌亮点活动,利用节假日时间,把我团优秀的学生团干推荐到更广阔的平台上,让他们离开象牙塔、离开原有的工作环境,变换平台提高其工作业务能力,以挂职、兼职锻炼的方式提高学生团干的全局意识和大局意识,帮助他们更好地了解我国基层的社情民意,从而摆脱纸上谈兵、坐而论道的工作束缚,这才有助于学生更好地培养自身艰苦奋斗、求真务实、驾驭复杂社会环境与局面的能力,提升其作为学生排头兵应该具有的能力和水平。

【结语】新时期高校共青团面临一系列的改革,需要我们去学习、去探索、去实践。新形势下的许多问题是亟待我们去调查、去研究、去解决的。高职院校共青团学生骨干全方位提高自身素养能力和专业技能,对党的事业发展,对团的全面建设,对青年学生的成长成才,具有十分重要的现实意义和长远意义。

参考文献:

①中青联发〔2016〕18 号,共青团中央　教育部关于印发《高校共青团改革实施方案》的通知。

②中共中央国务院中发〔2010〕6 号文,《国家中长期人才发展规划纲要》(2010－2020)。

③蔡晓颖、蓝天:《浅谈高校学生干部政治素养的培养》,载《佳木斯职业学校学报》,2016 年第 1 期。

第三章

弘扬雷锋精神　构建志愿服务校园文化探析*

——以昆明冶金高等专科学校为例

雷锋精神是中华民族传统道德的升华,是我国民族精神的重要组成部分。党的十八大提出要推动学雷锋活动常态化。以"奉献、友爱、互助、进步"为主旨的志愿服务是新时代弘扬雷锋精神的重要载体,是新形势下推进社会主义核心价值体系、引导广大青少年建设和谐校园文化的重要途径。学习和实践雷锋精神,开展志愿服务不是一时之举、短期之策,而是需要建立固化的长效机制。

志愿者热心助人、不图回报的精神与雷锋全心全意为人民服务、无私奉献的利他精神是一脉相承的。所以广泛开展志愿服务活动是引导广大学生积极传承雷锋精神、发挥先锋模范作用的一个重要载体,是培养广大学生道德人格的一个重要抓手。高职院校应开展有特色的志愿服务活动,通过志愿服务平台来广泛传承与践行雷锋精神[①]。

校园文化是以学生为主体,以课外文化活动为主要内容,以校园为主要空间,以校园精神为主要特征的一种群体文化。校园文化由物质文化、制度文化和精神文化三个层次组成,其核心和最高层次是精神文化[②]。校园文化肩负着实现高职学生雷锋精神、志愿服务得以实现的重任;同时校园文化重在建设,而建设校园文化就需要以雷锋精神这样具有广泛榜样效应的正能量作为支撑和指引。志愿者服务是将雷锋精神转变为实际行动,是加强校园文化建设最直接也是最主要的形式和有力保障。

针对如何将雷锋精神通过志愿者服务体现在校园文化中,本文将结合昆明冶金高等专科学校志愿者服务工作进行阐述。

---

*　本文作者:黄薇锦,离退休工作处

第一节　立足校园　浓厚志愿服务氛围　做雷锋精神的倡导者

雷锋精神讲求从身边的小事做起,踏实做事,不求回报。而志愿者工作首先要做到立足校园,服务校园。通过在学校完成各项服务工作,将雷锋精神具化为具体的志愿服务行动,让身边的老师、同学有最直观的感受和切身的体验,用春雨润物的方式弘扬雷锋精神,营造良好的校园文化氛围。志愿者为校园里的其他师生用实际行动树立了不可撼动的榜样,志愿者也成为校园的一道亮丽风景线,这为建设正能量的校园文化提供最坚实的保障。

以昆明冶金高等专科学校为例:近年来,学校志愿者努力服务学校党政中心工作。"弘扬雷锋精神,全心为学校师生服务"志愿服务文化的弘扬,已经受到了校内师生的欢迎,浓厚的志愿服务氛围充满整个校园。学校坚持按照"基地化建设、品牌化发展、项目化运作、常态化服务"的思路,建立起以社会动员为渠道的招募注册、教育培训、考核评价、激励表彰的学雷锋志愿服务工作体系和长效机制。多年来,昆明冶专建立健全了校院两级青年志愿者组织体系,目前全校青年志愿者协会和15个学院分会注册志愿者已达1.2万余人,参与志愿服务活动的学生占到了全校总人数的90%以上。在学校60周年校庆、大学生艺术节等校园重大活动中,上千名志愿者发挥了重要作用,为活动提供了场地布置、宾客接待、物资发放等志愿服务活动,保证了活动成功举办。同时在每年的新生接待工作中,志愿者均会主动发起如"新生引导""行李寄存""失物招领"等志愿服务活动,用最真诚的笑容迎接新同学的到来,让他们感受昆明冶专的温暖。2011年安宁新校区落成,校区绿化迫在眉睫,是志愿者组织开展了"践行雷锋精神、义务植树、绿化校园"活动,800多名志愿者为新校区种下了棵棵绿树,引导广大青年学生热爱母校,宣传雷锋精神。同时,他们还以环保纪念日为契机,在全校青年学生中开展"绿色环保废品展""废物大回收"等环保公益活动,在校园内倡导勤俭节约,低碳生活新理念。目前学雷锋活动已对昆明冶金高等专科学校校园道德思想教育的提高起到了深化作用,进一步从侧面完善了校园文化建设,促进校园形成人际和睦、充满关爱的氛围。主题学雷锋活动和日常志愿者活动对于建设丰富多彩、充满正能量的校园文化提供了最有效、最直接的支持。

第二节　服务社会　深化志愿服务内涵　做雷锋精神的实践者

　　服务社会,推动和谐社会建设是学雷锋活动的重要载体。在服务过程中,一方面了解了民情、增长了才干,另一方面推进了社区文化建设,为和谐社会的构建贡献了自己的力量。走出校园走向社会,是每一名大学生的必经之路,而服务社会是自我价值实现、教育价值实现的终极目标。服务社会,对于让更多的人关注大学生志愿者,关注志愿服务、关注弘扬雷锋精神有着重要意义。服务社会,得到社会的广泛认可,对于建设良好的校园文化有极大的促进作用,也让志愿者的价值得到更大的发挥。同时,通过社会的认可与宣传,有利于提高志愿者对学校志愿者组织的荣誉感与认同感,让更多同学参与到志愿服务中来,让奉献、和谐、诚信的校园文化环境能够欣欣向荣地发展,让志愿者组织形成良好的代际传递效应。

　　在对昆明冶金高等专科学校的调查中得到数据,全校各级志愿者协会共组建志愿为民服务先锋队 30 余支,开辟了 20 多个对口的长期服务基地,在昆明的希望小学、敬老院、社区、公共区域开展了志愿服务活动,整体志愿服务活动覆盖 40 余个社区、4 所希望小学、4 家敬老院,学校周边的公园广场充满昆明冶专志愿者身影。"云化社区课外辅导员"志愿服务队,每周为社区小学的 100 余名农民工子女开展义务课外辅导、禁毒防艾宣传;"快乐阅读"志愿服务队坚持利用寒暑假为安宁洛阳池社区、柳树花园社区 30 余名留守儿童开展假期阅读活动;"七彩小屋"志愿服务队每周为安宁的两所希望小学进行义务支教;"萌青社"志愿服务队为安宁东湖、宁湖做了环保测评,定期进行垃圾清理;"家电维修"志愿服务队定期为同学、周边社区义务维修家电。2015 年,云南省连续干旱,志愿者们又走上街头,为干旱严重地区筹建水窖募集资金。

　　组织大学生志愿者参与重大社会活动的服务,使他们在服务过程中感受和理解雷锋精神的实质;让志愿者参加大型赛事和活动,是对志愿者最大的激励和鼓励,是一次测试学校志愿者组织能力的良好机会。也是让志愿者得到社会更广泛认可、为大学生志愿者宣传的最佳选择。

　　以昆明冶金高等专科学校为例:学校积极组织青年志愿者参与了全国第七届残运会、上海世博会、云南省第七届城市运动会、昆明市第四届城市运动会、首届中国—南亚博览会等社会活动,为学校赢得良好的声誉。同时承办全国第七届残运会志愿者培训暨现场演练动员大会,重点组织了一支 160 人的志愿者队伍参与残运会志愿服务工作,荣获省委省政府颁发的"贡献奖"和团省委颁发的"优秀组织奖"。2012—2016年连续参加了昆明市第四届城市运动会、云南省第七届城市运动会的志愿服务工作,400余名志愿者平均每人累计服务时间达60天,用专业的服务为运动员和观众服务,广受好评。志愿服务结束后均被云南省青年志愿者协会、团省委授予"志愿者工作先进集体"荣誉称号,受省、市表彰的志愿者达150余名。2013年首届中国—南亚博览会期间,96名志愿者以热情和智慧服务南博会,以美丽和笑容扮靓展区,以扎实的外语提供服务,圆满完成了十余万人次国内外贵宾的接待任务,实现了"零事故、零投诉、零退出",为举办高水平、有特色的南博会贡献了力量。

通过走向社会,服务社会的方式,昆明冶金高等专科学校的志愿者们不仅把优质的服务带给了全市、全省乃至于全国,同时也让社会各界对于学校志愿者留下了深刻印象,成为学校的一张精美名片。同时由于良好的社会口碑,在一定程度上还能解决高职教育最关心的就业问题。例如:2010年,选派了28名志愿者到上海世博会担任青年志愿者,志愿工作得到一致好评,世博会结束后,大部分志愿者留在上海知名企业工作。

而志愿者在各项社会服务中取得的良好成绩和集体荣誉,以及志愿者通过努力赢得的社会认同和赞誉,也让更多的同学满怀期待和热情走向志愿者岗位,不断精进自己的服务水平和服务理念。上海世博会志愿者招募时,只有27个名额,全校500余人报名;云南省第七届城市运动会的250个志愿者是从1 000多人的激烈竞争中选拔的,首届中国—南亚博览会志愿者报名与录取比例更是达到6∶1。

第三节　打造品牌　在志愿服务中成长成才 做雷锋精神的接班人

弘扬雷锋精神,培养优秀志愿者团队,建设校园文化还需要精益求精——塑造校园文化品牌。

一、志愿者专业化

只有志愿服务的不断专业化才能让志愿者活动达到事半功倍,才能更有针对性地解决问题、发挥志愿者的能力。发达国家志愿者培训已经由最初的基础服务知识讲解延伸到专业技能层面,同时良好的培训效果使得志愿者的服务范围拓展到对专业要求较高的领域,因而获得了普遍的社会赞誉。这是我国高职院校志愿者较为缺乏的,特别是对于昆明冶金高等专科学校这样以工科为主的高职院校。志愿者主要是通过学校青年志愿者协会和学院青年志愿者协会组织,除大型活动外,日常服务方式即凡是有活动就动员同学自愿参加。日常缺乏相对专业的团队学习和长期的专业指导。这样的方式存在服务连续性较差、服务缺乏目标,不能有效了解被服务人群需求,服务效果欠佳等等。针对这一情况,可以通过与云南大学、云南民族大学、云南师范大学等综合性大学的社会工作或社会学专业同学结对子,通过志愿者学分课堂,例如专家讲座、名师入驻、经验分享等方式让学校志愿者同学得到更加专业的指导,用更加专业、科学、有效的方式更好地发扬雷锋精神。同时可以细分志愿者联合会的下属部门,例如:课外辅导员团队、关爱孤寡老人团队、社区服务团队、外事翻译团队、学校赛事志愿者团队等等。招募学校马克思主义学院或相关专业教师指导细分后的社团,每周展开特定志愿者服务团队的总结分享会,对这些特定的社团进行更有针对性的培训,开设针对青少年服务的老年社会工作方法、青少年心理学、初中英语、初中数学等课程;针对老年服务的社会工作、临终关怀课程;针对赛事的礼仪培训、社会心理学课程,以及基础的个案、小组和社区方法。让志愿者们能够实现术业有专攻,深入学习如何更好地服务自己的领域,而不是将志愿活动流于形式。导致志愿者因为缺乏专业性而对大量的日常服务工作产生误解,以为只能捡垃圾、打扫卫生、表演节目等。定期进行小组分享及志愿活动分享,总结一段时间志愿工作的成效和存在的问题。培养志愿服务督导,组建督导团队,解决新参加志愿服务同学的困惑和问题。

二、志愿者管理机制完善

1995 年美国学者 Allen Omoto 对 AIDS 志愿者模型的研究表明,延续志愿者行为最重要因素是志愿组织,志愿者的热情和志愿者组织的力度呈正相关性:有力的、高效的组织可以放大志愿者的个人意志并引发志愿者的正面积极性,表现为志愿过程中的高效和志愿时长的增加;而杂乱无序的志愿者组织,将会使志愿者热情大幅度下降[3]。完善志愿者的管理机制对于激励志愿者,营造良好志愿服务的校园环境至关重要。首先加大对大学生志愿团体机构的组织运作,大学生参与志愿者组织的招募和管理的支持力度,用大学生志愿者的点滴行动,播撒雷锋精神,凝聚着向善的道德力量。在保证监管的情况下,让同学参与到志愿者协会的管理中来,建立志愿者激励机制。在团队激励上,可以充分吸取上海世博会的成功经验,给校园优秀志愿者队伍配发勋章,设计志愿者组织标识,凝练组织文化,以增强团队成员的认同感和自豪感,形成与志愿服务相符的价值观念和行为准则;同时加大对于优秀志愿者队伍的宣传推广力度,打造明星志愿者队伍,让其成为优秀志愿者文化的代表。个体激励方面,根据对国内第一个义工团体——深圳市义工联成功经验的研究发现,应该以培养志愿者的自我认同为立足点,以避免激励不足和激励过度带来的"变质"问题③,加大对优秀志愿者的表彰力度,增加参与同学的荣誉感和积极性。其次建立统一的志愿者信息数据库,管理志愿服务信息,使志愿者服务等级、次数、时长、星级评定等信息得以保留;建立学分课堂,志愿者通过专业学习和交流,提升服务技能,形成相对稳定的志愿者后备梯队,以便于优先挑选具备相关志愿服务经历和通过相关专业学习的优质志愿者。最后,鼓励同学研发对于志愿服务更加实际有效的管理模式,达到数量和质量上的供需平衡。例如建立信息发布平台,提前收集社区或需要服务单位的需求,再将这些需求通过整理发布到平台上,志愿者在平台上报名,如若报名人数大于实际需求,则可按照信息库数据进行筛选,增加选拔公平性。

三、志愿活动项目品牌化

打造志愿服务品牌,争当雷锋精神的接班人。根据学校特色和志愿者组织发展情况,抓好重点项目,形成高质量、高效益、高标准、高信誉的志愿者品牌,将志愿者品牌做到精益求精。将品牌项目作为高校志愿者的亮点和名片,这对产生更大社会影响力、形成良好校园风气和文化有十分重要的意义。

目前昆明冶专暑期"三下乡"志愿服务以鲜明的特点形成了独具特色的志愿服务品牌。"我们是在志愿服务中成长起来的,是在社会实践中了解世界的"这句话已成为冶专学子的共识。每到寒暑假,学校的暑期"三下乡"志愿服务队都将出发到基层去、到农村去,到人民群众最需要的地方去,为人民群众服务。9年来学校每年都以统一组队和分散参与的方式组织开展思想调研、科技支农、科普宣传、便民服务等各类社会实践活动,参与人数超过学生总数的50%。暑期实践重点团队在云南省陆良县、罗平县、河口县、建水县等县市区走访当地千余农户,对他们进行科技知识普及宣讲,分发宣传资料、宣传图片、小册子4万多份;义务为当地居民修理电视机、洗衣机、VCD机、电风扇、电磁炉等电器5000余件;开展文艺演出20余场,与10余所希望小学的留守儿童开展"大手拉小手"活动。

2007年,昆明冶专赴曲靖罗平县"四深入"禁毒防艾宣讲服务团被团中央评为全国大中专学生志愿者"三下乡"社会实践活动优秀服务队,连续多年荣获团省委暑假三下乡优秀组织奖,2013年被云南省推选为全国的"我的中国梦基层宣讲团队"。"三下乡"这样的优质志愿服务品牌对于志愿服务是有极大促进作用的。例如学校2016年"三下乡"关注留守儿童活动在校内得到广泛关注和宣传。"三下乡"活动结束后,学校同学们的爱心却没有结束,志愿者将留守儿童的小梦想带回校园,全校师生主动认领留守儿童的小梦想,用大爱心帮助留守儿童完成小梦想 100 件,形成了关爱、奉献社会责任的良好校园文化环境。

弘扬雷锋精神,构建"奉献、友爱、互助、进步"的校园文化。通过常态化、机制化推动校园学雷锋活动、学校志愿者活动,努力发挥雷锋精神在校园文化建设中的重要作用,志愿活动凸显了校园文化建设的主题和内涵,为大学生提供了锻炼自我、施展才华的广阔舞台,更赋予了校园文化更多的内容与形式。用雷锋精神营造了人际和睦、充满关爱的校园氛围,加强了人与人之间的沟通和理解,减轻了距离感和隔阂,以凝聚人心、团结力量,让学生在"青春与奉献同在、志愿为幸福添彩"的校园文化中成长,使校园文化、和谐氛围和环境的创建更加完善。以雷锋精神为指引、志愿服务为基石,努力建造更加和谐友爱的校园文化和社会风气。

参考文献:

①肖望兵、刘怡:《论高职学生志愿精神与校园文化建设的关联性》,载《才智》,2013 年第 32 期。

②石丽敏:《多元文化背景下高校校园文化建设探析》,载《教育探索》,2010 年第 8 期。

③陈雷、欧阳丹丹:《论志愿者工作对校园文化建设的推动作用》,载《江淮论坛》,2011 年第 4 期。

第四章

高职高专院校社团管理研究*

——以昆明冶金高等专科学校为例

　　昆明冶金高等专科学校学生社团是指由学生依据兴趣爱好自愿组成,为实现成员共同意愿,按照其章程自主开展活动的群众性学生组织。学生社团的基本任务是:遵循和贯彻党的教育方针,坚持立德树人的基本导向,团结和凝聚广大同学,按照自愿、自主、自发的原则,善用网络技术和新媒体,开展主题鲜明、健康有益、丰富多彩的线上和线下课外活动,繁荣校园文化,培养同学的社会责任感、创新精神和实践能力,提升同学综合素质,促进同学成长成才。昆明冶金高等专科学校于2007年11月成立社团联合会,至今共有社团53个,其中专业类社团8个,学术类社团13个,文体类社团22个,公益类社团3个,社会实践类社团7个。

第一节　昆明冶金高等专科学校学生社团的
机构设置及成立、年审和注销

一、机构设置

　　学校党委统一领导学校学生社团工作,把加强和改进学生社团工作,作为高校贯彻党的教育方针、推进素质教育的重要组成部分。学校团委在学校党委的领导下,履行学校学生社团工作的主要管理职能,把握学生社团的建设和发展方向,专门配备一名团委副书记具体指导学生社团开展工作,主要承担学生社团的成立、年审、注销、组织建设、活动管理、经费管理和工作保障等工作。2015年,根据共青团中央、教育部《关于加强和改进大学生社团工作的意见》的要求,学校社团联合会与学生会合并,改变过去"一体两翼"的工作格局,向团委—学生会、社联的"一星双环"模式调整,社团联合会主席由专门负责社团工作的学生会副主席兼

　　*　本文作者:张丽娜,学生处

任,学生会在校内学生组织中发挥枢纽作用,积极配合团组织加强对学生社团的引导、服务和联系。

二、成立、年审和注销

1. 学校成立学生社团必须严格履行申请手续,经批准后方可成立并开展工作。

（1）申请:应向校团委社团联合会提出书面申请,并提供:符合规定的章程(需包括名称、宗旨、性质、任务、组织原则、组织机构、成员的权利和义务、活动规范等);组织申请成员为 10 人以上;指导教师或顾问的情况介绍;社团筹备负责人的情况介绍及所在学院团委的意见。

（2）登记:填写《昆明冶金高等专科学校学生社团成立申请表》。

（3）审核批准:经社团联合会考察讨论后,报校学生会审核通过,并报校保卫处备案。

（4）批准成立后,该社团填写《昆明冶金高等专科学校学生社团登记注册表》登记注册后,社团方可开展活动。

2. 实行年审制度,及时做好学生社团事项变更的登记、章程的修改和注销等工作。

（1）所有学生社团履行学年注册手续,每学年上学期的第一个月内由社团负责人到社团联合会进行注册,逾期不登记的社团视为自动解散;

（2）学生社团更改名称必须重新登记,如既更名又更改活动范围的则视为该社团注销;

（3）社团联合会每年对各社团进行综合评估,学生社团因难以维持或其他原因,在征得大多数社团成员同意后,可向社团联合会申请解散,由社团联合会讨论后,报学生会注销并公告;对违反国家法令、学校规章制度和其他有关规定的学生社团,社团联合会有权视情况作相应整顿和处理,直至勒令解散,造成严重后果的,还将追究社团负责人的责任。

然而,社团工作在实践中也存在许多问题。社团灵活性较大,人员流失也较快,有个别社团最短维持时间在 3 个月左右,名存实亡,但并不及时注销,年度注册制度有时便会成为虚像,因此,对于社团工作进行不定期抽查是很有必要的。

第二节 昆明冶金高等专科学校学生社团组织建设及管理

一、学校学生社团成员

学校学生社团的成员均是学校具有正式学籍的全日制在校学生,所有社团成员加入社团后都需要首先了解所在社团的章程、组织机构和财务制度,在享有基本权利的同时,也要履行义务。就权利而言:有权通过符合社团章程的民主程序,参与审议本会的重大事务;有权监督和质询社团的工作,对社团工作提出宝贵的意见和建议;有权要求社团维护自身合法权益,享受本会提供的各项便利条件;有权参加本会组织的各项活动,对开展各项活动有知情和反映的权利,有权按照章程自由加入或退出该社团。就义务而言:社团成员由所在社团每学期注册一次,按章程缴纳会费,严格遵守国家的各项法律及学校的各项规章制度,认真执行社团的各项决议,服从社团的指导和监督,积极参加社团的各项活动;对于违反章程和《昆明冶金高等专科学校学生社团管理条例》行为的会员,视其情节轻重分别给予通报批评、警告、暂停活动,直至撤销其会员资格。

二、学校学生社团权力机构

学生社团会员大会是学生社团的最高权力机构,每学年召开一次,依照社团的章程行使职权,主要负责制定、修改、解释并监督实施章程以及社团其他各项规章制度;讨论通过社团重大方针及工作事项,整体规划社团一年的发展;选举产生社团负责人。

三、学校学生社团指导教师

学校目前50%的学生社团聘请了至少一名学校正式注册的、热心社团工作的、具有一定政治素养和业务专长的教师或专家担任指导教师或顾问,对社团主要活动进行可行性、安全性论证,对社团会员进行日常业务培训,指导教师主要对社团活动开展进行指导而非领导;指导教师一经确认后,不得随意更改,如有特殊情况,须向社团联合会提交书面解释,经批准后方可变动。社团指导教师也是制约学生社团向高质量发展的因素之一,因教师绝大多数为学生社团自行聘请,工作时间多为业余时间,且学校对于指导教师未给予相应的指导费用,导致部分教师的积极性不高,甚至不愿担任。

四、昆明冶金高等专科学校学生社团活动管理

学校学生社团举办活动须遵守学校相关规章制度,并按照相应的审批程序进行,不得在学生中散布违背宪法、法律法规和党的路线方针政策的错误观点和言论,不得开展与其宗旨相违背的活动,不得开展纯商业性活动;要有利于学生综合素质的提高,有利于学校精神文明建设,有利于服务青年、服务社会的要求。企业、社会机构不得在学校建立特定冠名的学生俱乐部、协会等社团,对于与企业、社会机构联系紧密的创新创业类社团,如确需冠名的,须经学校批准,如学校的大学生 KAB 创业俱乐部。

1. 校级重大活动。社团联合会开展校级重大活动,需至少提前 1 个月向校学生会提出申请(包括活动策划、经费预算、应急预案等),经校学生会讨论报校团委审核后方可开展,参与人数超过 200 人的,需向学校保卫处备案,确保活动安全、有序地进行。

2. 学生社团活动。各学生社团在每学期开学后两周内和期末放假前两周内分别向社团联合会提交学期工作计划和工作总结,加强对各社团的统筹管理。各社团举办活动前社团联合会需提前至少一周向学生会报告详细活动方案,在活动时接受社团联合会的指导和监督。跨校际的活动必须报经校团委同意方可开展。因学生社团活动规模一般较小,经费投入、指导教师投入也较少,活动质量很难得到保证,甚至出现活动内容与该社团性质不符的情况。

3. 学生社团网络活动。学校团委高度重视学生社团网络化建设管理工作。由校团委宣传部和校学生会宣传部负责监督社团联合会微信公众平台的运营,注重培养社团成员的网络文明意识,践行社会主义核心价值观,传播向上向善的正能量。

4. 昆明冶金高等专科学校学生社团经费管理。学校学生社团活动经费主要来自于学校拨款、社会赞助和会员会费三个渠道。其中,学校拨款主要用于如社团文化节(月)、校内外交流培训等校级大型活动的开展;社会赞助和会员会费主要用于各社团日常活动的开展。各社团如何收取会费,都是根据实际情况明确收费标准(一般为每学期每人 5 元 ~ 10 元不等),经社团内部民主决策,制定严格的经费管理制度,写入社团章程,由专人负责财务管理,每学期向全体成员公布经费使用情况;社团联合会定期或不定期地对各社团财务情况进行检查,对财务情况混乱的社团,社团联合会有权做出相应处理。然而根据目前学生社团发展速度和质量的不断提高,绝大部分社团,如学术类、专业类、文体类社团已逐渐发展成为学生第二课堂的重要阵地,且需要指导老师进行系统培训,因此部分需要教师授

课的社团则需按课时费收取费用,其中就会产生收费标准不统一、监管不到位的问题,缺乏统筹规划。

5. 昆明冶金高等专科学校学生社团工作保障。学校团委每年划拨约 7 万元作为社团工作专项经费,支持学生社团开展各类活动以及信息化平台建设;同时,积极为学生社团提供师资、活动场地等方面的支持,现已提供一间办公室、一间宣传室、两间固定活动室、两间流动活动室、一个室内艺术中心、一个室外艺术中心作为学生社团工作和活动的场所;努力搭建学生社团对外交流平台,近 5 年来共有 5 名社团联合会主席参加省级培训交流活动,2 名社团负责人参加全国培训交流;学生参与社团活动,或担任社团负责人情况,均纳入了《昆明冶金高等专科学校学生综合素质测评管理办法》,使学生社团成为学生成长成才的重要平台。但由于近几年学生人数不断增加,学生社团已由成立初期的 11 个发展到现在的 53个,学生活动经费及场地仍是制约学生社团发展的一个重要因素。

第三节　专业类社团在高职高专院校中的作用

学校专业类学生社团共有 8 个,占比 15% ,分别为数学建模协会、家电维修部、萌青社、爱设计协会、摄影协会、纸艺协会、英语协会、NPC 电竞社。分别挂靠于学校下属的 5 个二级学院暨电气学院、环境工程学院、艺术设计学院、外语学院和计算机信息学院;家电维修部、萌青社、爱设计协会、英语协会四个社团由各学院专业老师作指导;家电维修部、萌青社、英语协会有固定场地作为学习活动场所。总体看来,不论是专业社团数量、指导教师配备情况、场地提供情况都有待改善。

多年来,学校家电维修部、萌青社已成为学校、学院暑期"三下乡"的主力队伍,家电维修部已连续进行了 10 余年的校内外免费家电维修服务;萌青社主要对城乡生活环境进行调研分析,对环保知识进行宣讲,得到了校内师生、校外群众的广泛好评。英语协会旨在提高学生的英语学习兴趣、培养良好的学习习惯、提高学习成绩,从晨读到英语角,从口语比赛到英语舞台剧,从本校老师到外教,从学习到生活,脱离了单一的课堂教学,为学生提供了更为多样化的学习平台,营造了浓郁的学习氛围,寓教于乐。

高职教育是我国教育整体规划中的重要组成部分,近年来发展速度较快,年招生人数、在校生规模稳中有升,已成为高等教育的半壁江山,为适龄青年提供了进入高校学习并掌握就业技能的机会,对高等教育从精英阶段进入大众化阶段发挥着重要作用。由此可见,高职院校学生在学习基础、心理特点、人际关系、课堂反映等方面与普通高校学生是有不同之处的,更应当分类引导,学校要以适应社会需要为目标、以培养技术应用能力为主线设计学生的知识、能力、素质结构和培养方案;要深化"文化素质＋职业技能"的"现代学徒制"人才培养模式,系统培养技术人才。因此,高职高专院校更应当以教育部开展的课外学分和团中央开展"第二课堂成绩单"制度为契机,营造良好的专业社团氛围,鼓励学生成立、参加专业性社团,与专业紧密结合,挂靠学院,配备专业教师指导,提供学习活动所需场地和设备,逐步提高思想性、专业技术性、创新性等高层次的社团文化活动形态在整体社团活动中的比重,更好地促进高职院校学生职业技能培养与职业精神养成相融合。

第五章

基于创业社团建设的高职学生创新创业能力培养[*]

第一节　创新创业概述

一、创新创业的直接背景

在 2014 年夏季达沃斯论坛上,李克强总理首次提出"大众创业、万众创新"的概念,此后,他在首届世界互联网大会、国务院常务会议和各种场合中频频阐释"双创"关键词,更在 2015 年政府工作报告提出"推动大众创业、万众创新",强调"让人们在创造财富的过程中,更好地实现精神追求和自身价值"。当前,在高等学校开展创新创业教育,积极鼓励高校学生自主创业,已然成为国家加快实施创新驱动发展战略、加快高等教育改革发展和推动高校毕业生更高质量创业就业的迫切需要。

2015 年 5 月,国办印发《关于深化高等学校创新创业教育改革的实施意见》,要求全国高校深化推进大学生创新创业教育,把大学生创新创业能力的培养作为实施素质教育的重要内容。至此,培养大学生创新创业能力已成为全国高职高专院校在当前时代背景下的重要任务。在进一步推进创新创业教育改革的过程中,各高校除了开设创新创业课程,在学校"第一课堂"将创新创业理论知识教授给学生外,还应重视"第二课堂"对大学生创新创业能力的培养,只有充分调动起学生自身积极性,主动投身创新创业理论学习与实践锻炼,创新创业教育才能取得更好的效果,学生的创新创业能力才能得到真正提高。大学生社团是大学生以共同的兴趣爱好以及共同目标,为吸引和凝聚大学生社团成员为主要动力,旨在满足学生需要和促进学生全面发展的自发性群体组织,是校园文化的重要组成部分。

---

* 本文作者:陈勉,学校团委

创业社团作为学生社团的组织类型之一,在培养学生创业精神与创业能力、提高学生创业素质和就业竞争能力、提高敬业精神与团队协作能力方面具有十分积极的作用。利用创业社团的特点,高职院校在培养学生创新创业能力的过程中,高职院校"第二课堂"能够发挥积极的作用。

二、学校创新创业概述

我校在系统化、体系化培养学生创新创业能力方面做过大量尝试,学校专门设置的"创新创业中心"统筹组织学生创新创业教育工作。2005 年,学校以培养学生创新精神和能力为目标,在全国高职高专中最早开设创造力开发必修和选修课程;2009 年,又以培养学生创业意识和创业技能为目标,开设大学生 KAB 创业基础选修课程,并创新性地开设"普及班"和"提高班"两个阶段,满足不同创业需求层次的学生要求。2013 年,作为学生自发成立的创新创业社团,"昆明冶金高等专科学校大学生 KAB 创业俱乐部"挂牌成立,目前该社团已成为校内知名度较高、影响力较大、学生参与热情度较高的大型学生社团组织,并于 2015 年被 KAB全国推广办公室评选为"2014 年度全国 20 佳 KAB 创业俱乐部",俱乐部成员也多次在如"挑战杯"等各级创新创业大赛中获得国家级和省级优异成绩,名列云南省高职高专前茅。实践证明,通过学校"第一课堂"的创新创业教育和"第二课堂"的学生社团活动创新创业实践,我校学生在创新创业理论学习中获得知识并投身创新创业实践锻炼,有效提升了自身的创新创业能力。

第二节　创业社团在高职学生创新创业能力培养中的必要性与积极意义

2015 年 10 月,刘延东同志在"深入推进高校创新创业改革座谈会"上指出:"创新创业,是国家发展之根,是民族振兴之魂。今天的中国,大众创业万众创新的时代潮流正在蓬勃涌动。我们要找准高等教育改革发展定位,切实增强深入推进高校创新创业教育改革的责任感紧迫感,全面提高人才培养质量,努力造就大众创业万众创新的生力军。"创新创业教育是注重培养学生适应社会、提高能力、传递方法知识和技能的一种教育活动,培养学生的创新创业能力是与具体的实践密不可分的,创新创业教育的基本内涵是提高创造性和创新性,培养学生预测变化与应对变化,并让学生产生并发挥主动性和创造性,从本质上讲,它是一种以学生为本的育人理念。创新创业教育作为素质教育的一个有效载体,是全面提高高等教育质量的应有之义。

要提高学生的创新创业能力,就要以促进学生全面发展为理念,注重激发学生强烈的社会责任感,着力增强学生敢于梦想、勇于突破、脚踏实地、勤勉践行的创新精神、创业意识和创新创业能力。理论来源于实践又服务于实践,要让学生真正把课堂上学习到的创新创业知识内化于心,就更要引导其树立自主学习、自我服务的意识。因此,高职院校除了要健全创新创业教育课程体系,促进各类课程与创新创业教育有机融合,改革教学内容和方式方法,更要根据大学生的身心特点,广泛开展启发式、讨论式、参与式教学,利用校园文化的高校创业社团建设等"第二课堂"阵地,强化创新创业实践,激发学生自主学习的动力,培养学生主动参与的热情,提高学生将理论应用于实践的能力,从根本上提高学生的创新创业水平与实际就业能力。从这个角度说,创业社团建设在高职院校培养学生创新创业能力方面必不可少,并且发挥了重要的积极作用。

一、创业社团在高职学生创新创业教育中的必要性

大学生创业社团作为活跃在校园学生社团活动中的一个重要的群体,拥有庞大的学生基础,在高职院校创新创业教育体系中必不可少。

首先,创业社团是提高创新创业教育实效性的重要平台。在高职院校创新创业教育实施的具体实践中,除了课堂上老师教授的理论知识,"第二课堂"的学生社团活动让知识的普及与掌握形式更加丰富多彩。我校大学生 KAB 创业俱乐部的学生除了接受课堂创新创业知识的学习之外,通过举办创业沙龙、创业讲座、创业竞赛、模拟商业实践等社团活动,丰富学生业余生活,培养就业能力与创业精神。其次,创业社团为创新创业实践环节开展提供了重要保障。创新和创业不是老师教出来的,本质上,创新创业教育其实是实践教育,只有拓展学生的实践锻炼渠道,实现第一课堂与第二课堂有效对接,才能全面提高学生的创新创业素质。我校 KAB 创业俱乐部开展多样化的短期商业实践与长期商业实践项目,让学生在学完后真正动起来,掌握商业运营的基本环节,通过团队创业实践项目培养创业能力。最后,创业社团是连结学校与学生创新创业活动的重要桥梁。大学生社团隶属于学校团委领导和管理,在学校举行各类型的创新创业活动时,作为校团委重要学生组织的学生社团就会起到十分重要的作用。事实证明,在我校举办诸如"挑战杯"等大型学生创新创业活动的时候,创业社团在整个赛事过程中,从宣传、组织到参赛方面,参与度都非常高,社团成员也在大赛中取得了优异的成绩。

二、创业社团活动在培养高职学生创新创业能力中的积极意义

大学生处于能力素质培养和可塑性最强的一个时期,创新创业能力的培养可以调动人的智力因素和非智力因素,发挥人最深层次的潜力,创业社团活动的整个过程无不透露着对大学生创新创业能力塑造的推动。首先,创业社团活动为学生创新创业活动提供了重要载体。创新意识不是与生俱来的,相反,越是恶劣的环境,越能激发人最大的潜力,并将之转变为巨大的创造精神。与实践相结合的社团活动,在最大程度上让学生体会创新创业实践机会,激发其更强的求知欲、探索欲和创造力,通过各种形式充分发挥和展示学生强大的创新能力。其次,社团活动有利于营造学校浓厚的创新创业实践氛围。社团活动让高职高专学生从教室、宿舍两点一线的生活中解放出来,在实践中培养兴趣爱好,提高综合能力与素质,让创新创业文化深刻植根于校园文化当中,为学校营造浓厚的创新创业教育氛围。最后,创业社团活动有助于提高高职学生创新创业能力和就业综合素质。在创业社团当中,基于对创新创业的共同兴趣,来自不同学院、不同专业的学生可以在这里充分自由交流,每个人都是社团的主人,通过组织和参加多样化的创新创业活动,提高综合素质和必备能力。学生社团让每个参加社团的学生对创新创业教育本身具有高度的参与感和认同度,通过自觉自愿的社团活动形成开拓进取能力、自觉自控能力、语言表达能力、受挫承受能力和独立奋斗与团队协作精神,提高学生的综合就业能力。

第三节　基于创业社团建设培养高职学生创新创业能力的途径

一、依托创新创业课程指导创业社团的建立和发展

学生社团活动目标不明确,缺乏目的性的主要原因在于缺乏引导和方向。创业社团的建立和发展必须要依托学校的创新创业课程,让"第一课堂"的理论知识与专业技能学习引领社团创业实践活动。我校大学生 KAB 创业俱乐部的建立是充分依托于大学生 KAB 创业基础课程的,在课程中对创新创业建立兴趣的学生积极加入社团,在社团活动中的创新创业实践活动又有效增强了课程教学效果,"第一课堂"与"第二课堂"相辅相成,做到学生在进行社团活动的过程中有方向、有目标、有形式、有结果。

二、加强社团创业导师队伍选聘，引导社团良性发展

老师是"第一课堂活"动的主体，也是社团活动的引导者；学生是"第二课堂"的主要组织者和执行者，要实现创业社团的良性发展，离不开高素质的创业导师队伍。创业社团的指导教师不仅要有引导社团良性发展的能力，更要具备深厚的创新创业理论功底。在创业社团发展的过程当中，要充分利用校内外师资，引导教学、科研人员和成功企业家积极参与指导学生创业社团活动。学生社会经验不足，创业社团的发展仅仅依靠学生的满腔热情是不够的，指导老师的水平和能力尤为重要。我校 KAB 创业俱乐部指导教师由校团委老师担任，保证社团活动健康、有效地开展，另外，学校还为创业社团聘请了云南省著名的创业专家和优秀企业家不定期地指导学生创新创业实践活动，为俱乐部学生的创业项目寻找合适的创业导师，让学生和创新创业专家零距离接触，提高学生实际创业能力。

三、培养社团骨干，以点带面推动社团发展

创业社团能否获得健康发展，领头人的作用十分关键，因此，社团负责人的选拔是十分重要的环节。社团负责人不但要有能力，更要负责任和敢担当。除此之外，社团负责人和社团骨干还必须是学校创新创业教育活动的主要实践者和榜样。我校 KAB 俱乐部历届主席都是"挑战杯"系列赛事的积极参与者，并且在负责人的带动下，整个社团对创新创业赛事的参与度都非常高，在历届比赛中都取得了国家级和省级的优异成绩。目前，即将毕业的俱乐部主席已经注册公司准备投入实际创业。

四、打造社团特色活动，带动全员参与热情

有特色的社团活动能吸引更多学生参与到创业社团中来，整体推进社团更好建设。我校 KAB 创业俱乐部从成立之初，已经打造了一系列具有特色的创新创业活动，如每学期固定的主题短期商业实践、不定期的主题商品拍卖会、俱乐部内部的创新创业竞赛，以及社团成员组成团队开展的立项创业实践活动等。通过主题特色活动的开展，我校创业社团在学校的认知度高、影响力大，以此吸引了更多优秀学生加入社团，促进了创业社团更好发展。

综上所述，创业社团是高职高专院校培养学生创新创业能力的有效载体，通过促进创业社团良好发展，有利于提高学校创新创业教育教学的实效性，有利于引导学生树立科学正确的创业观、就业观和成才观，有利于让学生在社团实践中发挥创新精神，完善综合素质，从而从整体上提高高职高专学生的创新创业能力。

第六章

浅议校园文化对学生全面发展的影响*

校园文化是学校在长期办学的实践过程中创造出来的一种独特的文化,之所以独特,是因为每个学校的校园文化都得符合本校的具体理念和精神,其文化特色都体现在其自身具体的价值体系、规章制度和环境条件等方面。校园文化立足于人的发展,将文化作为载体,以精神建设促进学生在思想道德、行为规范和知识技能等方面获得全面发展。

第一节　校园文化建设有助于大学生思想政治素质的健康发展

社会主义精神文明建设离不开思想道德建设,学校对学生进行的思想道德建设不仅顺应了时代发展,符合我国国情,而且也是学生健康成长和全面发展的基础。促进学生思想政治素质的健康发展,首先就得让学生学习党和国家各种重要的方针政策和先进的理论知识,积极拥护党和国家的领导;其次就是要运用基本的道德规范约束学生的行为,提高其道德修养,让学生积极参与到校园文化建设中去。

学生也是文化建设的主体,校园文化中价值体系的形成需要获得广大学生的认同和遵循。现在大学生包括本专科生、硕士生和博士生,由于本专科生占的数量比例比较大,所以成为校园文化建设过程中的重点关注对象,现如今的大学生主要以90后居多。对于80后和90后来讲,改革开放带来的各种外来文化对他们影响较大,而现代化建设不断发展和人们生活水平的提高使得他们较之前几代人拥有了较好的物质条件进行科学文化知识学习,所以90后的知识结构已经相对较完善,较容易接受新思想新文化,他们的可塑性很好。只是,在这个时期,社会价值多样化、复杂化的发展使得主流的价值观不是很显著,除此之外,很多的90

---

* 本文作者:李爱姣,建材学院

后都是独生子女,他们在学习和生活中容易自我中心化。就学习上来讲,很多90后在进入大学之前的主要任务就是备战高考,还没有体会多少来自社会责任的教育和锻炼,进入大学之后则要对自己的衣食住行等全部行为负责,并开始对自己今后的学习发展负责,这种变化容易让他们不知所措。而学校在这个时候就得为学生营造良好的校园文化,帮助他们调整好心理上的不适感,帮助他们做好尽快融入校园生活的准备。这对于学生思想素质的健康发展具有重要意义,在促进大学生发展的同时也会对校园文化建设产生潜移默化的影响。

第二节　校园文化建设有助于大学生能力的持续发展

高等院校对于大学生的教育要同时考虑到学生个体发展和社会发展两个方面的需求,缺一不可,其中促进大学生能力的发展是重中之重,高等教育要实现大学生能力的可持续发展就要从创新意识和思维,创造性的人格两个方面出发[①]。一所学校的校园文化如何,主要看这个学校的校园精神和价值体系如何。校园精神中包括创新精神,而培养创新精神就是培养学生积极进取,拓展自己的思维,挖掘自己的潜能,在创新意识的指导之下发展创新能力。

在人的能力系统中,创造能力是能力的最高体现,也是目前知识经济时代所需要的素质,拥有创新能力的人才能够为社会创造更多的价值,也就是说努力培养学生的创新意识将会有利于大学生能力的持续发展,从而真正推动社会的发展。大学生是社会主义建设的接班人,将肩负社会赋予的各种责任,高等院校的教育要顺应时代发展的需要,注重学生各种能力的培养,让他们能更好地服务于社会主义建设事业。

高等院校要坚持以人为本的教育理念,树立人才的质量意识,把培养高素质创新型人才的目标切实落实到教育教学过程中去。学校要积极地进行校园文化建设,通过人与环境的互动使得学生的能力得到持续性发展。当然,即便是处在相同的校园文化影响下,不同学生的表现也是不同的。这说明,学生本身的主动性对其发展起着不可忽视的作用,比如,同样以高分考入本校的学生,在同样的校园文化影响下仍然会出现优秀程度的分化。要缩小这种落差,学校就得深入分析和研究学生和校园文化之间的良性互动机制,从教学制度和环境方面入手,贯穿于大学校园文化建设的各方面、全过程。

当代科学在高校教育中的分化越来越细致,大学里专业的设置也越来越细,加上我国大学教育发展历程中不同学科和专业之间分离与阻隔的情况仍然存在,学生学习的专业知识和学术视野都受到了不小的限制。当前文化素质教育已经扩展为全面素质教育,这样做能让所有学科和专业的大学生有机会获得全面的科学教育和技术训练,既能够有机会学习各种现代化专业知识和技能,也能尽可能地了解更多人文知识,由此成为一个全面发展的人。

第三节　校园文化建设有助于大学生身心的和谐发展

大学教育最看重的还是作为主导者的教师对学生起到的引领作用和积极影响。学校的教育是教师进行文化知识和技能的灌输,然后学生进行知识内化与互动的一个过程,在这个过程中教师要适当地调整教学措施和难度,让知识技能既有挑战性又能激发学生的学习兴趣,从而提高学生对知识的接受能力。

大学生身心和谐发展,是学校所有教学活动的最终目的之一[②]。而有利于学生陶冶情操和净化灵魂的文化氛围将有利于学生身心的和谐发展。健康的体魄是学生学习生活的基本物质基础,没有健康的身体就很难顺利地进行学习活动,更谈不上全面发展,而学生本人的心理素质也会因此受到很大影响。也就是说,健康的身体直接关系到学生进行学习生活和今后的发展。作为青年学生,即将肩负起建设社会主义社会的历史性任务,没有强健的身体就不能为社会和民族的发展贡献自己的力量。在经济飞速发展的今天,人们生活水平的提高和各种医疗条件得到完善,国民身体素质也有很大改善,而承担着为祖国培养栋梁的学校更是要注重学生身体素质和心理健康的状况,建立一种学生之间团结友爱、相互合作、共同发展的良好关系,让学生在和谐的氛围中协调自己的身心健康,发展自己也发展他人。

第四节　校园文化建设有助于大学生个性的自由发展

高等院校之所以要促进学生的个性自由发展,是因为每个人的发展都有其独立自主性,没有个性的发展就谈不上任何发展,更无法实现教育的价值[③]。学生个性自由发展既是实际教学活动的需要,也是社会发展的需要。

学校进行文化建设的过程中,要打破封闭、内向的文化体系,建立一个开放、自由的广阔空间,倡导各种创新思维和创新思想,鼓励学生进行独立思考解决问题,同时在物理层面和精神层面都要为学生自由地发挥自己的个性营造空间。学生在各种实践活动中培养起来的主体意识又将进一步引导着他们进行个人潜力的发掘,不断地发现和创造。学校要引导学生按照自身的具体条件和自我实现的需要自由地选择自己的行为方式,有的放矢地开发学生的潜能,以实现真正意义上的全面发展。

【结语】校园文化建设为大学生全面发展提供了基本条件。物质的保障,学生行为准则的规范,高层次精神文化的建设等都是校园文化建设的主要方面。其目的就是最大限度促进学生思想政治素质的提高,身心和谐发展,实现个性自由和人格完整。学生的全面发展是高等教育为之努力奋斗的最终目标。

参考文献:

①林章义、罗邻球:《试论校园文化建设与大学生成才》,载《高等农业教育》,2004 年第 2 期。

②刘鲁萍:《和谐的本质及其在大学校园文化构建中的意义》,华中师范大学硕士学位论文,2007 年。

③胡克英:《教育与个性发展——教育促进个性的自由发展》,载《教育参考》,2003 年第 9 期。

第七篇

07

整合各类教学资源
创新育人方式　培育技能文化

【内容介绍】高职院校围绕立德树人根本任务,主要培养具有较强职业技能、良好职业道德和人文精神的中国特色社会主义事业合格建设者和可靠接班人。高素质技能型人才是高等职业教育人才培养的目标,技能的培养离不开人的因素,既有优秀的教职员工队伍,又有受教育的学生主体,有了人的参与,技能培养的过程就成了一种文化活动。我校在教书育人的实践中,充分利用校企合作、校友文化、综合素质教学、数字化图书馆以及花园式校园建设等各类教学资源,创新育人方式,在国内首创了"技能文化月"活动,针对性地解决了部分学生在校期间的技能培养问题,取得了积极的效果。本篇以校园文化的实践案例为主要内容,从探索"三全育人"工作的实践、研究技能文化的实施路径到深化校企合作等实践视角,从面临的实际问题出发,结合学生、学校及行业实际情况,分析探讨了育人方式与培育技能文化中的问题和策略,力图提升教育质量,使人才培养工作能更好地适应社会需求。

第一章

将技能文化融入高职院校"三全育人"工作的探索与实践[*]

　　高职院校开展技能文化建设,一方面是要提升学生职业技能,另一方面是要培养学生职业道德和人文精神。这就需要高职院校要不断进行人才培养模式改革,使高职院校毕业生能适应社会发展需求,具有较强的职业技能、优秀的道德品质和人文精神①。

　　昆明冶金高等专科学校不断加强技能文化建设,符合高等职业院校培养高素质技能型人才目标要求,能体现高职院校人才培养特点,使人才培养工作适应地方经济发展和产业结构转型升级对高职人才的需求。

第一节　高职院校开展技能文化建设符合高职院校人才培养需求

　　教育本身即是一种文化活动,一种生活,与生活息息相关的技能培育更应该是一种可传承的文化。具有高等职业教育特点的技能文化,第一,在操作层面,技能文化体现的是学习者所掌握的动手操作能力、一技之长。第二,制度层面,技能文化涉及技能培育的长效机制和保障体系。第三,行为层面,技能文化所要求的不是单一的个体行为,而是一个群体性的长期社会活动,融入职业、融入生活。第四,精神层面,技能文化表现在群体的整个思维和价值取向上,对技能本身有一种归属感和自豪感,可以进行传承与创新;是技能与生产生活最契合的一种状态,是从有形到无形的一种升华②。

　　加强技能文化建设,努力让每一名学生都成为既具有与所学专业相一致的较强实际动手能力的核心技能,又具有能适应社会和岗位需求的职业道德及人文精神的核心素质的高素质技能型人才。

---

　　* 本文作者:杨永锋,党委宣传部;王资,校长办公室

一、职业技能培养过程是技能文化育人的过程

职业教育本身是指让受教育者获得某种职业或岗位所需要的职业知识、技能和职业道德的教育。其目的是培养具有专业知识、专门技能的应用型人才。与普通教育相比较,职业教育侧重于实践技能和实际工作能力的培养。职业教育的职业性要通过受教育者掌握的技能来实现,因此技能在职业教育中至关重要,并且凸显了不同层次的能力要求③。

与普通高等教育相比较,技能的培养是高等职业教育最大的优势和特点。职业教育中的技能内涵丰富且重视实效。最基本的操作技能在职业教育中表现为受教育者的动手能力——不仅能够独立完成一个合理的技术制作,而且能准确稳定、灵活协调地掌握职业教育中所要求的智力技能,包括受教育者对知识的灵活运用和迁移能力,掌握正确的思维方式来应对实践问题,而并非简单的重复性操作。在此基础上,对受教育者进一步的技能要求体现在素质技能上,这是对人心智的考验,对职业理念、职业精神的高标准要求;在各行业的密切联系与合作中,受教育者应具备较高的社会适应能力,能够进行团队合作,拥有较高的职业素养④。最后一个层次的综合技能,要求受教育者在前三个技能训练的前提下,将其融会贯通,真正将技能、知识、职业和谐地糅合在一起,并衍生为一种生活、一种文化,进一步传承和创新。这也是技能逐渐沉淀为一种技能文化的一个必要过程。

二、职业道德和人文精神培养更需要良好的技能文化氛围

高等职业教育是我国高等教育的重要组成部分,是以培养生产、管理和服务第一线的高素质技能型人才为目标。作为高职院校培养的高技能应用型人才,除了应具有较强动手能力的核心技能以外,如何培养较好的职业道德和人文精神,也是高职院校应该承担的重要职责。

职业道德是整个社会道德的主要内容。良好的职业道德是职业人应该具备的基本素质。职业道德既指从业者对待职业和工作的态度,也是其价值观念的外在表现。良好的职业道德是从业者职业能力的一种体现。而人文精神是大学文化价值的核心和灵魂。基于此,开展技能文化建设,本身就是以提升学生职业技能为基础,通过思想政治教育、课堂教学、职业技能竞赛、职业生涯规划、实习实训以及丰富多彩的校园文化活动等环节,强化技能文化建设的制度保障,营造全员、全方位、全过程的育人环境,使学生具有良好的职业道德和人文精神,建设具有高职院校特色的校园文化,培养中国特色社会主义事业的合格建设者和可靠接班人。

第二节　技能文化融入"三全育人"工作的探索

传统意义上的"三全育人",是"全员育人、全过程育人、全方位育人"的简称,主要体现的是要将思想政治教育融入学校教育的各个环节。而本文所提的"三全育人",主要是结合高职院校人才培养、围绕技能文化的开展,将专业育人和文化育人深入融合,并进行全员、全过程、全方位育人的一种探索。

一、全员育人

全员育人,主要是指由学校专任教师、管理人员、服务人员和朋辈,紧扣学校人才培养目标,结合自身工作职责,开展好育人工作。在这个过程中,育人者作为技能文化的设计者,就要从操作、制度、行为、精神等层面,逐步形成体现技能文化育人的更加科学的工作机制。

1. 专任教师。在教学过程中,要体现学生能力本位,突出学生技能培养,结合专业和专业群建设,不断改革教学方法和教学评价模式,引导学生在实习实训和参加技能竞赛活动的过程中,检验教学效果。学校层面通过开展专任教师说课大赛、教学比赛、实操比赛、深入企业实践锻炼等,引导广大教师不断更新观念,提升自身技能。

2. 管理人员。要从制度制定、环境营造、条件保障等方面,为技能文化开展奠定基础。首先,管理人员要做到爱岗敬业,在工作中要坚持立德树人,不断提升自身道德修养和业务素质。其次,学校层面要加强对管理人员的考核评价。特别是辅导员队伍,他们是进行思想政治教育、职业生涯规划教育、心理健康教育、大学生诚信教育的重要力量,要设计好、开展好、组织好辅导员在技能文化育人过程中的工作任务。

3. 服务人员。主要是指和学生日常生活息息相关的宿舍管理人员、校园保安人员、食堂服务人员等。服务人员虽然不是发挥教育的主要力量,但服务人员和学生的接触较为紧密,是为学生提供良好生活环境和安心学习环境的重要保障,他们的工作态度、业务水平对学生产生着潜移默化的作用,他们也是学校技能文化建设的有机组成部分。管理者可以有针对性地开展服务人员保洁竞赛、厨艺竞赛、校卫队员处突能力竞赛等,这种竞赛方式一方面可以提升服务人员业务能力和服务水平,另一方面可以提高学生对技能重要性的认识,促进全员技能提升,弘扬"劳动光荣、技能宝贵、创造伟大"的时代风尚。

4. 朋辈。主要是指学生当中的党员、入党积极分子、优秀学生干部等学生群体。朋辈同学是在学生中开展自我教育的有效力量。学校层面要加强对党员、入党积极分子、优秀学生干部等学生群体的培养教育,可以系统化、常态化地开展学生党员、新生班长、团支部书记、心理观察员及其他优秀学生干部等培训工作,让学生中的骨干了解学校人才培养目标、过程以及预期效果等,积极参与到学校的各项育人工作中来,尽可能发挥他们上情下达和下情上传的桥梁作用,促进学校技能文化育人工作的开展,让他们首先成为技能文化育人的受益者,更好地发挥朋辈的榜样作用。

二、全程育人

全程育人,是指针对不同专业的需求,从学生入校到毕业,学校从教学组织到活动安排,都要体现技能文化的育人功能。

1. 开展好职业生涯规划和职业生涯指导。让学生从入校起,就能够对专业、职业有一个概念性的了解,并对自己的职业生涯有一个初步规划,并在不同的学习阶段,对与专业相关的职业、行业能有较为客观的认识,进而为将来的就业、择业做好选择。

2. 开展好随堂实训和社会实践。每个学期,都要以提升学生职业能力为目标,结合专业主干课程,上好实训课程,巩固课堂所学知识,将理论知识转化为实际操作能力。同时,学生毕业即将踏入社会、走向工作岗位,学校要引导、鼓励广大学生积极利用寒暑假深入到田间地头、工矿企业,开展社会实践活动。

3. 加强学生顶岗实习环节的教育引导。顶岗实习是培养高职学生专业实践能力的重要环节,学校要加强学生顶岗实习过程的设计和管理,并从动员、建立机制、加强联系、任务引导、规避风险等方面做好工作,建立起学校、学生、企业、家长四方面的沟通机制。

4. 加强第一课堂和第二课堂的有机结合。课堂教学的目的,是为培养学生职业技能提供必须够用为度的理论知识基础。学校通过开展针对不同专业的专业技能竞赛,构建起第一课堂和第二课堂的桥梁,通过竞赛可以检验课堂教学效果、提升学生职业技能、完善课堂教学评价方式。

5. 引导学生积极参加专业型社团活动。专业型社团是将社团与专业相结合,是对专业兴趣浓厚的学生在具有一定专业知识背景的老师的指导帮助下,以学生社团的形式,开展诸如专业课堂教学、专业发展方向等问题的探讨等活动。通过引导专业型社团建设,一方面可以促进专业课程教学,另一方面可以提升学生专业兴趣,还可以丰富校园文化活动。

三、全方位育人

全方位育人,主要指要建立起学校、行业企业、学生家长等多方资源协调联动的育人机制。

1. 加强校企合作,突出校企文化的相互融合。一是可以依托相关行业企业建立更多的、可供学生实习实训的校外基地。二是可以结合学校专业建设和办学特色,有针对性地将企业引入到校内建设生产性实训室,借助企业的先进技术,让学生不出校门就可以了解行业发展状况,了解企业文化,较好地适应行业发展,有针对性地提升自身职业素养。

2. 建立并完善学校与学生家长的沟通机制。一是学校可以充分利用新生入学契机,召开家长座谈会,让学生家长了解学校、了解学生所学专业,为进一步沟通奠定基础。二是学校可以充分利用微信、QQ 等新媒体,让学生家长能够了解学生在校表现,发挥家庭教育应有的作用。

3. 加强优秀校友、技能大师榜样作用的发挥。可以寻找在相关行业企业表现较为优秀的校友,开展优秀校友校园行活动,让校友定期回母校为学生举办讲座、进行交流,用实际经历给在校学生传授可供借鉴的经验。开展技能人才进校园活动,邀请省内劳动模范、技术能手或一线工作的优秀毕业生来校作报告,对学生进行"职业道德、三爱三节、吃苦耐劳"等素养的教育,以确保人才培养更加贴近现阶段职业岗位(群)任职要求,促进学生职业素养的提升以及毕业生就业能力和岗位适应能力的提高[5]。

4. 加强创新创业教育。创新,关键是培育学生的创新精神,使之具有创新意识和创新思维,进而转化为创新能力。创新,是创业的基础和核心。创业,分为狭义创业和广义创业。狭义创业,主要是指大学生毕业或者休学阶段从事经商或开办企业的行为,学校可以通过培训,使其具有较强的创业能力,提高经商或者开办企业的成功率。从这个意义上讲,创业教育可以一定程度上解决就业压力,并能通过学生创业带动其他同学就业,具有较强的现实意义。广义创业,主要是指立足本职岗位,开创新的事业。从这个意义上讲,创业更强调学生爱岗敬业的职业道德。通过广义创业,可以将专业教育与创新教育相结合,引导学生在本职岗位上基于技术革新、管理改革、提高效率等方面进行立足本职的创业。

第三节　融入全员、全过程、全方位育人的技能文化
能突显高职院校办学特色

办学特色的形成是一所学校走向成熟的标志,是现代教育的必备竞争力,是全方位提高学校办学效益的主体工程之一。昆明冶金高等专科学校作为一所高职院校,为进一步巩固和深化示范建设成果,加快建设"省内领先、国内一流、东盟地区知名"的高职特色名校,全力培养更多"做人诚、做事实、有闯劲"的高素质技能型人才,为行业和地方经济社会发展做出更多贡献,早在 2011 年 12 月学校第四次党代会上就已经提出了"专注产业、专业、就业三相联动,促进质量、水平、层次同步提升,打造以工为主的冶金特色高职名校"的发展思路。在人才培养过程中,学校确定了常态化开展技能文化月活动,并逐步形成从专业设置、教学资源配置、校企合作、文化活动组织、日常教育服务管理等多维度的技能文化育人氛围。

一、开展技能文化活动,促进学生职业技能和职业素养提升

技能文化活动的开展,既是对学校各专业技能教学的一次大检查、大比拼,也是对同学们技能训练水平的一次大检阅,同时为同学们接受生产一线的职业素养、促进师生与企业职工的交流搭建了良好的沟通互动平台。技能文化活动的举办,能够推动我校专业技能教学的快速发展,激发同学们学习专业技能的兴趣,促成同学们重技能、讲技能、练技能、赛技能的良好氛围,达到以赛促学、以赛促教、以赛促改的教学目的,也能丰富校园文化活动的开展⑥。

不同的专业对学生专业素质的要求不同。各二级学院围绕技能文化,坚持专业实践与课外活动有机结合,开展具有专业特色的技能竞赛。除在第一课堂完成专业课程理论教学环节之外,学生需要参加第二课堂的专业实践活动作为对理论知识的强化与巩固。各学院根据专业的职业要求,有针对性地设计与专业实践相结合的课外活动,作为课堂教学的补充与提升,使学生在活动中掌握必备的职业素养。通过竞赛的方式,融职业道德教育、职业素养提升、职业能力构建于教育教学全过程,不断丰富技能文化内涵。

随着当今社会不断发展、市场竞争不断加剧,社会和用人单位对大学生的职业能力和素养要求也越来越高,为此学校始终把确保毕业生充分就业、高质量就业作为人才培养工作的出发点和落脚点。多年来我校毕业生就业率始终保持96% 以上,连续九年获得云南省高校就业工作一等奖,2014 年荣获教育厅高校毕

业生就业创业工作目标责任考核一等奖,各项成绩的获得,离不开学校对学生职业技能和素养的培养和提升。

二、开展技能文化活动,促进人才评价模式改革

为了创新人才培养模式,2010 年公布的《国家中长期教育改革和发展规划纲要(2010—2020 年)》提出要更新人才评价模式,树立多样化人才观念,尊重个人选择,鼓励个性发展,不拘一格培养人才。《纲要》还进一步强调:注重学思结合,倡导启发式、探究式、讨论式、参与式教学,帮助学生学会学习,注重知行统一。坚持教育教学与生产劳动、社会实践相结合;注重因材施教。关注学生不同特点和个性差异,拓展每一个学生的优势潜能⑦。学校通过引导广大师生员工解放思想、更新观念,根据学校人才培养目标和理念,建立科学的、多样化的评价标准。做好学生成长记录,完善综合素质评价体系。

技能文化活动的开展,一方面帮助学生将课堂所学理论和实际操作有效地结合起来,对相关专业的校内实训起到了很好的补充作用。另一方面也打破了传统的以理论知识成绩定胜负的单一人才评价模式,强调对学生实际操作能力的培养和考察,培养企业真正需要的高素质技能型人才。

三、开展技能文化活动,有效推动校企双赢合作

校企文化互动,通过邀请合作企业共同开展企业文化交流等,校院两级主动寻找合作企业,以吸引企业捐助资金、设施、设备和装置等形式,使校企共建实训基地的力度不断加大,实训条件投入呈现多元化的良好局面。学校先后与云南冶金、云南锡业、云南铜业、云南建工、昆钢嘉华等大型国企共建了校内外顶岗实习基地。与西门子(中国)有限公司、乾兴翠商贸有限公司、深圳中兴新思教育集团有限公司、北京通用航空集团有限公司、后藤电子(上海)有限公司、金诚信矿业管理股份有限公司等单位合作,共建"校中厂、厂中校顶岗实习基地"。学校结合办学特色,与一部分企业合作开展"招生招工一体化合作培养"模式等人才培养新途径,通过共建、共管、共享资源,形成了"学校与企业、企业与企业、学校与学校"之间的全方位、多层次、多形式的人才培养合作关系,并在人才需求方面实现了信息交换、高技能人才培养、职工培训、实训基地共建、兼职教师聘任及职业教育"立交桥"建设等广泛合作。

参考文献:

①王资:《高职院校技能文化的培育》,载《职教论坛》,2016 年第 8 期。

②张五钢:《论我国的历史文化资源整合》,载《河南科技学院学报:社会科学版》,2015 年第 9 期。

③金志远:《教学任务从"知识技能"转向"文化"范式辨析》,载《中国教育学刊》,2010 年第 12 期。

④孙嘉明:《社会浮躁的百年历史回溯及深层原因初探》,载《浙江社会科学》,2015 年第 2 期。

⑤章兢:《人文精神:大学不能没有的灵魂》,载《光明日报》,2009 年 1 月14 日。

⑥杨永锋:《以技能竞赛为主线　打造高职特色文化》,载《昆明冶金高等专科学校学报》,2013 年第 1 期。

⑦于洪泽、叶景文:《关于高职院校"三全育人"的思考》,载《继续教育研究》,2011 年第 2 期。

第二章

高职院校技能文化实施的路径研究*

随着国家对高职教育的高度重视和一系列促进发展措施的推出,高职教育深化内涵改革发展及高职院校提高人才培养质量,成为所有高职教育参与者必须积极思考的课题。针对高职学生入学门槛相对较低及部分高职院校办学环境远离闹市的现状,如何开展好生动活泼的课外活动,进行积极向上的校园文化建设,对在校高职学生有着极其重要的现实意义。

第一节 技能文化的理论研究

深入研究探讨高等职业院校的技能育人,力求将技能上升到一种文化,从操作层面、制度层面、行为层面、精神层面进行探讨,为培养技术技能人才提供新的理念指导和参考[①];同时,将高职院校加强实践技能训练、建设彰显高职教育特色的校园文化等一系列工作转变为一种文化自觉,形成学生的行为规范和价值观念,增加高职教育开展技能训练的文化自信。学校从专业设置、教学资源配置、校企合作、组织技能大赛、开展技能文化月活动等方面全方位推进技能文化育人,构建制度保障、组织领导、活动竞赛、表彰奖励等体系,确定年度主题,形成技能文化育人主线,学校、二级学院、职能部门逐级推进,形成合力,营造全员、全过程、全方位育人的良好氛围。

学校搭建学生施展个人才华、实现职业梦想、融入企业文化的平台,在学生中树立"尊重劳动、崇尚技能、热爱专业、凝练素质"的职业人才观念。在长期研究和酝酿的基础上,学校确定开展常态化的"技能文化月"活动,每年四月为学校的"技能文化月",迄今为止已开展了三届每年一次的"技能文化月"活动,在促进特色鲜明的校园文化建设,激发广大学生学习技术技能的主动性、积极性和创造性方面

---

* 本文作者:王资、陈福亮、叶加冕、杨国富、邱鹏瑞,校长办公室、实训处

颇有成效。

第二节 "技能文化月"活动的开展

一、加强顶层设计

活动是以全体在校学生为基础,14个二级学院为主体责任单位,学校负责整个活动的组织领导、方案策划、制定制度、保障协调及宣传报道,成立领导小组及工作机构,对活动开展情况进行总结、评比、表彰和奖励,确保活动开展形式多样,取得实效。

各二级学院围绕学校的统一部署,针对本学院实际、各年级学生特点,策划好活动形式,各学院自定有创新的"技能文化月"活动方案,明确各项活动的开展时间、形式和内容,确保活动参与的广泛性,并做到责任明确、任务具体,既彰显学院技能文化特色,又满足学校活动总体要求。

二、活动氛围的营造

全校上下围绕活动主题,积极营造活动氛围。学校相关职能部门与学院配合,利用宣传橱窗开设技能文化活动专栏;通过校园网、大型液晶屏等实时宣传报道活动情况;各主要场所张贴活动海报、悬挂口号或标语等;充分组织全校师生关注并参与到活动中来。

三、专业核心技能竞赛的开展

各学院围绕各专业实际和具备的实训条件,积极组织开展覆盖全体学生的专业核心技能大赛,使理论教学与实践教学有机结合。实训处、教务处负责文化月期间学生专业核心技能竞赛方案的审定、竞赛活动的组织开展,主要规划为:一年级学生举办技能育人报告会;二年级学生参加专业核心技能竞赛初赛、决赛的观摩,组织相关专业知识抢答赛;三年级学生开展好专业核心技能竞赛初赛、决赛。通过核心专业技能竞赛,突出学生在校期间的专业技能特长培养。

四、"技能文化月"活动期间的学生社团活动

以学生处、校团委为主,相关部门配合,负责活动期间学生文艺展演;学生技能大赛获奖作品、学生技能大赛获奖荣誉墙、小发明、小制作、书画文艺作品等的

集中展示;开展电器修理服务师生的校园技能活动;鼓励各学院邀请合作企业共同开展校企文化融合活动,可以是文艺表演、体育竞赛宣讲、座谈等多种形式,促进师生对企业文化的理解,提高师生对企业用人标准的认识,同时也促进企业与学校的对接和融合;利用"学海讲坛",学生处及校工会负责邀请省内劳动模范、技术能手或一线工作的优秀毕业生来校就技术技能提高、职业道德修养等内容做报告,开展好技能大师进校园等活动。

五、就业观摩活动

招就处组织用人单位到学校举办企业文化讲座、到学生技能决赛现场观摩,现场感受学生的动手能力和学校的职业氛围,既能够方便企业挑选到需要的优秀学生,也能帮助学生找到自己满意的企业,故以此为契机开展好学生的就业招聘,提高就业质量。

第三节 技能文化活动的成果

一系列的技能文化活动,不仅贯穿了技能育人的办学理念,而且凝练了学校作为全国示范校的办学特色。广大学生树立了一技之长、多技之长的强大竞争意识,推动了学校内涵发展,为学校的技能招生、技能培养、技能评价等方面工作奠定了基础。"技能文化月"活动在全校师生中的影响日益深入,推动了多方面的校园文化建设。

一、促进了教学质量的提高

近两年,学校获得国家级教学成果一等奖 1 项、二等奖 3 项,省级教学成果一等奖 4 项、二等奖 3 项,获得省级以上质量工程建设项目 150 多项,现有国家重点支持建设示范专业 6 个,省级重点、特色专业 13 个,国家级精品课程 4 门,省级精品课程 21 门,综合素质选修课 16 门,学校在《2015—2016 年中国专科院校排行榜100 强》中排名第十位。

二、学生竞赛成果丰硕

近三年,学校在云南省高校学生技能大赛中取得 30 项一等奖、18 项二等奖、17 项三等奖,参加国赛取得一等奖 1 项、二等奖 5 项、三等奖 2 项的好成绩,竞赛成绩持续领先云南省高校学生技能竞赛水平,技能活动为学校杰出人才的培养奠定了一定的基础,学生的就业质量得到了显著提升。

三、学校列入云南省高水平高职院校建设

2015 年,经云南省教育厅审批,我校成为云南省高水平高职院校建设项目单位。在完善建设方案,推进云南省高水平高职院校建设项目的过程中,学校将技能文化育人融入高水平专业及专业群建设、技术技能杰出人才培养基地建设、综合办学能力建设等项任务中,分期推进;融入学校育人整体工作,统筹协调开展。

四、技能文化理念扎根广大师生

教师广泛参与企业调研,听取用人单位反馈意见,有针对性地组织、指导学生参加技能大赛;同时,积极参加省内外同行的技能比武,到企业挂职锻炼,不断提升教师的职业素养[②]。学生通过参与校友座谈会、专家系列讲座等活动,以及企业技术支持和经费赞助举办的技能大赛,达到以赛促教、以赛促学,实现在实际工作过程中锻炼学生的职业素养,不失时机地加强实训基地内涵建设和文化环境建设。

五、校企合作进一步深化

通过技能文化活动,学校将企业文化融入校园文化建设,促进校企合作进一步深入。学校引入了企业的生产设备、技术人员、生产流程等,探索校中厂、厂中校、现代学徒制、订单培养等办学模式,引入了企业全程参与人才培养,成立了"昆明冶专乾兴翠国际珠宝学院""昆明冶专中兴学院"等校企合作学院;与金诚信矿业公司合作探索厂中校模式;与诺仕达集团合作开办"诺仕达班";与北京通用航空产业公司合作开办航空服务专业,与万科物业合作办学,与南方测绘集团合作共建南方学院,实现招生招工一体化,为企业量身培养人才。

六、构建学校技能文化育人体系

学校从制度保障、组织领导、活动竞赛、表彰奖励、校园文化建设等方面构建了技能文化育人体系,学校、二级学院、职能部门形成合力,与日常教育教学活动相辅相成,制定相应的技能文化育人活动实施方案,发挥强有力的辐射和带动作用,营造良好的育人氛围,持续深化技能文化育人工作。

学校已连续成功举办 3 年"技能文化月"活动,虽然已经取得了不菲的成绩,但是还需要进一步加强技能文化建设的理论研究和相关制度建设,特别是环境文化建设、学生行为文化建设和精神文化建设。通过实在的举措,持续巩固了"技能

文化月"活动成果,促使学生自觉参与到日常的课外技能学习中来,建立课外技能学习获得的学分制度,激发学生学习技术技能的主动性、积极性和创造性,加强完善校内实训、实验室的全天候课外开放机制,通过教师科研项目的开展,搭建学生科技活动平台,更加促进学生技能文化的培养。

参考文献:

①张劲:《高职校园文化建设的现状分析和实施路径》,中南大学硕士学位论文,2010 年。

②夏鹊:《高职院校校园文化建设的现状及对策》,载《四川职业技术学院学报》,2005 年第 1 期。

第三章

"枝繁叶茂"源于"根深蒂固"*

——昆明冶金高等专科学校实践教学特色构建

全国职业教育工作会议指出:职业教育要根据国家发展先进制造业的战略部署,按照现代生产方式和产业技术进步要求,重点培养掌握新技术、具备高技能的高素质技术技能人才。适应工业转型升级,要求加快完善人才支撑体系。

昆明冶金高等专科学校作为一所国内知名、国家示范性高职院校,建校65年来,始终立足云南的经济社会发展,把培养学生的实践能力放在首要地位,在不同时期,始终千方百计筹措资金用于学校实习实训条件的建设和改善,满足实践教学要求。正因如此,学校培养的学生在云南冶金各条战线上获得了良好声誉、人才辈出。迄今,学校已建成346个校外、28个校内实训基地,305个功能实训室,156个理实一体实训室,拥有13个省级示范实训基地,实习实训条件处于国内同类院校的领先水平。

第一节　始终重视形式多样、内涵丰富的校企合作

校企合作是创新人才培养模式、提高教学质量的重要途径,长期以来,学校高度重视校企合作,从制度建设、组织落实、经费保证等方面加强校企合作,有力地保证了我校国家示范建设,取得了较好的实效。主要表现在:

一、与知名企业合作建立实习实训教学基地

学校与深圳华力特电气股份有限公司合作在工厂共建"深圳华力特电气昆明冶专生产开发基地"。该基地既作为华力特公司产品生产和新产品研发的工厂,又同时作为学校电气类专业的生产性实训基地和"厂中校",双方联合建设电气新产品研发中心,由学校提供场地和标准厂房,由企业方提供生产设备和运营资金,

---

* 本文作者:陈福亮,实训处

在学校共建标准的华力特公司"校中厂",亦即昆明冶专的"生产性实训基地"。"校中厂"由华力特公司为主全权管理,学校协助管理,按照协议在完成学校电气类专业学生的顶岗实习后,其余时间全部按照企业运行方式进行产品生产和新产品研发。

世界500强之一的德国西门子(中国)有限公司投资1200万元人民币建立"昆明冶金高等专科学校—德国西门子先进自动化技术示范实训中心",极大提升了学校电气自动化技术专业及相关专业群的教学和实践指导水平,使学生的专业能力得到更高层次的提升,也为教师教学和科研提供了先进的技术平台,为省内同类企业技术人员提供更好的培训条件。长期以来,我校电气类毕业生在云南各行各业中的杰出表现,得到普遍认可。

南方测绘仪器有限公司、上海华测计量技术有限公司捐赠测绘专业仪器设备,派出工程师到学校作仪器设备操作培训,为学校开展生产及科研项目提供设备支持;学校为公司推荐优秀毕业生,为公司发展提供人才储备。

二、校企合作推进工学结合

学校十分重视校外实训基地的建设,紧紧依托背靠冶金行业的优势,建立校外实习、实训基地。在与所属行业企业保持和发展长期合作关系的同时,随着产业结构的调整,学校对社会服务领域的拓宽,校外实训基地的建设愈显重要。学校积极扩大外延,按专业领域建立校外实训基地。在长期办学的过程中,我校与云锡、昆钢、云铜、云铝、云天化、云内动力等大企业集团的所属厂矿建立了长期的合作关系,由企业的教育培训部门出面组织协调,建立稳定的实习实训基地。

学校结合冶金行业特点,积极探索"学做相融、全真训练"的冶金高技能人才培养,与文山铝业、北京东方仿真有限公司联合开发的氧化铝生产虚拟仿真教学软件,使学生得到了生产现场全景实际操作锻炼,也为企业职工培训提供了平台。

学校和国内知名企业金诚信矿业管理股份有限公司、云南乾兴翠商贸有限公司签订校企合作协议,双方充分利用各自优势,在人才培养、实训基地建设、科研教研、企业员工培训、教师培训等方面进行全面合作。分别设立了"昆明冶金高等专科学校金诚信学院""昆明冶金高等专科学校乾兴翠国际珠宝学院",学校、企业和学生三方签订定向生培养协议,使学生在校就掌握了行业先进制造技术,有力促进了学生技术能力提高。

第二节 始终重视实践教学改革 着力构建一套完整的实践教学管理体系

一、统筹全校实践教学资源、完善实践教学管理模式

学校在发展建设过程中,对原有的实践教学管理体系进行了整合重组,将分散的学院各自为战管理校内实习实训资源变为由学校统一管理,完善了学校实践教学的管理模式。

在总结多年实践教学改革经验的基础上,进一步完善和改革实践教学管理体系。本着有利于学生成长成才的实践教学体系是高职院校改革发展要解决的重要内容之一,紧紧围绕建立"三大实训体系",即实训基地建设管理体系、实践教学管理体系和实训师资队伍建设管理体系,开展了一系列卓有成效的工作。实训基地建设管理体系就是根据专业和专业建设发展需要,按照专业大类建设校内外实训基地体系。目前,我校已建立了 28 个实训基地,涵盖全校近 78 个专业,每个实训基地所属一系列功能实训室,围绕每个功能实训室开发一系列实训项目,服务不同课程的相关知识点。我校还建立了省级示范实训教学基地、校级实习实训教学基地和功能实训室的三级实训基地建设管理体系,有力支撑了由认识实习、课堂实习、专题试验、生产实习(工学交替—顶岗实习)、毕业实习、预就业实习、毕业设计等实践教学所构成的人才培养方案和实践教学任务。

二、加强实训内涵建设,完善实践教学管理制度

加强实训基地内涵建设,是实训任务圆满完成的保障。学校先后修订和完善实践教学管理文件 23 个,各二级学院也根据各自不同的专业特点制定了相应的实践教学管理办法来保证实践教学的顺利完成,达到了人才培养的目标要求。建立起了"开放式、共享型"的校企合作和顶岗实习管理的长效机制,使在校学生和各类培训人员直接受益。目前,学生半年以上顶岗实习的比例已达到100%。

三、改革实践教学管理方式,提高实践教学运行效率

学校对实践教学人事制度进行了改革尝试,把实践教学管理人员与专任教师进行统一管理,出台了关于印发《昆明冶金高等专科学校实训室对应课时管理办法的通知(暂行)》,将课时统一考核。这个管理办法的出台,解决了长期困扰实践

教学在管理上的难题——一是实践教学设备利用率低,二是实践教师的身份问题:1. 鼓励教师进实训室,加强学生实际动手能力的培养,提高设备使用效率;2. 原来实训管理人员现在都统一转变为教师身份,以专任教师的工作量来考核从事实践教学的教师,具体的工作量以管理实验室多少来确定。在管理办法中,实验室管理的工作量以每年接待学生实验实习的实际人数确定,任务划分了若干的等级,解决了实践教学管理人员长期吃大锅饭,没有积极性的问题。改革办法出台后,提高了教师工作的积极性,有效地配合了教师开发实训项目。身份的转变也有利于实践教师积极学习,努力钻研,提高自身素质。学校鼓励教师及教研室主任兼职管理实训室,真正体现了"双师型"教师既能完成理论教学又能带领学生进行动手操作的能力。

四、始终重视学生技能比武,技能大赛成果显著

作为检验实践教学成果和展示学生技能的重要形式,学校积极组织学生参加以提高学生专业技能为主的专业核心技能竞赛和各类省级、国家级技能大赛,促进了师生技能水平的提高和校园文化的建设。

近五年来,学校共获得国赛一等奖 2 项、二等奖 10 项、三等奖 6 项,省赛一等奖 46 项、二等奖 41 项、三等奖 31 项,272 名学生获得省级以上优秀选手奖励,68 名教师获得优秀指导教师荣誉。

全国职业教育会议提出:高职院校要重视杰出人才培养。我们更加有信心、有能力为云南乃至全国的工业生产、服务一线的企业培养更多能工巧匠,促进相关行业的经济、技术转型升级。

第四章

就业视角下的高职院校校企合作[*]

—— 以昆明冶金高等专科学校为例

校企合作是职业教育绕不开的一个话题,它决定了职业教育的成败。当前,对校企合作的研究更多关注的是人才培养、科研和师资培养等方面,而校企合作与就业相关的研究则更多是着眼于就业指导等方面。在校企合作促进毕业生就业等工作方面,院校和企业的合作内容主要包括以下几个方面:企业招聘,长期人才培养和短期培训,顶岗实习。本文将以就业工作方面的校企合作为着眼点,探讨合作相关各方,即学校、企业和毕业生的利益诉求及满足,并以昆明冶金高等专科学校为例,对就业工作方面的校企合作实践经验进行总结。

第一节　校园招聘会是校企合作的起点和重点

校园招聘会是校企合作的桥梁,是学校和企业在人才培养、实习实训等方面进一步合作的起点;而从就业工作的角度来看,校园招聘同时也是校企合作的主要内容和重点。在企业招聘的合作方面,昆明冶金高等专科学校主要有以下模式:将企业招聘和高职院校单独招生同步进行,招收订单班;针对相关专业低年级在校生举办专场招聘宣讲会;针对相关专业毕业生举办专场招聘会;针对所有毕业生举办大中型双向选择洽谈会。

招聘有两种主要形式:一是较为传统的大中型双向选择洽谈会。这种方式将大量不同行业、不同类型的企业组织起来,在同一时间、同一地点,与毕业生见面双向选择。这种形式的好处是可以让毕业生同时进行对比和选择。缺点则是企业不能宣讲,而且因为企业多,平均分配到每个企业时间较短,企业和毕业生不能充分地相互了解、对于那些对自己的职业发展没有明确目标的毕业生,往往会错失优质的就业机会。另一种形式则是在校园招聘季陆续举办企业专场招聘会。

＊ 本文作者:王彦敏、雷燕,招生就业处

这样的好处是企业可以有充分的时间和条件向毕业生介绍企业，毕业生也会在较长一段时间内逐步清晰自己的职业发展目标。此外，企业和毕业生的双向选择可以考虑得比较充分。但也存在部分毕业生产生"这山望着那山高"的心理，最终导致放弃签约或违约的情况。总体来看，举办校园专场招聘会这种方式往往会使学校和企业之间建立更为紧密的联系，为下一步校企合作打下较好的基础。此外，很多优质的就业单位都有自己的招聘时间表，都愿意采用校园专场招聘会形式。然而，这就需要学校就业部门投入较多的人力物力为用人单位和毕业生服务。

在校园招聘这一环节中，用人单位的目标是招聘到更多优秀的、有较强就业意愿的毕业生；毕业生的目标是在参加招聘会的过程中提高其求职技能和找到理想的工作；而学校的工作主要是吸引用人单位到校招聘，为用人单位组织招聘会及相关服务，为毕业生和用人单位搭建双向选择的平台，目标则是使招聘会产生最大的效益，并和企业建立起长期的合作关系。

为了达到上述目标，在校企合作开展校园招聘的过程中，可以在前期使用小型专场宣讲招聘会的形式，让毕业生逐步明确自己的求职目标，深入了解职业世界，了解企业需求和各类职位对从业者能力的要求及其职业回报，同时厘清自己的特质和当前阶段对职业回报的需求。在校园招聘后期，则可以组织由各行业较多类型企业同时参加的大中型双向选择洽谈会，让大多数毕业生有充分的就业机会和多样的选择。此外，高校在合作企业的选择方面，要充分了解不同类型毕业生的需求，并根据国家社会需求的趋势做出相应的引导，以达到毕业生个人利益和社会效益兼顾及最大化的目标。对毕业生就业意愿较强的优质就业单位，学校应通过为用人单位提供优质的服务与之建立起长期批量就业的合作关系，进而提升毕业生就业质量。

第二节　人才培养是校企合作的深化

在招聘到符合企业要求和有就业意向的准员工之后，部分企业为了让毕业生满足岗位需求、尽快上手，往往委托学校增加相关课程或自行派老师到学校对招聘到的毕业生进行培训。昆明冶金高等专科学校和企业在人才培养和培训方面的合作模式主要有：针对某一专业的订单班；由各个专业在校生组合而成的订单班；由各专业经过招聘录用的毕业生组成的培训班。有的企业与学校的合作在招生阶段就已开始，有的则在一、二年级，通过校园专场招聘组成订单班。

校企合作订单培养企业急需的专业人才，是学校多年来推进的一种人才培养模式,在解决企业用人需求的同时,还可帮助贫困家庭的毕业生完成学业,同时还可为高校形成稳定的就业渠道,对学校的教育教学改革也有较大的促进作用,但实施过程中存在相关毕业生就业满意度不高的问题。究其原因,是因为这种模式下学生需要与学校和企业签订相关就业协议,这虽是对三方都有的责、权、利进行的约定,但因为学生是作为个体参与合作,显得较为弱势,从而让学生感觉失去了选择的权利,就像签了"卖身契"一样。当然,学生产生不良情绪的原因是多方面的,如企业在待遇、职业发展空间、工作环境等方面的不理想。实际情况也表明,在那些待遇、发展空间、工作环境等方面与同行业企业相比处于劣势的企业,毕业生到企业后的流失率也相对较高。

学校和企业除了关注相关专业课程的教学之外,也应该加强对毕业生的企业文化教育,还要对学生的心理做好疏导工作,这样才能让这种合作成为多赢的合作。企业获得自己需要的人才,而且课程的设置安排符合企业工作实践需求,学校的人才培养更加贴近企业的需求,而且在招生、培养、就业方面与社会需求较为贴合。学生也能缓解求学给家庭带来的经济压力,收获一份与专业和个人特质较为匹配的职业,为将来职业生涯有较好的发展打下基础。

校企在人才培养方面的合作还有另外一种模式,即在毕业生离校前,在校园内对招聘的毕业生进行短期培训。内容包括相关课程的培训和企业文化培训,因为是在自己熟悉的、友好的环境中,毕业生能较好地学习和适应。实践证明,这种培训能有效提高毕业生对企业文化的认同度,加快毕业生对职场的适应,加快毕业生从学生到职业人的角色转化,对提升毕业生就业的稳定性有着重要作用。

第三节　顶岗实习是校企合作成果的收获阶段

部分企业为了解决急迫的用工需求,往往要求招聘到的毕业生尽早到企业去顶岗实习。部分企业则出于培训的目的,要求毕业生到企业顶岗实习。从毕业生的角度来看,顶岗实习也是毕业生进一步了解企业及职位,进一步确认就业意向的环节,部分毕业生在到企业顶岗实习后选择了离开。所以说顶岗实习是校企合作成果的收获阶段。昆明冶金高等专科学校在顶岗实习方面的校企合作有以下几种方式:以职业认知或专业认知为主要目的的顶岗实习;已录用毕业生毕业前的顶岗实习和已录用毕业生毕业后的入职实习。

顶岗实习满足了企业对人才急迫的需求,同时也是毕业生提升专业技能、实现从学生到职业人角色转化的重要一环。在这一环节,企业和毕业生是主体,学校则是两者之间沟通的桥梁和帮助毕业生适应职场的"辅导员"。虽然不再是主体,但学校在这一环节的作用却同样非常重要。

通过对调查数据进行分析发现,在低年级参加过职业认知或专业认知为实习目的的毕业生在就业时稳定性相对较高。究其原因则是因为之前的实习对其生涯成熟度有较大提升。毕业生到就业的用人单位顶岗实习期间,则会面临各种各样的困难和问题,这些问题却往往因为其对新环境的不适应、不熟悉而显得难以解决,会对其心理产生较大压力和带来失落的情绪,进而对就业稳定性有较为负面的影响。如果企业和校方不加强与学生的沟通和帮扶工作,毕业生一旦离职,则前期合作的努力将会付之东流,对学校、企业和毕业生各方都造成较大损失。

这一阶段企业应该设法为毕业生提供较为细致的服务,为毕业生提供和校园环境类似的生活环境:如提供符合毕业生口味的饮食,组织毕业生与老员工的联欢活动,从老员工中为毕业生指定类似辅导员一样作用的帮助者等等,让毕业生的角色转换环境变得更加友好,促进其尽快适应新的工作和生活环境。学校在此时也应该通过班主任或辅导员加强与毕业生的联系,了解毕业生的困难和情况,并协助其向用人单位反馈,并努力帮助解决;有时甚至只需作为一个倾听者,就可以让毕业生的不良情绪得到缓解。

【结语】从各高校层面、各省层面乃至全国层面来看,高职专科层次的毕业生的就业率都高于本科层次毕业生,用人单位,特别是企业也更喜欢招聘高职院校毕业生。主要有两个原因:一是高职院校毕业生因为注重专业技能培养,而在实际工作中上手较快、动手能力强,能满足企业急迫的人才需求和一线生产的需要。二是高职高专院校有培养基层一线专业技术人才的清晰定位,毕业生在企业也能留得住,这大大降低了企业人才招聘的压力和成本。所以,高职院校也应该继续从这两方面努力,通过在招聘、人才培养和培训以及顶岗实习几方面加强与企业的合作,努力满足用人单位和毕业生的需求,进而与优质企业建立起较为稳固的合作,不断提升毕业生就业质量。

第五章

论校友文化在大学校园文化建设中的促进作用[*]

　　校园文化建设的目的就在于营造良好的校园文化氛围,健康积极的文化环境会促进政治和经济的发展,良好的校园文化氛围可以引导、熏陶和塑造大学生,极大提升学校的文化品位和办学品质,是学校综合实力的反映。在多元的文化大观中,校友文化是一道亮丽的风景。校友文化是凝聚与激励校友产生强烈的认同感、归属感和使命感的力量源泉,它对校园文化的积淀和传承起着重要的作用,是促进学校建设与发展的活跃因子。培育积极健康的校友文化是传承学校精神、打造学校品牌、促进学校发展的重要手段。

第一节　校友文化是校园文化的延伸和拓展

一、校园文化及其内涵

　　文化是高校的血脉和灵魂,也是一所高校综合实力的重要组成部分。美国学者认为,大学校园文化就是:学校的历史、使命、物资环境、标准、价值观、办学实践、信仰等诸多因素综合起来的,且相互影响而形成的指导学生个体或团体行为以及为认识理解校园内外一些事件、行为提供参考框架的一种模式。

　　校园文化就是基于学校特色的物质财富和精神财富的总和。广义的校园文化是以校园为地理文化圈,以社会文化为背景,以高校管理者和全体师生员工组成的校园人为主体,以校园生活、精神面貌、人际关系、价值取向为主要内容,以课外文化活动为基本形态,是在高校教育、学习和生活过程中形成的活动方式、活动过程及其结果。狭义的校园文化是指精神文化,即以校园为主要空间,以校园精神为主要特征,以学生为主体、以教师为主导的一种群体文化[①]。

---

　　* 本文作者:雷燕、王彦敏、周光波,招生就业处

二、校友文化及其内涵

校友文化是内化于心的一种大学文化,是校友共同的情感和心灵归宿。校友文化是指以社会文化为背景,以校园精神为宗旨,是学校教育实践过程中母校和校友、校友和校友之间的情感维系、联络沟通、价值取向、服务回馈等。校友文化是学校精神的结晶,是社会观察校园核心精神文化的窗口,是学校健康和快速发展的资源与财富,是彰显母校形象的"品牌资源"和弘扬大学精神的主要力量。校友文化的内涵可理解为:

1. 认同意识。校友文化是以毕业于学校的校友为主体,是曾在学校学习、工作和生活过的全体校友所创造的一种"共同参与"的群体文化,其中主要是对母校、老师、同学的强烈认同。

2. 大学精神。是一所大学在办学的过程中形成的办学理念,是校友文化形成时影响最大的因素,是大学人共同的价值追求,是校友文化内在的灵魂。

3. 感情纽带。大学生在校园内学习和成长,接受知识的教诲、科学的启迪,接受精神的洗礼、感召,形成了对母校的特殊情感,校友文化基于校友情感,是联系全世界校友的桥梁和纽带。

4. 亮丽名片。母校和校友是一对相互依存不可分割的元素,校友是母校建设和发展中的重要资源,是最可信赖的力量,是母校亮丽的名片;母校是校友的心灵港湾和精神家园,是广大校友寻根情结的归宿之一。校友具有"校兴我荣,校衰我耻"的爱校意识,爱校之情是校友情怀的根本。

5. 创新元素。校友文化是构建校园文化的新鲜元素,是促进学校改革、建设和发展的活跃因子。

三、校园文化与校友文化

校友文化是校园文化的延伸和拓展,是校园文化的重要组成部分,是一种特殊的校园文化,它对校园文化的积淀、传承以及学生成长成才方面有着不可替代的作用,校友文化对丰富校园文化建设内涵和形式、对校园文化建设有着积极的推动作用。校友文化是构建特色校园文化的新鲜元素和活跃因子,美国密歇根大学校友会前任执行董事 Robert Forman 认为:只有校友才能为学校提供永久的支持,如果一个大学没有校友的支持,那么也无法获得其他社会力量的支持[2]。

大学校园文化是培育校友文化的基石。无形的校园文化氛围、种类繁多的校园文化活动及有形的校园物质环境潜移默化地塑造着校园内师生的人格。大学校园文化对大学生具有不可忽视的教育导向作用,校园文化如同大学生的精神食粮,滋养着一届又一届的校友。大学校园文化以情感人、以景动人、以精神育人,它为大学校友文化的产生提供了有利的土壤。

第二节　校友文化在大学校园文化建设中的促进作用

校友是学校的"产品",是学校可持续发展的宝贵财富和资源,高校的使命不仅在于塑造和传播先进文化,还在于其培养的学生能承担起对国家和社会的责任,校友文化是校园文化中不可或缺的一部分,是校园文化的延伸和拓展。

一、具有促进母校改革和发展的作用

校友对高校的反哺意识能凝聚校友资源。随着校友事业的成功,他们会饮水思源,将科研前沿、社会需求、地方经济服务等信息反馈给母校,可以各取所长充分利用企业、社会、团体等各种社会资源,为母校建设和发展提供物质、人际、科技等方面的各种支持,帮助母校在人才培养、科学研究等方面做出适时的改革调整,为校园文化建设获得综合性支持。

二、具有激励上进的作用

榜样的力量是无穷的。校友是母校向社会发出的一张张名片,校友在社会上取得的成就对提高母校公众声望具有无形的推动作用[③]。优秀校友在社会上取得的成就对塑造母校品牌和提升公众形象等方面都具有潜移默化的作用;校友所取得的成就激励在校学生形成向上的奋斗意识。利用优秀校友的标杆和榜样作用,对大学生进行思想教育,激发在校学生及广大校友学习和成才的信心,产生积极上进的内在动力,朝着自己的目标方向刻苦努力,对他们的世界观、人生观、价值观的塑造产生激励作用,这就实现了激励上进价值。

三、具有团结和凝聚人心的作用

积极的校友文化是一种强有力的凝聚剂,在同一所学校感受过同一种氛围,这种缘分和情结,会让他们因共同的知识、记忆和情感而自然地凝聚在一起。"校友文化是社会观察学校教学观念的一个重要窗口,也是凝聚各地、各届校友的主要力量源泉,使校友产生归属感、使命感、荣誉感,更是促进学校加快改革、加强建设的一项活跃因子。"[④]校友文化影响人的精神取向,沟通成员的思想情感,通过牢记校训、佩戴校徽、共唱校歌等举措,鞭策广大师生修身养德,激发学生的认同感、

使命感和爱校热情,形成巨大的向心力,共同推动母校的进步和发展,能让大学生更加团结凝聚,树立团结意识和大局观念。

四、具有导向和育人功能

校友文化具有无形的导向作用,它指引着学生价值取向和行为取向。通过挖掘优秀校友成长成才典型事迹,让在校大学生深入了解、熟知优秀校友丰富的阅历、成功的经验,以激励在校学生奋发向上,推动爱校教育不断深入。广大校友成为在校学生职业生涯规划最优秀的导师,校友的精神面貌已经成为在校生思政教育的素材,是对在校学生进行思想教育、专业教育和素质教育的宝贵资源,培育健康积极的校友文化是传承学校精神、扩大学校影响,促进学校发展和校友进步的重要途径。

五、"校友经济"助推校园文化建设

在美国,校友以各种不同形式关注和参与到母校各项工作中,校友捐赠已成为美国高校尤其是私立高校非常重要的经费来源之一,成为具有美国特色校园文化建设的重要组成部分。部分有实力的校友通过捐赠、合作建设等方式成为高校投资主体的直接组成部分,或利用校友的社会影响和人际关系,为高校筹资拓展渠道,牵线搭桥,成为高校筹资的重要中介,给母校带来可观收益的经济活动,成为校园建筑、绿化、雕塑、实验室等校园文化建设的资金来源,以经济建设来带动校园文化建设。

第三节　充分利用校友文化的优势　推动校园文化建设的发展

我们要逐渐将校友意识渗透到校园文化的深层次结构,从而上升到校友文化,让校园文化承载校友文化的精神传统,并成为校园文化的一部分。要利用好校友工作的平台,发挥校友文化的优势,为推动校园文化建设服务。

一、利用网络优势,创新搭建校友互动平台

网络新媒体的出现在很大程度上拓展了校友联络的范围,真正意义上实现人人及时有效地获取信息。

1. 优化校友网站。一个好的校友网站,就像是广大校友精神的后花园,不断完善校友网站,及时向广大校友传递母校发展动态和校友的信息,拓宽了校友之

间的交往领域和范围,对于培育校友文化和繁荣校友文化有着十分重大的作用⑤。

2. 建设校友微信公众平台。校友工作平台需要进行扩展,做到与时俱进,为校友、学校以及社会提供更高效的服务。搭建平台完成后,进行微信公众平台宣传,吸引校友与社会的关注。同时通过官方微博、微信、校友 QQ 群组、APP 等现代传媒手段报道校友新闻、宣传校友工作和弘扬校友事迹,缩短母校与广大海内外校友的距离。

3. 不断完善校友数据库。校友数据库是广泛联络校友、做好校友工作的主要依据,要与校友经常联系,不断互动,才能对校友毕业之后的信息进行及时更新和完善。

4. 坚持定期出版校友刊物。校友刊物的出版对校友文化的培育、拓展校园文化阵地将会起到重要的作用。

网络新媒体的出现解决了校友联络中长期存在的瓶颈,促进了校友工作质的飞跃,极大地提升校友联络的时效性,优化了校友互动平台。

二、开展丰富多彩的校友活动,繁荣校友文化

培育校友文化,传承学校精神,需要杰出的校友典型事迹的体现、各地校友积极参与和丰富多彩的校友活动来孕育和升华,校友活动是培育校友文化的重要载体。

1. 请优秀校友回校给在校生作"优秀校友就业创业报告会",形成示范效应,激发在校生向优秀校友学习的动力;聘请杰出校友担任客座教授,举办校友学术论坛,激励学生成长成才;利用校友返校活动,举办校友沙龙和召开"职场面对面座谈会",通过与校友零距离接触,引导学生树立正确的人生观和择业观,科学、合理规划自己的学业和人生;举行校友捐赠仪式,培养在校生感恩母校、反哺母校意识;在学校图书馆里专门开辟"校友书架",汇集校友的专著或者校友捐赠的图书资料;举办校友单位专场毕业生招聘会,与校友所在的企业开展多层次的产学研合作;开设"校友课堂"传播校友文化,丰富校园文化,开阔学生眼界;为返校聚会校友服务,举办校友联谊活动,如举行"行业联谊""企业家联谊会""老年校友大学"等活动。

2. 走出校园,与学校团委联合组织学生开展"追踪校友足迹"活动;回访校友和校友所在企业,作为在校大学生实习锻炼与就业的重要基地;结合社会实践课程,组织大学生走出去采访校友,撰写校友们奋斗的人生历程、创业心得,并刊登在校友刊物上⑥。内容丰富的校友活动,可以培养和繁荣校友文化,从而发挥校友在校园文化建设中的独特作用。

三、积极开展以"校友＋"为主题的创新创业教育活动

随着世界进入新经济时代,创新创业已经成为最显著的时代特征。开展"校友＋创业""校友＋创新"等主题教育活动,对于推进大学校园文化建设具有积极的作用:在大学生创业园有针对性地开展活动,如创意活动、设计思维工作坊、新项目接待日、创新伙伴服务等活动;培养在校大学生的创业意识,分享校友创业成功案例的经验与知识,引领在校大学生进行创业构想;建立优秀校友创业导师团队,传授创业技能,指导在校生的创业规划,教给学生把创新成果转化为创业项目的方法,进行创业实践,形成"学校—创新创业学生—校友"的良性互动机制。

四、利用校友资源,拓宽在校生的实习和就业途径

"高校校友资源"是指高校校友群体或校友个体作为人力资源、信息资源所拥有人、财、物、信息等各种要素的总称,是高校所拥有的有形物质财富和无形精神财富的统一体,是高校独一无二的、得天独厚的人力资源,校友是母校的宝贵资源。

1. 校友将熟悉的国内外、各行业和各领域的发展、用人标准反馈给母校,校友充分利用网络平台担任在校生的实习和就业导师,提升学生实践教学能力,拓宽学生的实习和就业途径,校友心系母校,校友创建的企业不仅热情接受在校生实习,而且每年优先到母校来选聘毕业生,为地方经济发展贡献力量。

2. 结合学校专业特色,鼓励高校校友、教师和科研团队将优秀科研课题和科研成果带到地方经济中,相互促进,实现学生就业和地方经济发展双赢。

3. 作为用人单位,校友还定期向母校反馈行业企业对高校专业设置、能力培养以及人才培养模式改革等方面的意见和建议,帮助母校培养出高素质人才,从而有效地促进毕业生就业质量的提升。

【结语】校友文化是构建特色校园文化的新鲜元素和活跃因子。健康向上的校友文化是一个"随风潜入夜,润物细无声"的过程,点点滴滴融入到校园文化的精神中,为学校软实力的提升起着重要作用。加强对校友文化内涵和特点的认识把握,重视校友文化的价值与校友资源的开发利用,校友文化建设的过程与成果,可以不断创新校园文化建设的形式,充实校园文化建设内容,传承学校精神,扩大学校影响,对大学校园文化建设起到了积极的促进作用。

参考文献:

①颜井平、陈凯健:《校友意识对校园文化建设的促进作用初探》,载《理论观

察》,2015 年第 12 期。

②魏景荣:《论校园文化视角下的校友文化培育》,载《黑河学刊》,2014 年第 11 期。

③周红玲、张振刚:《高校校园文化建设中的校友文化探析》,载《科技创业月刊》,2008 年第 11 期。

④刘铸、董海艳、袁小量:《高校校友文化建设对促进大学生就业研究》,载《中国大学生就业》,2014 年第 8 期。

⑤王建峡:《培养校友文化　努力塑造校园文化的内在精神品格》,载《中南林业科技大学学报:社会科学版》,2011 年第 10 期。

⑥戴仁卿:《高校校友资源与创新创业教育融合路径研究》,载《太原城市职业技术学院学报》,2016 年第 3 期。

第六章

昆明冶金高等专科学校综合素质教育教学探索*

——契合高职人才培养模式　推动高职创新人才培养

2015 年教育部印发《高等职业教育创新发展行动计划(2015—2018 年)》是高职教育规划发展的指导性文件,也是引导和推动高职院校制定和执行好"十三五"规划的重要行动指南。在《行动计划》中我们看到国家对于提高职业教育水平,强化学生的人文素养和职业精神培育提出了更加全面、更加深入的要求。高职教育培养的不是技工,而是社会需要的融合职业技能、职业精神、创新精神、人文素养于一体的复合型人才。本文拟从理论探讨、教育教学和实施情况等方面展开讨论。

第一节　披荆斩棘　重任在肩　素质教育是高职教育可持续发展的关键

现阶段,我国经济建设步入新常态,"实现中高速增长迈向中高端水平"的"双目标",中国制造、互联网＋、"大众创业,万众创新"的新思维必将对高职院校进一步深化体制机制改革,提高人才培养质量和服务区域经济发展能力提出新的要求。

在前期规模发展期间,高职院校基本完成了基础建设、升格转型等工作,发展一段时期后办学比较粗放、专业容易同质、教学陷入程式、生源逐步萎缩等问题开始凸显。如何面对时代的挑战、突破发展瓶颈、实现办学转型升级成为高职院校亟待解决的难题。

高职素质教育致力于培养职业技能、职业精神、创新精神、人文素养于一体的复合型人才,其目标是着眼于技术手段、生产模式的变动性和劳动者的职业可迁移性,要求具有收集、整理、使用信息和新技术的能力,以增强适应性和应变能力。

---

* 本文作者:罗林燕,公共课部

高职毕业生应该强调综合素质在职业活动中的作用,把人际交往与合作共事的能力,组织、规划、独立解决问题的能力,创新能力等作为能力的重要构成。高职院校的素质教育,既要尊重高等教育一般规律的共同要求,又要充分体现职业教育的特色,全面提升学生的综合素质。同时还要着眼于学生的就业和未来的职业发展。培养各类专业学生深刻理解特定专业、职业、行业的社会意义,正确把握自身的知识和能力对他人的发展、群体的合作、社会进步的实际价值,以践行奉献国家、惠及社会、善待他人的做人职责,能够给人以学有所长、干有所为的机遇和平台。只有高职院校逐步认识到了这种"育人"责任感,深化综合素质体系的构建才能使高职院校就业、招生良性循环,实现转型升级;也体现了高职教育品质升华、办学理念的成熟。

第二节　吐故纳新　与时俱进　构建有特色的综合素质教育体系

素质靠养成,能力靠训练。无论是能力的培养还是素质的养成都需要营造氛围和环境,因此素质教育需要把课堂教学、社团活动、校园文化等渠道融合,使必修课与选修课相结合、课内教育与课外教育相结合、校内教育与校外教育相结合、显性教育与隐性教育相结合,力求关注不同层次学生的需求和个性化发展,从专项能力培养开始,以综合素质提高为结束。强调知识、技能、态度的有机结合,立足于课程,重视校园文化的熏陶和引导,致力于培养有正确价值取向、积极人生态度和健全人格的高素质人才。

昆明冶金高等专科学校应对形势,着眼未来,坚持以学生为本,积极探索综合素质体系的构建和整合。学校将综合素质教育纳入人才培养目标和教学计划,构建坚实的平台,使综合素质教育更具全面性、系统性和针对性。经过十多年的探索,昆明冶金高等专科学校建立了系统性强、实践性突出的综合素质教育体系,为创新人才培养奠定良好基础。

一、顶层设计,制度先行

昆明冶金高等专科学校在推进素质教育方面起步较早,自2002级开始在全校正式开设人文素质选修课,2003年成立人文素质教育教研室和人文素质办公室。目前综合素质课程由学校教务处主管,全面负责本校综合素质工作的规划和执行、课程申报、学生选课、部分课程的管理,隶属学校公共课部的人文素质教育教研室,负责部分选修课的开设、日常管理工作。

为保障工作正常开展,学校拨发专项经费,综合素质经费按生均 4 元拨付,专款专用,有严格的经费管理审批制度。

学校将综合素质选修课纳入高职学生人才培养方案中,要求学生在校期间至少修满 6 个学分方能毕业。全校的综合素质选修课程划分成五大类(人文科学类、社会科学类、自然科学类、语言文体类、技术技能类),每个模块包含若干门课程,并从制度上对开课程序、课程管理、学生选课、教师任课资格等作了明确的规定,构建了坚实的教育平台。文件制度如表 1 所示:

表 1 昆明冶金高等专科学校关于开设选修课的相关文件通知

名称	时间	部门	备注
《关于下发〈昆明冶金高等专科学校关于开设人文艺术课程的管理规定〉的通知》	2003 年	教发	19 号文
《关于下发〈昆明冶金高等专科学校"人文素质教育工程"实施意见〉的通知》	2003 年	校发	33 号文
《关于印发〈昆明冶金高等专科学校综合素质教育选修课程管理方法的通知〉》	2012 年	校发	5 号文
《关于立项重点建设综合素质教育选修课的通知》	2013 年	校发	6 号文

二、教学管理,注重实效

人文素质教育教研室 2003 年成立,负责学校部分素质选修课的教学和管理工作。目前教研室有专职教师 3 人,其中硕士 2 人、本科 1 人。职称为副教授 1 人、讲师 2 人。兼职教师 50 余人,涵盖了历史、文学、艺术、美学、心理、创新、传媒、哲学、工程、管理、信息技术等诸多领域,专业构成合理,平均年龄在 40 岁以下,是一支富有活力、经验丰富的教学团队。

教研室不断更新教育理念,加大教学改革研究力度,采用现代化教学手段,提升课程的内涵品质。每学期召开教师座谈会,大家交流经验,互相学习。积极推动科研教研工作,教研室专任教师先后主持或参与国家级、教育部、省级课题 10 余项,公开发表论文 30 余篇。2013 年全校立项建设 17 门选修课程,两年后全部验收合格。教研结合,以研促教,不断提升业务水平。

选修课全部采用多媒体教学,严格控制开班人数。根据课程性质和教学方案将开班人数上限定为 160 人、60 人、35 人三种,尽量避免超大课堂的出现,以保证教学效果。

在教学中突出高职特色,重视学生知识的掌握和能力的提高。部分课程根据课程性质在教学大纲中安排了实践教学内容,通过实际体验和环境熏陶,促进知识内化过程。以课程为中心开展形式多样的实践教学活动,可以拓展素质教育的空间,深化课堂教学的效果。教师从课堂教学的组织实施入手,广泛采用案例教学法、模拟设计法、角色教学法、讨论质疑法等进行理论教学和实践教学,调动学生自主学习积极性。有的课程根据课程性质丰富了课堂教学组织形式,引导学生成立小组,自主开展学习活动,由"老师教"趋向于"自主学""合作学",有助于学生综合能力的提升和团队合作意识的培养。

经过多年的探索,综合素质教育师资库日益完善、基本课程成熟、新课程不断增加、科研教研有序推进,成为学校培养学生人文素养、提升综合能力的主渠道。

三、砥砺前行,积沙成塔

1. 综合素质选修课开设15年来,总计开设出各类综合素质选修课程七十余门,基本涵盖了人文科学、社会科学、自然科学、语言文体、技术技能五大领域,最近两年开设课程及选课情况如图1所示:

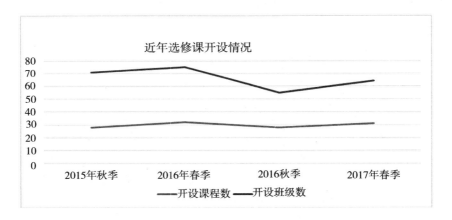

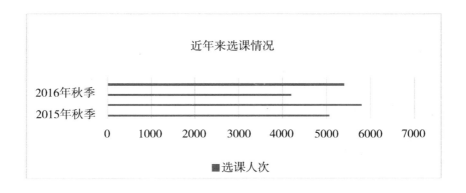

图1　近两年学校选修课开设及选课情况

2. 在学校高度重视、教务处和公共课部领导的扶持下,选修课教学初见成效,教学效果突出,在学生中树立了口碑。同行评教和学生评教多年来均为优秀,具体数据如表2所示:

表2　学生评教统计

学期	上课人数	参评人数	优秀	优秀率
2014 年秋季	5846	2557	2423	94.8%
2015 年春季	6041	2593	2431	93.8%
2015 年秋季	4134	1319	1219	92.4%

(备注:数据来源于学校评教系统)

随着慕课时代的来临,学校勇于创新,除了学校公共课部开设公共素质选修课外,为拓宽学生视野,满足人才培养中对优质师资、优质通识课程的强烈需求;完成教育信息化中推进网络课程建设与应用、教学模式改革任务的需要,帮助培养学生自主独立的学习能力,学校引入了超星《尔雅通识课》10 门课程(见表3)。通过一学期的实践,参与人数达到了 1356 人,践行了网络学习、网络修学分等时下最热的教育教学改革探索。

表3　尔雅通识课选修情况表

序号	课程名称	选课人数
1	中华民族精神	194
2	心理、行为与文化	460
3	现代自然地理学	417

续表

序号	课程名称	选课人数
4	魅力科学	61
5	追寻幸福:中国伦理史视角	105
6	学术基本要素——专业论文写作	28
7	中华诗词之美	22
8	中国近代人物研究	17
9	20世纪世界史	37
10	当代中国政府与政治	15
合计		1356

3. 除课堂教学外,教研室的专职教师还结合课程对学生课外学术活动予以指导,加强课堂教学和实践教学的结合。2012年指导的学生作品获第七届全国高职高专"发明杯"大学生创意创业大赛一等奖;2013年指导学生撰写的调查报告获第七届云南省大中专学生课外学术科技节专科组社会调查报告二等奖;2013年指导学生撰写调查报告获昆明冶金高等专科学校第九届"挑战杯"大学生课外科技学术作品竞赛一等奖。

第三节　百尺竿头　勇于突破　规划下一步工作重点

为使综合素质教育更具针对性和实效性,素质教研室每学期召开师生座谈会,并且不定期通过问卷调查、访谈等渠道了解教学情况和学生反馈,发现问题,不断完善。2017年春季学期选课的同学中笔者随机抽取了100人进行了简单的问卷调查,结果总结如下:

一、问卷调查结果分析

反映出学生对选修课的重要性态度明确,认为非常重要和比较重要的达到了97人,并且大多数学生认为学校课程是同学提高综合素质的主要途径。这些肯定和期望是教学工作者工作持续进步的推动力。

二、关于学分

多数学生能够接受目前的学分规定,轻松完成和能够完成学分的学生分别为

37人和60人。认为学分要求应该增加的学生还有22人。大家选课时优先考虑的是课程有趣,有51人;其次是课程有用,有39人。同时学生希望学校加大在技术技能类和社会科学类课程的开设力度。这些反馈也为笔者以后开设课程提供了思路。

三、教学方式方面

89%的同学乐于接受多样化的课堂教学,希望能突破传统的满堂灌的模式,此问题也同时在教师座谈的情况反馈中有所体现。教学中学生提出的建议有上课时段更灵活、少理论多实践、课堂上让学生多有表现机会、课堂增加趣味性、课程增加课时等等。

除了问卷调查外,笔者还通过学生座谈、教师座谈,结合授课教师、专家同行的意见,基本掌握了选修课的实际情况,并针对意见和建议,在前期基础性工作的基础上,选修课要加强教学质量,推进教学改革,主要措施有:

1. 将继续开展对选修课实践教学的探索。根据选修课各类课程的教学特点,安排相应的实践教学环节。在实践中巩固理论,通过理论来指导实践,最终致力于使学生在掌握知识后能够运用知识提升能力,通过主动思考将知识内化为素质,以达到综合素质培养与职业能力提升的最优化。目前已有部分课程在教学中运用小组合作、课堂翻转等形式,完成诸如调查报告撰写、情景剧表演、手抄报比赛、微课堂等任务,教学效果良好。

2. 充分利用现代化手段加强综合素质教育。网络的高速发展已经使教育越来越具开放性,同时也为综合素质教育提供了新的机遇和广阔的发展空间。在课程网站、背景资源、知识拓展方面都可以更加便捷和深入,师生互动也能突破时空局限,交流顺畅。新兴科技也将助力教学工作,比如选修课中的部分课程正在探索将VR技术应用于教学和实践环节当中,这些研究工作必将为选修课带来发展的动力。

3. 创设良好的人文环境,助力校园文化的提升。如果学校有一种良好的科技、人文交融的文化氛围,对学生就能起到一个潜移默化的作用。除了学校加大经费投入,更新、增加教学设施和图书资料,加强校园自然景观和人文景观设施的建设,使学生在优美的校园环境中陶冶情操,升华精神外,还应该举办人文讲座、专题文化节,开展人文竞赛,吸引学生主动而广泛地参与,营造生动而健康的人文氛围,培养学生的创造能力、组织能力和协调能力。同时鼓励学生社团的发展,让学生通过参加社团的活动,锻炼自我管理能力,发挥学生的主体作用。教师应发挥自身专业和特长,积极配合相关部门开展活动。

【结语】多年的耕耘终有收获,昆明冶金高等专科学校历经十余年建立起来的综合素质教育体系,能够契合学校人才培养方案,对高职创新人才的培养起到极大的推动作用,体现了高职院校办学特色,同时更是学校教育品质升华、办学理念成熟的标志。

第七章

昆明冶金高等专科学校"书香校园"阅读推广活动实践探索[*]

云南地处祖国西南边陲,是一个多民族的边疆山区省份,有着丰富的矿产资源,被称为"有色金属王国"。昆明冶金高等专科学校始建于 1952 年,长期的积淀形成了优良的工科办学传统和浓郁的工程文化氛围,专业特色鲜明,学生多来源于经济和文化水平欠发达的山区。为促进学生的全面发展,在培养学生专业技能的同时,学校尤为重视对学生人文素质的培养。开展阅读推广活动是昆明冶专促进学生综合素质提高、传承中华优秀传统文化的重要方式之一。

第一节　阅读推广活动概述

一、活动的起源及发展

昆明冶专的阅读推广活动始于 2001 年的"读书文化月"活动,每年 10—11 月举办为期一个月的读书活动,主要开展专家讲座、经典阅读征文等活动,吸引了众多学生参与。为响应政府"弘扬中华优秀传统文化"的号召,营造"书香校园"的读书氛围,2013 年,图书馆联合学生处、团委、宣传部在"读书文化月"的基础上重新设计并推出"书香校园——昆明冶金高等专科学校阅读推广系列活动",决定每年 4—5 月定期举办,希望通过开展持续性的系列活动推广阅读,提高学生人文素质修养。2013—2017 年,昆明冶专先后举办了以"让阅读成为习惯,让书香滋润心灵""传递书香情,构筑中国梦""倡导全民阅读,建设书香社会""书香冶专""书韵飘香,邂逅经典"为主题的活动,围绕中华优秀传统文化,开展特色阅读推广活动,对校园文化建设和学风建设起到了积极的推动作用。

---

[*] 本文作者:杨云、肖萌、敖鹤晋,图书馆

二、活动定位

阅读推广系列活动立足云南特色、昆明冶专校情和学生阅读现状,通过开展系列活动引导学生阅读经典、了解中华传统文化和云南民族文化,激发师生的读书兴趣,以活动促学习,营造浓厚的校园阅读氛围,养成良好的读书习惯,提高审美修养和人文底蕴,传承中华民族优秀传统文化。

三、活动创新点

1. 坚持传统与现代相结合。为保持活动的影响力,将部分经典传统项目打造为品牌活动,每年持续开展,同时为调动学生的积极性、保持新鲜感,每年精选新的特色项目进行推广。传统传承与现代理念的交织,吸引了学生较高的关注度和参与度。

2. 短期活动与长期活动互为补充。阅读推广系列活动主要集中于每年4—5月开展,但阅读和学习则需要长期坚持,学校宜通过设置长期项目引导学生学会阅读、坚持阅读。

3. 突出数字资源和移动服务。随着知识载体的改变,数字资源和移动阅读已成为当前最重要、最受大学生欢迎的信息来源和阅读方式。因此,图书馆设置专门项目对学校拥有的数字资源和移动服务进行宣传推广。

4. 丰富阅读内涵。文化作品形式多样,阅读的方式也应丰富多元。学校通过开展多样的、与阅读相关的项目,激发学生的阅读兴趣,如电影观影、书签制作、书画征选等。

5. 注重合作和宣传。通过图书馆、学生处、团委、宣传部等多个部门联合开展活动,提高活动效率、扩大参与度和影响力;通过学校网站、海报、微信、校报、校园广播、电子屏、户外广告等平台,加强与学生互动,多渠道多方位进行立体宣传报道;实时追踪报道,及时对活动进行总结和提升。

第二节　活动运作情况及实施效果

每年的活动按计划有序推进,从文化传承和引导阅读的角度出发,集知识性、趣味性、互动性为一体,读者参与积极。在历届活动中,学校始终坚持以传统项目为基础,特色项目为推广,长期项目为延续的原则。

一、传统项目为基础

1. 领略中华传统文化之美——专家系列讲座。每届活动举办 2～3 场专家讲座,5 年来共邀请了校内外 13 名专家学者到校开讲:云南民族大学图书馆馆长赵世林《传统文化的社会功能及其在当代社会治理中的运用》、昆明理工大学图书馆馆长张仲华《文而化之——关于传统文化的几个问题》、云南大学图书馆馆长万永林《读书与治学漫谈——从了解和研究云南省情说起》、云南师范大学图书馆馆长朱曦《书里书外——文学家的生命体验及其艺术创作》、云南艺术学院图书馆馆长申波《中西音乐审美差异性的文化解读》、昆明冶金高等专科学校校长王资《中国文化与当代国际关系》等。专家系列讲座从地方文化、文学、历史、艺术、政治等多个角度为学生们拓宽了视野,汲取了治学精神。

2. 体悟中华传统文化精髓——有奖征文活动。写作是阅读的延续,也是传承文化的重要手段。几年来系列活动举办了以"中外名著阅读心得""经典阅读""我读书,我快乐""中华好诗词鉴赏心得"为主题的有奖征文活动,共收到稿件651 件,涌现了如《读三国演义有感》《红楼中国梦》《读纳兰容若词有感》等一批体悟深刻、文辞优美的征文。

3. 分享中华传统文化成果——"好书齐分享"荐书活动。荐书活动开展以来备受全校师生关注,从手工荐书到网络荐书再到手机荐书,收到来自校领导、专家、老师、学生的多种推荐信息,推荐了《中国通史》《万历十五年》等优秀书籍,为师生们提供了高质量的分享体验,同时补充了图书馆馆藏。

4. 树校园阅读之风——"优秀读者"评选。该项活动参照每年的读者年图书借阅量、年进馆次数等数据,评选产生年度"优秀读者"20 名,通过树立榜样鼓励读者保持阅读热情,弘扬中华优秀传统文化。几年的评选中,优秀读者年图书借阅量、进馆次数呈逐年增长趋势。

5. 树自我管理服务榜样——图书馆勤工助学岗"服务之星"评选。通过对勤工助学岗学生的履职情况、工作量、服务态度等方面的综合评定,每年评选表彰 10名年度"服务之星",以鼓励学生参与图书馆服务、学习自我管理。

6. 架信息沟通桥梁——读者座谈交流会。座谈交流会为读者与图书馆搭建起沟通交流平台,与会读者相互分享阅读体验,并对图书馆的资源、服务、环境和发展建设等提出了宝贵意见。

二、特色项目为推广

1. 传承中华传统文化艺术——校园随拍摄影、书画、书签征选活动。"最美读书瞬间"校园随拍摄影征选通过拍摄藏在校园各处角落里的读书瞬间,发现阅读之美,记录精彩校园生活,共收到摄影作品74件,15件获奖,获奖作品被图书馆网站及校报刊载;"书墨飘香"书画征选活动鼓励学生拿起手中之笔书写高远的意境,勾勒心中的美好,活动收到来自全校师生的书法作品25件、绘画作品110余件,共计42人获奖,优秀作品展示于学校安宁校区图书馆;书签不仅记录了我们的阅历,也是具有美感的艺术品,"精美书签制作比赛"鼓励学生们自己动手制作书签,用它来传递我们之间的关怀,让生活充满爱意,共收到制作书签11份,被图书馆永久收藏。

2. 知识因传播而美丽——图书漂流、电影观影、微电影征选活动。启动了以"分享、信任、传播"为主题的"图书漂流"活动,长期设立图书漂流书架,让好书得到传递阅读,让优秀的文化成果广为分享传播;"经典电影观影活动"精选了《建国大业》《美丽心灵》《钢琴师》三部优秀的经典电影免费放映,让学生们一起重温经典,重拾感动;"最美读书风景——微电征选"收到了《Read Book(读书)》《书香校园有你有我》《学习是快乐的》等6部学生自己制作完成的微电影,在活动闭幕式上与同学们进行了分享。

3. 知识因发现而惊喜——书海寻宝、寻书比赛。图书馆是知识的宝库、信息的海洋,如何在成千上万的书籍中找到自己想要的那本书,这需要娴熟的方法和技巧。"图书馆书海寻宝""情寄书缘寻书比赛"是学生们最喜爱的活动之一,在寻宝、寻书的过程中了解了图书馆藏书布局、掌握了图书查找方法,提高了图书馆的价值。

4. 知识因载体不同而传承——移动阅读推广活动。随着移动阅读时代的到来,不少中华优秀传统文化成果也在向电子化方向发展。活动期间,组织者从电子借阅机上精选各类别的经典电子图书,将书籍封面、内容简介及二维码印制成海报,张贴在校园内人员密集区域,师生们通过手机扫描二维码下载图书。以现代化的阅读方式传承传统文化,实现传统与现代的紧密结合。

三、长期项目为延续

为了保持阅读推广活动的持续效果,2015年1月开始,图书馆开展了以微信、校园网和办公平台为技术平台,对馆藏纸质图书进行推广的"每周好书推荐"活动。截止到目前,共推出了以哲学、心理学、经济、教育、文学、传记类为主,科技类为辅的68种优秀图书,如《四书五经》《吾国与吾民》《共和国震撼瞬间》等。"每周好书推荐"与主题阅读推广活动形成互补,成为长期有效的阅读推广方式之一。通过活动的开展,所推荐书目的关注和访问量得到显著提升;借助三大平台长期、全方位的宣传与推广,所荐图书总借阅次数及平均借阅次数有明显上升,其中单本最高借阅次数达18次。活动还带动了图书馆相关类别图书的借阅量,如哲学、宗教类以及法律、政治类图书的借阅量都有不同程度的增长;此外,"每周好书推荐"活动的认可度也不断得到提高,所荐图书得到了学校领导、相关部门及老师的肯定,部分图书也被运用于实际教学工作中。

四、活动启示

大学是传承中华优秀传统文化的重要阵地,阅读则是大学生掌握知识文化的重要手段,开展阅读推广系列活动对于促进学生全面发展具有重要意义和作用。昆明冶专的阅读推广系列活动经过多年的连续开展,在校内打响了知名度并形成了一定影响力,奠定了良好的读者基础。在系列活动中,学生表现出对移动阅读、微信、微博等新兴阅读方式和阅读服务的浓厚兴趣。在今后的阅读推广活动中,我们将继续精心策划、全面发动,深入了解学生需求和兴趣,助力学生开展更丰富多元的中华优秀传统文化推广活动。

第八章

互联网＋时代下"每周好书推荐"案例分析[*]

——以昆明冶金高等专科学校为例

第一节　实施背景概述

在互联网＋时代的背景下,对基于互联网平台的昆明冶金高等专科学校图书馆"每周好书推荐"阅读推广案例进行分析研究,可以使图书馆结合学校办学和学生阅读特点,充分、有效地利用图书馆馆藏资源,形成长期、有效的多形式阅读推广方式,逐步改善高职学生的阅读习惯,推动书香校园的建设,使高职院校学生在校期间职业技能与人文素质能力得到共同和长足发展。

著名图书馆学家阮冈纳赞提出的"图书馆学五定律"[①]:"书是为了用的""每个读者有其书""每本书有其读者""节省读者的时间""图书馆是一个生长着的有机体",为图书馆的服务工作提供了重要指导。由于高职院校在人才培养、教学要求等方面有别于普通本科院校,因此存在学生的职业技能强于人文素质、阅读兴趣低、阅读习惯与方式不佳、图书馆文献资源利用率不高的现象。图书馆是学校的文献信息中心,是为教学和科研服务的学术机构,如何根据学校发展、专业建设、教学要求、师生发展需要提供良好的服务,利用好馆藏文献资源,显得尤为重要和迫切。

在倡导"全民阅读"和互联网＋时代的大背景下,读者的阅读习惯和信息获取方式都发生了很大的变化,昆明冶金高等专科学校图书馆结合学校办学和学生阅读特点,以"为读者找书、为书找读者",营造"书香冶专"的文化氛围、提升学生人文素质能力为目的,于2015年1月开始,利用互联网,开展了以微信、校园网和办公平台为技术平台,对馆藏纸质图书进行阅读推广的"每周好书推荐"活动。截至

---

　　* 本文作者:李琼、赵燕洁,图书馆

　　① [印度]阮冈纳赞:《图书馆学五定律》,夏云等译,书目文献出版社1988年版。

2016 年 8 月，历时一年半，开展了 62 期的好书推荐活动，共计推出以哲学、心理学、经济、教育、文学（含人物传记）类为主、科技类为辅的 62 种优秀图书。

第二节　案例分析

一、定位

随着学校信息化建设的快速发展，图书馆推出了基于互联网平台的纸质图书阅读推广方案——"每周好书推荐"，以满足广大读者在互联网背景下文献获取途径与阅读方式多样化的需求，提高馆藏资源利用率，营造良好阅读氛围，提高学生人文素质能力。

二、亮点

案例中体现了"三个结合"——传统与现代相结合、时间规划与主题内容相结合、学生需求与教师引导相结合。

1. 传统与现代相结合。截至 2016 年 8 月 31 日，学校图书馆馆藏纸质图书 69 万册，如何在阅读方式由传统阅读向移动阅读转变的情况下，将纸质资源藏以致用，图书馆在互联网＋的背景下，利用互联网把读者关注度高、访问量大、传播速度快的微信、校园网和学校办公平台作为推广平台。

2. 时间规划与主题相结合。策划方案时，以年为总单位，按春、秋 2 个学期划分周期，每个周期以 20 个教学周为推荐期数进行总体时间规划。在此基础上，以时间为主线，按每两周一个主题、一周一本书的原则，选取相关题材作为推荐主题。如"世界读书日"、"五四"青年节、毕业季、开学季、国庆、抗日战争纪念日、历史人物纪念日等时间主题，具体如表 1。

表 1　部分重要节日推荐书目列表

主题日	相关推荐书目
世界读书日	《如何阅读一本图书》《岛上书店》等
五四青年节	《风雨哈佛路》《梦在青春》等
毕业季	《毕业歌》《面试的智慧》《哈佛校长毕业演说辞》等
开学季	《哈佛人生规划课》《思考，从大学开始》等
国庆、抗日战争纪念日	《镜头中国》《国破山河在》《铁皮鼓》等

续表

主题日	相关推荐书目
纪念历史人物	《我们仨》《洗澡》

3. 学生需求与教师引导相结合。为提高学生的阅读兴趣,营造良好的阅读氛围,推荐好书时一改传统一贯"推经典"的思路,注意对同一主题不同题材的选取,着重推荐贴近学生生活、学习,出版时间短、内容较新的名家名作,以满足学生的阅读需求,具体如表2。

表2　部分推荐书目列表

相关推荐书目	满足学生的阅读需求
《季羡林谈读书治学》《再读一遍》等	学习阅读方法
《给青年的十二封信》《不抱怨的世界》等	激励青春
《从0到1》《你的努力,终将成就无可替代的自己》《工作让你幸福》《发现你的职业性格》《自控力》等	就业指导、生涯规划
《绝望锻炼了我:朴槿惠自传》《在龙旗下》《中国通史》《历史的教训》《六十年代生人成长史》《大国不易》《一九八四》等	了解人文历史
《卓有成效的管理者》等	学习管理能力
《时间简史》《大数据时代》《时空的未来》《大地在心》《城市的迷惘》等	了解科技知识
《俄罗斯的命运》《非理性繁荣》《软财富》等	了解时事、政治、经济

此外,学校教师参与关注"每周好书推荐"活动,使所荐好书得到更多推广,并通过教师在教学管理中的引导,将所荐好书进一步推广至学生,让学生需求与教师引导相结合,从而实现"为读者找书"、"为书找读者"。如,毕业季推出的《从0到1》,被学校就业指导中心作为《就业指导》课的参考书目,并运用到实际教学管理工作中。

第三节　实施途径

在互联网+时代下,"每周好书推荐"活动利用互联网,以三大技术平台作为推广平台,图书馆信息服务中心和文献管理中心为实施保障部门,共同推进该项工作的顺利开展。

1. 以微信、校园网和办公平台为技术平台进行推广。"每周好书推荐"通过这三大技术平台推荐一本好书,平台发布内容涵盖题名、索取号、馆藏地点、图书和作者简介及图书封面图片的相关书目信息,以便读者及时、直观地了解书目信息,如图1~3所示。

图1　图书馆网页好书推荐发布内容

图2　办公平台好书推荐发布内容

图3　微信平台好书推荐发布内容

2. 以文献管理中心为主,信息管理中心为辅共同实施。(1)文献管理中心主要负责以下几方面的工作:一是结合工作岗位,做好优质纸质图书资源的收集、整理的工作,并建立"好书库",为荐书做准备;二是对内对外建立良好的沟通关系。对内,积极与学院(部门)建立联系,及时了解读者动态;对外,关注各大知名图书网站图书信息情况,保持与书商、出版社的沟通、联系,结合学校发展特点,对好书进行收集、整理、建库;三是做好时间规划、主题拟定和好书选取工作。文献管理中心按每年40期,一学期20期的时间主线,每周周一推荐好书;主题以时间为主线,按每两周一个主题、每周一本书的原则进行拟定,并从"好书资源库"中选取图书;四是制作推荐书目信息。为方便读者及时了解图书信息和到馆借阅,荐书过程中,在三大技术平台上发布涵盖书题名、索取号、馆藏地点、图书和作者简介及图书封面图片的相关书目信息。(2)信息管理中心负责做好所荐图书信息在三大技术平台上的更新发布和技术支持工作。

第四节 实施成效

截至2016年8月,"每周好书推荐"持续推广时间一年半(3个学期),共向读者推荐了62期中外作者的优秀图书,类别涵盖哲学、心理学、经济、教育、文学(含人物传记)、科技类图书。随着师生对三大平台的关注,该活动的关注度也逐渐得到提高,并收到一定成效:

一、关注访问量得到提升

截至2016年8月,图书馆微信关注人数达4792人,"每周好书推荐"菜单点击次数及人数分别达1120次和984人,62期总查阅人数达3837人,图书馆网页查阅量达4780次。此外,还利用学校办公平台,向全校45个学院(部门),近1000名教职工进行好书推送,使推荐书目的关注度和访问量较活动之初有显著提升。

二、借阅量有所增长

截至2016年8月,共推荐62期、62种好书,总借阅次数达188次,平均借阅次数3.13次,最高借阅次数18次。通过推荐,还带动了馆内相关类别图书的借阅量。其中,B(哲学、宗教)和D(政治、法律)两类图书的借阅量增长较为明显,较2014年,B类提高20%、D类提高32.7%,极大提升了馆藏资源的利用率和使用价值。

三、认可度得到提高

所推荐的图书得到了学校领导、相关部门的肯定,部分图书在实际教学中得到运用。如毕业季推荐的《哈佛校长毕业演说辞》,得到了学校有关领导、部门的肯定和引用,《从0到1》被就业指导部门作为教学参考用书。

四、活动启示

"每周好书推荐"经过一年多的建设、探索和实践,已经逐步拥有自己的推荐平台和模式。结合学校办学和学生的阅读特点,营造"书香冶专"的文化氛围、提升学生人文素质的能力,从实践来看,在互联网＋时代下图书馆结合学校人才培养及学生阅读特点,利用互联网平台进行形式多样的阅读推广是有效提高馆藏资源利用率,满足学校发展、专业建设、教学要求、师生发展,营造良好书香氛围,提高学生人文素质能力,形成长期、有效的阅读推广,真正实现了"为读者找书、为书找读者"的阅读推广方式。

第九章

工会与校园文化建设的关系研究*

中共中央《关于加强和改善党对工会、共青团、妇联工作领导的通知》中规定："工会是党联系工人阶级的群众组织，是党联系群众的桥梁和纽带，是国家政权的重要社会支柱。"明确指出了工会组织具有群众性、中介性、服务性等特点，工作主要是通过配合、协助、建议、监督和组织活动的形式发挥作用。学校工会为党的中心工作服务，担负着促进教育事业发展和维护会员合法权益的重要使命。履行好工作职责对校园文化建设有着极大的促进作用，而建设良好的校园文化不但可以营造积极的校园氛围，还能促使工会工作不断创新——校园文化建设得到推进，工会才能充分发挥自身的优势和特点，提高自身的整体地位，进而将其二者有效结合，为学校的全面发展提供充分的力量支持和保证。

第一节　工会在校园文化建设中的影响及作用

工会一般在年末制定下一年度工作计划，围绕校园文化建设展开工作，积极引导职工主动参与，为构建和谐的校园文化奠定基础。工会工作的目的是使职工在潜移默化的影响下接受校园文化带来的熏陶和影响，不断提升职工素养，甚至能使其逐渐成为校园文化传播的载体，进而对校园文化进行大力宣传，促进校园文化建设的全面发展。

一、高校工会在校园文化建设中的影响

工会在校园文化建设中的主要影响包括以下几方面内容：第一，工会是校园文化建设的主要倡导者。职工的工作对学生的教育和校园文化的建设有积极的促进作用，工会必须要充分发挥出民主管理、民主监督及民主参与等环节的优势，

---

* 本文作者：殷文明，学校工会

使校园文化建设工作能够健康发展。第二,工会是校园文化建设的引导者。能够与职工展开亲密的联系交流获得职工的认同,在校园文化建设中充分发挥出自身的引导作用,使更多的职工参与到校园文化建设中。第三,工会是校园文化建设的号召者。在开展活动、引领职工的同时要充分应用媒介对新校园文化建设进行大力宣传,建立好与新媒介沟通的方式,畅通新媒介的交流渠道,为职工创造良好的工作环境和氛围。第四,工会是校园文化建设的实践者。工会可以通过定期组织一些文化建设方面的团体活动来吸引教职人员,使校园文化影响力深入到学校工作的方方面面。

二、工会在校园文化建设中的主要作用

工会在校园文化建设中发挥着不可替代的作用:第一,维护职工的合法权益。校园文化改革调整可以利用工会组织等形式进行,进而使职工都能很好地参与到民主管理、决策及监督工作中,为维护职工的合法权益保驾护航。第二,帮助条件较为困难的教职人员解决其存在的民生问题。学校工会要加大对退休、离职及离异等教职人员生活的关注,积极帮助其解决实际生活中存在的问题,进而更加凸显出学校工会的人性化特点,从根本上改变学校教职人员的生活水平。第三,积极树立典型模范。学校工会还要在文化建设过程中积极树立师德典型,培养广大教职人员养成尊重岗位、教书育人的优秀品质,从而起到教育作用。第四,积极组织创办关于校园文化的团体性活动,以教职人员的兴趣爱好为参考依据,进而提高校园文化软实力。[①]

第二节　工会在校园文化建设中的重要性分析

就工会发展的情况来看,优秀的校园文化不但能够促进工会工作的顺利进行,还能最大限度凝聚团队力量,进而充分带动工会工作的想象力和创造力,提升工会工作的效率和质量。

一、校园文化建设能够带动学校工会工作产生创造力

优秀的校园文化建设不但能充分激发教师和学生的学习动力,还能培养其形成一定的创新意识,只要高校自身充满着动力和朝气,那么教师和学生也会受到创新精神的培养,使学校工会的创新意识和能力也得到不断的提高,从而带动学校工会的发展。除此之外,在新时期的发展背景下,校园文化建设的基础和核心

就是以人为本,重点强调人在文化建设中的重要性,进而使团队的整体目标和个人的目标一致,为实现学校全面发展而共同努力,从根本上提高教职人员的创新能力和思想意识,带动学校工会的工作质量上升。[②]

二、校园文化建设是学校工会发展的基本途径

要保证学校工会工作有效展开,在进行校园文化建设时就应做到以下几点:第一,校园文化建设能够有效提高教职人员的思想水平,进而拓宽学校工会的工作;第二,学校工会具有一定的完善力和操作范围广等特点,利于进一步健全校园文化建设,为工会工作开展奠定基础;第三,工会中包含的相关规定都可以通过校园文化建设这一载体来实现,进而对校园文化建设的核心和重点进行有效完善,最终可使工会工作更加顺利地进行。[③]

第三节　当前学校工会和校园文化建设二者关系的研究

一、加强规范力度,健全管理制度

由于工会和校园文化建设二者之间存在着复杂的关系,因而应实行相应的措施,提高工会工作效率和质量,进而促进校园文化建设的健康发展。同时若想促使教师和学生都得到健康的发展,工会的管理部门就应不断加强对工会机构的重视,完善相关制度,不断提高工会的管理效率,使校园文化建设成为校园全面发展的必要前提,从而营造轻松愉悦的校园文化氛围。

二、定期组织校园文化建设的相关活动

通常情况下,工会若想积极开展具有一定区域特色且多元化的活动,就要充分组织适合校园文化的活动,不断提升校园文化的软实力,加强校园文化建设中团队的合作和沟通,加强校园文化活动作为校园文化建设的载体地位,把校园文化建设打造成既能引领广大职工同时也能为校园文化建设添砖加瓦的活动。

三、提高工会干部和专职人员队伍建设力度

若想为工会选择最恰当、合适的管理人员,首先就要提高干部教育水平,最大限度改变其自身存在的过旧思想和作风,进而提高工会的创新水平。除此之外,学校还要加强工会专职人员的培养,使其具有较强的校园文化建设能力,进而将

工会活动发展成为校园文化建设的重要途径之一,提高教职人员的整体素质。

四、促进校园学术文化建设

随着社会经济的快速发展,工会的相关领导要学会合理有效地使用新媒体技术,大力弘扬严谨、科学及创新化的优良作风,从而对校园学术文化建设环境进行不断地优化。同时加大师德建设力度,不但能为广大教职人员树立良好的典型模范,还能潜移默化地影响和提高教职人员的工作能力和教学质量,为今后人才的培养和校园的发展创造良好条件。[④]

【结语】综上所述,学校工会作为校园内部存在的一个独立组织,却又不能脱离校园而存在,对校园文化建设有着重要的促进作用。因此若想促使学校得到健康发展,就要将工会和校园文化建设二者进行有效融合,不但能为教师和学生营造良好的环境,还能为学校的发展奠定坚实的基础。

参考文献:

①高宇璇、王锐:《浅谈创新高校工会文化建设》,载《新西部:理论版》,2014年第12期。

②陈婷、李英、闫开:《工会体育工作对西藏高校校园文化建设的作用》,载《当代体育科技》,2015年第8期。

③张小帆、倪伟、张舒曼:《新媒体背景下高校工会推进教职工文化建设研究》,载《改革与开放》,2015年第17期。

④冷培榆、何佳、王慧萍:《新时期高校工会文化建设与提高工会活力的研究与探索》,载《教育教学论坛》,2015年第21期。

第十章

学校"关工委"找准定位服务中心　突出特色打造品牌[*]

第一节　概述

　　教育系统关心下一代工作委员会是在同级党组织领导下,以离退休老同志为主体,有在职领导参加的,以关心、教育和培养青少年健康成长为目的的群众性工作组织。昆明冶金高等专科学校关工委成立17年来,始终坚持认真学习贯彻教育部关工委和省教育厅关工委的有关文件精神;始终坚持以现职领导为主导提出工作任务,以老同志为主体开展工作;始终坚持"围绕中心、配合补充、因地制宜、量力而行、立足基层、注重实效"的工作方针,按照"参与适度、活动适量、配合适时、方法适当"的原则开展工作;始终遵循高等职业院校办学特点,结合关工委自身优势,围绕学校中心工作,与学校党委同向同行,与学校关工委委员单位密切配合,共同发力,为提高青年教师的教育教学能力,提高学生的思想道德素养和职业能力积极开展工作,取得了显著的成绩。我校关工委有8位老同志先后多次被评为云南省关心下一代工作先进个人,云南冶金集团公司"老有所为"先进个人,教育部关心下一代工作先进个人;有8位老同志被云南省关心下一代工作委员会授予关工委工作"荣誉奖章"。近年来,学校关工委先后被评为省教育厅"五好"关工委、云南省创建"五好"关工委先进基层单位、教育部关心下一代工作先进集体。学校关工委被省教育厅关工委誉为云南省高职院校关工委的一面旗帜。

　　学校关工委按照"以离退休领导为主,有在职领导参与"的原则建立组织机构,形成了有利于关工委开展工作的有效机制,以更好地发挥离退休老同志在关心下一代工作中的作用,为离退休老同志老有所为搭建更好的平台,把关心下一

---

　　*　本文作者:李开凤,离退休工作处

代与关心老一代有机地结合起来。2012年2月,学校党委调整充实关心下一代工作委员会,将关心下一代工作委员会办公室由学校工会调整到离退休工作处,离退休工作处处长兼任关工委副主任和秘书长。调整后的关工委由党委书记担任关工委主任,退休老领导担任关工委常务副主任,党委组织部、党委宣传部、党委办公室、教务处、学生处、团委、工会的领导及各学院的党总支书记为关工委委员,形成了党委领导、各部门协同工作的良好机制,昆明冶金高等专科学校按照教育部关工委的要求,率先成为实施关工委工作"一把手"工程的高职院校。2014年10月,校党委根据校领导分工情况,增加了分管离退休工作的副校长为关工委常务副主任。新调整后的关工委,既有在职分管领导和有关职能部门领导,又有教育教学经验丰富的退休老领导、老教授,为关工委工作的有效开展奠定了组织基础。

第二节 创新工作思路 做到两个结合

学校党政领导重视,关工委委员单位积极主导,老同志对工作任务积极参与,是关工委工作取得实效的重要因素。学校先后多次召开校级教学督导员和专家辅导员、特邀组织员聘任会议,各学院、各有关部门领导参加会议,学校党政主要领导分别多次出席教学督导员聘任会议和专家辅导员、特邀组织员聘任会议,并为校级教学督导员、特邀组织员颁发聘书。党政主要领导都分别就如何做好关工委工作,如何发挥教学督导员、专家辅导员、特邀组织员的作用提出要求,要求关工委和党政有关职能部门在党委统一领导下协同工作,为提高学校的教育教学质量,为培养合格的建设者和接班人贡献智慧和力量。同时强调:老同志关心青年一代,学校和有关部门也要关心老同志,为他们创造良好的工作条件,既要发挥他们的作用,又要关心他们的健康,保护他们的热情,要根据老同志的实际情况,坚持"健康第一,个人自愿,量力而行"的原则,组建队伍,开展工作。

一、关心下一代与关心老一代相结合

1. 学校关工委秘书处与离退休工作处合署办公,做好服务工作。关工委秘书处设在离退休工作处,由处长兼任关工委秘书长,离退休工作处的处长在履行离退休工作管理和服务职责的同时,认真履行关工委秘书长的职责,这是学校对关心下一代与关心老一代相结合机制建设的有益探索。把老同志服务好,把老同志的积极性调动起来,保护好老同志的工作热情,把老同志的作用发挥好,是关工委秘书处的一项重要任务。秘书处负责了解上级关工委组织的工作要求和学校工

作的有关情况,做好信息的收集、整理、分析工作,提出工作的意见或建议,当好参谋,做好各方面的协调,保持学校关工委领导和老同志之间的信息畅通,做好关工委老同志与学校有关部门的协调配合,真心诚意地关心服务老同志,帮助他们解决工作中的实际困难,让老同志心情愉快地老有所为,在工作中找到自身的价值,为实现主辅渠道共同的工作目标服务。

2. 开展文化养老服务活动,让关工委的老同志在参与过程中享受美好的老年生活:一是开展主题服务活动。在开展主题服务活动中,把尊老敬老活动与关心下一代工作有机结合起来,把理想信念教育、社会主义核心价值观和人生观教育与尊老敬老助老活动结合起来,如组织青年学生参与"敬老月"活动启动仪式,举办"青春助老 构建和谐"联欢会等。在这些活动中青年学生和离退休教职工都根据自己的特长和特点,编排了精彩的文艺节目参加演出,老少同乐,相互欣赏,其乐融融。二是组织开展主题书画摄影展览和文艺演出活动。关工委和老教授协会的会员发挥各自的专长,积极创作书画摄影作品参加"喜迎党的十八大书画摄影展",编排文艺节目参加省教育厅老干部艺术团、云南中医学院、昆明学院和我校共同举办的"庆祝党的十八大召开联欢会""歌颂祖国新变化,喜迎党的十九大"文艺演出活动。老教授、老专家们在老有所为的同时,也品尝到了老有所乐的幸福,"文化养老"成为老教授们实实在在的生活实践,促进了老同志们生活质量的提高,也提升了老同志们生活的幸福指数。青年学生在参与活动中展示了青春风采,奉献了爱心,感受到老同志们传递出的社会正能量。

二、发挥作用与解决老同志关心的实际问题相结合

1. 创造必要的办公条件,为老教授们发挥作用提供保障

关工委办公有条件,活动有经费,是关工委工作的基本保证。我校关工委除了在莲华校区有两间办公室以外,在安宁校区也设立了关工委办公室、教学督导员办公室。学校对参加教学督导工作的老同志每月发给督导工作补贴;专家辅导员和特邀组织员也根据工作量的大小给予课酬,与此同时,学校还积极为参与关工委工作的老同志解决工作中的实际困难。学校党委和有关部门的关心,办公条件和工作经费的落实,有效地调动了老教授们的工作积极性,他们除了参与教学督导、专家辅导、特邀组织员队伍的工作外,还认真完成了学校党委安排的专项工作任务。

2011年至2012年,以关工委常务副主任蓝文秀老校长为代表的五位老同志成为校志编辑部的骨干,在校党委的领导下开展建校60周年校志编写工作。他们每天和在职职工一样按时上下班,全身心地投入校志编辑工作,经过一年多的努力,完成了110万字的校志编写工作,为学校建校60周年庆典献上了一份厚

礼,老有所为结出丰硕的果实。

2. 组织成立老教授协会,为参加关工委工作的老同志提供更好的工作和学习平台

省老教授协会是以我省各高校离退休的具有高级专业技术职称的专家、学者为主体自愿组成的社会团体,是党和政府联系老教授、老专家的桥梁和纽带。为了让退休老教授能有更好的学习和交流平台,学校离退处和关工委秘书处把加入省老科协和省老教授协会作为服务学校关工委老同志、老教授的一项重要工作,于2012年5月组织成立了老教授协会,成为省老教授协会和省老科协的会员单位。

关工委委员中有一些老同志在职时因为指标、履职年限不够或未达到晋升高一级职称的条件等原因而未能晋升高一级职称,退休后又继续从事教育教学和科研工作,并取得丰硕成果。按照云南省老科协的文件精神,会员在退休后继续从事教学科研工作,符合省老科协规定的高级职称申报条件的,可申报高一级职称。学校参加关工委工作的老同志符合省老教授协会会入会条件的,也加入到老教授协会。会员申报高一级职称的,只要符合云南省老科协规定申报条件,老教授协会就积极做好推荐工作。2012年至2016年,有10位副教授晋升为教授,实现了他们的人生梦想。有5位关工委的老教授参加了省老科协和省老教授协会举办的科技学术交流和理论研讨。

第三节 发挥关工委委员单位的作用 着力打造适应高职院校发展的关工委工作品牌

关工委在服务学校中心工作方面,主要是根据学校国家示范院校建设、"双提工程"和高水平高职院校建设需求,紧紧依靠学校关工委委员单位,结合老同志自身的优势,找准工作创新点,着力打造适应高职教育发展的教学督导、专家辅导员、大国工匠进校园、杰出老校友回母校等关工委工作品牌。

一、教学督导,促进教育教学质量的提高

学校关工委的一项重要工作是根据学校教育教学工作需要,做好教学督导工作。关工委秘书处和教务处密切配合,根据教务处教学督导工作需要提出所需专业的教师,关工委推荐适合的老教授参与督导工作,教学督导业务指导由教务处负责,参与教学督导的老教授在教务处的指导下开展督导工作,并不定期召开督导工作例会,年底由分管教学工作的副校长主持召开年度教学督导工作总结会,

由教务处和关工委秘书处共同参加,听取老教授对督导工作的汇报。参加督导工作的老教授认真履行督导职责,认真听课、评课,对提高教师的课堂教学能力和水平发挥了积极的作用;参加督导的老同志主动与定点联系的学院(部)进行沟通、交流,较好地促进了学校督导工作的开展,为规范学校教学管理、提高教学质量和人才培养质量作出了贡献。

二、专家辅导员,助力学生成人成才

专家辅导员工作,既要符合时代要求,又要切合学生成长实际。把握关工委工作的基本定位,坚持"立德树人"的根本方向是做好大学生思想教育工作的重要前提,立德树人是关工委工作的出发点和落脚点。学校关工委把帮助青年学生学习了解党和国家的发展历程,坚定对党和国家未来发展的信心,帮助青年学生迈好人生的第一步,保证党和人民的事业薪火相传作为义不容辞的责任,通过两个渠道开展辅导工作:一是立足邀请本校的退休老干部、老教授开展辅导工作。我校退休的老干部、老教授受党组织教育培养多年,有独特的"政治优势、经验优势、威望优势"。他们坚持以社会主义核心价值观教育为重点,以"立德树人"为目标,深入学院开展调查研究,结合学生的思想情况,在青年学生中开展理想信念及世界观、人生观、价值观教育,保持与学生的密切联系和沟通,了解学生的思想状况和生活状况,有针对性地举办专题讲座,帮助解决学生的思想道德问题和职业理想问题,帮助学生学会判断形势,进一步坚定中国特色社会主义道路自信、理论自信、制度自信,向青年学生传授国学知识,宣讲云南抗日故事,开展爱国主义教育。近年来,老教授们先后为青年教师和学生作了20多场讲座和专题报告。二是邀请校外知名的退休老教授为学生举办专题报告会。关工委认真贯彻落实习近平同志对加强党史国史教育的重要指示精神,既重视教育内容与形式的有机结合,更重视教育的效果。邀请校外知名专家、退休老教授为学生做专题报告,帮助学生了解中国从半殖民地半封建社会走来所经历的革命历程和党的历史上发生的重大历史事件,让学生懂得"历史成就了中国共产党,没有中国共产党,就没有新中国,是中国共产党改变了中国的历史,办好中国的事情,关键在中国共产党"的道理。

三、着力开展"大国工匠进校园""杰出老校友回母校"活动,打造关工委工作新品牌

2016年10月10日,教育部关工委和全国总工会启动"大国工匠进校园"活动。教育部关工委主任李卫在启动仪式上讲话时指出:工匠精神的核心内涵是爱国敬业、精益求精、报国奉献。邀请工匠走进职业院校,与学生面对面地交流求学

求艺经历和分享提升技能的经验,近距离展示工匠精神,使广大青年学生真切感受领悟工匠精神的真谛,从而自觉继承弘扬这种精神,进一步提升职业素养。这是教育部关工委适应时代和国家发展的需求,在职业教育领域助力立德树人的一项新尝试。彰显和传播工匠精神,培育具有"工匠精神"的校园文化,成为职业院校关工委工作的重要内容。学校党委宣传部、工会、团委等关工委委员单位积极行动,做好"大国工匠进校园活动"的具体实施工作,邀请"云岭首席技师""全国技术能手""全国劳动模范"耿家盛同志到学校为师生做报告,举办"匠心筑梦"座谈会等,进一步推动学校"双师型"教师培养工作,引导师生传承工匠精神,提高职业能力,培养更多像耿家盛同志一样具有"笃志笃行的高尚品格、精益求精的工匠精神、授艺传技的无私情怀、淡泊名利的奉献精神"的高技能技术人才。同时,学校还建立了工匠进校园的长效机制,聘请耿家盛为我校"技能大师"和"校外专家辅导员";在学校机械工程学院设立"耿家盛技能大师工作室"。高职院校是培养高技能人才的摇篮,持之以恒开展好"大国工匠进校园"活动,有助于工匠意识的增强,有助于工匠精神的传播和弘扬。

2017 年 2 月,教育部关工委下发了《关于教育系统关工委全面开展"院士回母校""杰出老校友回母校"活动的通知》,要求教育系统关工委深入贯彻落实全国高校思想政治工作会议精神,围绕"坚定理想信念,传承报国精神"这个主题,拓展工作平台,把"院士回母校""杰出老校友回母校"打造成关工委工作的新品牌。为此,学校关工委加强与学校党委宣传部和校友联络办的合作,把正在开展的"大国工匠进校园"活动与"杰出老校友回母校"活动紧密结合起来,最大限度地发挥这两项活动在立德树人方面的积极效应,充分发挥"大国工匠"和"杰出老校友"的独特作用,把"大国工匠进校园"和"杰出老校友回母校"打造为关工委工作的新品牌,使之成为开展青年学生思想道德教育,提高学生职业能力和职业素养的有效载体,把工匠精神的培育、传承和弘扬作为校园文化建设的一个新亮点,让工匠精神在社会主义核心价值观教育中发挥引领作用。

找准工作定位,服务学校中心工作,把握高职办学特色,打造适应高职办学特点的关工委工作品牌,是学校关工委工作得到发展、取得实效的重要基础;坚持立德树人,着力把握高职院校特色和学生的特点,遵循教育规律和人才成长规律,开展学生思想道德教育和职业道德教育工作,帮助学生树立正确的职业理想,培养学生爱岗敬业、诚实守信、积极进取的职业素养,为学生就业创业打下良好基础,始终是关工委工作的目标。学校关工委将按照教育部关工委和省教育厅关工委的要求,不断创新工作思路和方法,全力打造适合高职院校特点的关工委工作品牌,在职业院校中发挥关工委工作的示范引领作用。

第十一章

建设花园式校园　提供良好育人环境[*]

西方杰出的艺术家和诗人莎士比亚曾说过："庄严的大海产生蛟龙和鲸鲵,清浅的小河里只有一些供鼎俎美味的鱼虾。"可见环境对事物的发展起到了重要作用。高职院校是高等学校的重要组成部分,是培养面向生产、建设、服务、管理等一线需要的高技能、应用型专门人才的摇篮。为在校工作和学习的师生提供一个良好的环境可谓是校园后勤工作的重中之重,建设花园式校园、打造良好的育人环境更是高职院校后勤工作者不可推卸的责任和一直为之奋斗的目标。花园式学校是指校园环境建设要以生态化、园林化为目标,校园环境净化绿化美化,校园无空气、噪音、水域污染,各项指标达到一定标准的学校[①]。本文以昆明冶金高等专科学校安宁校区为例,浅析创建花园式校园提供良好的育人环境,实现高职院校全程育人、全方位育人的几点做法。

第一节　加强前期规划　打造良好的学居环境

良好的规划设计和合理的功能布局是创建花园式学校的奠基石,前期规划设计是创建花园式学校的关键阶段,决定着创建花园式校园的成败,因此进行校园前期规划设计时要注重顶层设计,要有长远的目标,要着眼全局,同时要因地制宜、合理布局、统一建筑风格。昆明冶金高等专科学校是一所始建于1952年、至今已有65年悠久历史的高职院校,学校专业设置以工为主,工、管、文、商、艺并举,是全国百所之一的国家示范性高等职业院校,现有莲华、安宁两个校区。昆明冶金高等专科学校安宁校区位于安宁市县街街道办事处,属中亚热带的低纬度高海拔地区,季节温差不大、干湿度分明、总体地形以缓坡为主、相对开阔。主要建筑30余栋,根据功能分区,主要分为:生活区包括学生公寓、教师公寓、食堂;教学

＊　本文作者:张馨文、张倩、杨照坤,后勤管理处

区包括教学大楼、院系楼、行政楼、图书馆等;运动区包括室内体育馆及室外体育场;实训区包括实训大楼、科研楼等,整体建筑风格以现代建筑风格为主。安宁校区初期建设始终将人文关怀的理念贯穿于整体的规划设计当中,既对交流通道、绿地景观、功能区块进行了合理的安排,又充分考虑到师生的学习生活需求。从学校正大门进入后是教学区,以迎宾大道为中轴线,左右两侧是已建成的八栋院系楼,迎宾大道尽头是主教学大楼。主教学大楼前是以水景、旱喷泉、绿化为主要设计元素的校园主广场,也是学校重要的交往空间及校园活动中心区,每逢新生入校或校内组织大型活动时,喷泉、水景与周边的绿化景观交相辉映,相得益彰,既为师生提供了适合交流创作的空间,又能激发学生学习的兴趣;主教学楼后是体育场和生活区,体育场在教学区和生活区中间,既能满足体育教学任务又能兼顾学生日常的体育锻炼。图书馆、实训大楼及实训基地与教学楼、生活区呈三角型布局,方便师生生活、学习,校园各功能分区、主要建筑由校园主干道相连形成环路,机动车道和人行道隔离,交通井然有序,有效地减少了校园安全事故。

第二节　加强绿化建设　打造校园植物景观

校园绿化是创建花园式校园的重要组成部分,是学校校园文化建设的集中展示。昆明冶金高等专科学校安宁校区绿化设计以在满足绿化系统功能及适地适树的基础上注重植物多样性,充分考虑不同层次林木的生长习性,形成乔、灌、地被、草的多层次、常绿与落叶树种相结合的多样绿化景观设计理念,使园林绿化与建筑互为背景,相互呼应,共同构建丰富多彩的校园景观,并依托现有的自然环境和条件,巧妙构思,精心设计,营造出别具特色的校园景观,达到美化、彩化、香化、净化,努力做到四季有花、四季常绿、春花秋叶、人与自然和谐交融。在植物配置方面,坚持以人为本的基本理念,校园绿化也要为师生服务。为满足师生日常学习、交往、休息、运动等多种要求,采取了不同的植物配置手法。如学生生活区,因生活区人口集中,宿舍楼密布,在植物配置时应注意实用、美观、不影响宿舍光线,为学生提供充足的休闲活动场所[②],因此植物配置以中小落叶乔木及耐修剪、萌芽强的马褂木、栾树、红枫、枸骨球、南天竹等花灌木为主。中央核心教学区是学校的形象,是整个校区绿化规划的主轴线,因此要配置以观赏价值高、季相变化丰富且香花的植物,形成能充分体现冶专特色校园的核心部分,如黄连木、丹桂、银杏、白兰花、红叶石楠、水杉、二乔玉兰、茶花、五角枫等。运动区,考虑该区的特殊性,选用耐践踏的草坪为主,配以枝繁叶茂的常绿小乔木,如香樟、天竺桂、红叶石楠等。边坡绿化带,校园东南侧的边坡高差 4 米,植物配置乔木以云南樱花、肋果茶、桂花为主,地被种植根系发达的常青藤,以达到美化环境、安全、景观持久的效果。

大学校园绿化不仅改善环境,同时也在育人中起到重要作用,破窗效应告诉我们:"一间房子如果窗户破了,没有人修补,隔不久,其他的窗户也会被打破。"相同的道理,如果师生工作、学习、生活在环境优美、干净整洁的校园里,在潜移默化中他们不良的生活习惯和行为就能得到约束和修正,环保意识不断增强,文明行为逐渐养成,反之则不然。还有许多植物在中国悠久而灿烂的历史文化中赋予了它特殊的含义,如竹之高雅、梅之高洁、菊之不屈、荷之清廉。一花一草皆悦目,一枝一叶总关情,校园绿化不仅要向师生们展现它的形态美、外在美,更要向他们传递一所学校的历史、传统和精神文化内在的美。

第三节　加强绿化队伍建设　提高养护管理水平

"三分种、七分管",这句俗语直观地阐述了在绿化工作中"种"和"管"的关系。种植是短暂的,而养护管理是长期的,只有认清养护管理的重要性,设置专门的绿化管养机构,不断提高绿化管养人员的管护水平,将绿化管养工作当作一项经常性的工作来抓,紧抓不放,常抓不懈,才能保证苗木成活率和良好长势,才能使我们的校园环境更加优美[3]。昆明冶金高等专科学校领导高度重视校园绿化工作,将校园绿化作为"育人工程"来抓。一是在校后勤管理处专门成立了绿化与环境卫生管理服务中心,并与之签订了《绿化管养服务目标责任书》,明确了管理中心的服务项目、规范及工作职责等,每年学校组织人员按照目标责任书要求对中心工作逐项考核验收;二是为使绿化工作开展得更加细致,管养面积覆盖更加全面,绿化与环境卫生管理服务中心组建了一支专业知识扎实、业务熟练的绿化管养队伍,并先后制定了《绿化与环境卫生管理岗位职责》《绿化与环境卫生管理责任区划分》《绿化与环境卫生管理责任考核制度》《绿化与环境卫生劳动安全制度》等制度和规定,明确了员工岗位职责,将考勤、考核、劳动安全等制度落到实处;三是学校不定期地聘请绿化管养方面的专家到我校指导工作,在绿地肥水管理、病虫害防治、杂草清除及花木修剪整枝等方面给予现场指导,不断提高绿化管养人员的管护水平。

第四节　提高师生"主人翁"意识　打造"互动式"的管理模式

　　校园环境为师生提供服务,同时师生也是学校的主人④。建设花园式校园是一项长期的、复杂的、细致的工作,需要全校师生的共同参与和爱护。提高师生"主人翁"意识,打造"互动式"的校园绿化美化管理模式,体现活动育人、环境育人的理念,要以师生为主体开展形式多样、健康向上、格调高雅的校园文化活动,组织学生积极参与各类社会实践,充分发挥人的主观能动性,让师生主动参与到花园式校园的建设中来。一是不断加大环保宣传工作力度,每年学校结合"地球日""世界水日""世界环境日"等环保节日,开展节水、节能减排、保护环境等主题活动,利用校刊、广播、橱窗、标语等进行宣传,并以学院为单位组织开展内容丰富、形式多样的实践活动,如主题班会、义务劳动、知识竞赛等,寓教于乐,提高师生爱护环境、保护环境的意识。二是开展"植树节"植树活动及推进校友林建设工作,增加校园绿化面积。昆明冶金高等专科学校每年 3 月 12 日植树节都由校领导带领师生参加植树活动,几年来先后在学校边坡及边角空地种树 500 余棵,带头弘扬了植绿、护绿、爱绿的文明新风,传播了绿色正能量,为校园绿化美化作出了重要贡献。古人云:"草木思本源,羁鸟恋旧林。草木之思,豪情致远;羁鸟之恋,源远流长"。为让即将毕业的同学或退休老教师在离校之际留下永久的纪念,安宁校区还专门规划了校友林,让他们用这种特殊的方式表达对学校的祝福与深情,同时又给美丽的校园增添了一道别致的风景线。三是积极组织学生开展保护校园环境卫生实践活动。为让学生能切实参与到花园式校园的创建中来,增强学生自我管理、自我约束的能力,学校在学生食堂设立了学生卫生监督岗,每天让学生轮流到食堂监督,对用餐中的不文明行为及时制止,引导学生们在用餐后将餐盘收整到指定摆放点。此外,学校还利用"五一劳动节""爱国卫生月"等契机,组织全校师生开展校园绿化卫生大整治活动,对校园里的树木进行修剪整形、清除杂草、清扫卫生死角、消灭四害等。四是鼓励学生发挥专业特长参与校园公益活动。"纸上得来终觉浅,绝知此事要躬行"。为让学生能够在实践中不断提高自己的专业水平,学校结合创建花园式校园,组织艺术设计学院的学生开展了校园内植物科普挂牌和窨井盖绘画美化的公益活动,真正让学生做到了"学以致用、用以促学、学用相长"。

　　【结语】英国学者欧文说过:"环境决定着人们的语言、宗教、修养、习惯、意识形态和行为性质。"花园式校园的建设不仅仅能够美化校园环境,还能引导教师和学生更加关注环保,让学生在受教育、学知识的同时,树立高尚的情操。我们应当将创建花园式校园的意识和行动贯穿于学校的管理、教育、教学和建设的整体活动当中。

参考文献:

①但会安:《创建花园式学校的思考》,载《湖北科技学院学报》,2012 年第 10 期。

②杜昱昱、杜建军:《浅析高校校园的绿化景观与植物配置》,载《江西建材》,2017 年第 4 期。

③袁春令、高东兴、石玉连:《临沂大学:创建绿色校园　打造生态型大学》,载《国土绿化》,2016 年。

④杨照坤、乐莉:《建设绿色校园　优化育人环境》,载《昆明冶金高等专科学校学报》,2007 年第 2 期。

第十二章

校园景观育人功效探讨[*]

　　校园是培养人才的重要基地,校园景观是培养人才的第二课堂,它在学生的社会能力培养过程中扮演着重要的角色。校园景观是一所学校人文精神和文化氛围的物质载体。校园景观蕴含着浓厚的学术氛围和文化气息,它所折射出的是一所学校的历史积淀、办学理念、文化氛围、育人思想、精神气质和风貌。苏联文学家高尔基说:"一个美的教育环境,对学生来说是一个立体的、多彩的、富有创造力和吸引力的无声教科书。"古人云:"近朱者赤,近墨者黑",这说明学生长期生活的校园景观对学生的价值取向、行为规范、责任心、奉献精神、审美能力、精神风貌等起着潜移默化的育人功效。

　　校园景观不仅包括山水、花草、树木、园林、雕塑、校训、建筑、道路、广场、设施等静态景观,而且还包括阳光、雨雾、喷泉、飞鸟等动态景观,它们具有自己独特的文化内涵和育人功效[3]。校园景观是一所学校的独特标识,对学生人格的塑造、价值观的形成起着不可估量的作用。

第一节　校园景观的功效

一、校园景观是学生的精神食粮

　　雕塑是校园中独特的环境艺术,任何一尊雕塑都有其深刻的文化内涵,影响着学生的价值取向。厦门大学主教学楼前陈嘉庚先生和几个同学交流的雕塑勉励着厦大学子努力学习,报效祖国。武汉大学李四光牵着毛驴的雕塑展现的是李四光先生不畏辛劳为武大寻找风水宝地的校史[1]。文林小学的潘琰塑像是文林小学的独特标识,潘琰烈士的英雄事迹深深地感染着文林学子,激发着文林学子的

---

　　* 本文作者:蒋爱松,后勤管理处

爱国热情。云南师范大学校园内的"一二·一"四烈士墓、西南联合大学旧址是云南师范大学的标识,是云南师范大学的历史积淀,记载着云南师范大学的历史足迹。云南师范大学图书馆前的塑像上雕刻着"学高为师,身正为范"。这些都教育着一代又一代的师范学子要提高自己的学识水平,规范自身行为,才能做好教书育人的工作,报效祖国,为国家的繁荣昌盛贡献出自己的力量,培养出栋梁之材。

二、校园景观是培养学生审美情操的物质载体

优美的校园环境能激发出人的审美欲望、使之不自觉地参与到景观的交流之中,让人的视觉得到满足,情感得到升华。云南大学的会泽楼、特别的钟声、银杏大道、上蹿下跳的松鼠,人与自然和谐相处的景观是云南大学的独特标识,陶冶着一代又一代云大学子的审美情操,培养出云大学子高尚的气质风貌。在我校,花园式的校园景观令漫步其中的学子陶醉。春天樱花烂漫,夏天兰花怒放,秋天桂花飘香,冬天玉兰花争奇斗艳。樱花山、梨园、香樟大道、银杏大道、栾树大道、桂花大道、兰花楹园、鸡冠刺桐园、滇朴山等都是我校的独特标识,这些场所是学生学习、休闲、交流的好去处。这些独特景观如同身边的良师益友,帮助学生培养审美情趣、提高人际交往能力。

三、校园景观是培养学生认知能力的摇篮

校园景观对培养学生的认知能力具有积极的作用。沈阳建筑大学颇具特色的稻田绿化景观元素可以让学生体验农耕的辛劳与收获,让学生知道没有春天的播种、夏季的辛劳,就没有秋季收获的喜悦[②]。安宁校区的梨园是我校的独特景观,是我校在建设安宁新校区时因地制宜、就地取材的景观元素。它不仅见证了建校的历史,还可以让学生参与劳作和收获,体验生活。这些独特的校园景观让学生领悟到"一分耕耘一分收获"的人生哲理,同时也记录了建校场地原为稻田、梨园的历史。

四、校园景观是规范学生行为的第二课堂

校园内一片片绿油油的草坪上、花园里"小草有情,脚下留情""花草有请,踏之何忍""脚下留情,呵护生命""青青草坪,绕道而行""小草给我一片绿,我给小草一份爱""把花朵留在枝头,让美丽留在心头""你的文明滋润着我的生命""花木共赏,人人呵护"的标识牌时刻在提醒学生要注意自己的行为,不要给他人带来无辜的伤害,伤害是一种不文明行为。这些标识牌已成为规范学生日常行为的教科书。

五、校园景观为培养学生人际交往提供空间

学生的学习生活离不开校园景观这个物质载体。马斯洛的需求层次理论指出,交往是人最基本的需求之一。学生的学习生活离不开与其他人的交往。学生的人际交往大多是在校园景观这个空间中进行的。在鸟语花香的校园里,学生们可以进行专业知识的交流、学科知识的交流、情感的交流、价值观的交流、理想目标的交流等各种交流,这些都有助于学生人际交往能力的培养。著名作家约翰·纽曼在《大学的理想》一文中写道:"年轻人集会在一起自由相处的时候,即使没有人教他们,他们肯定也会互相学习,一天天地自己获得新的思想和观点,新鲜的思想素材,以及判断和行为的确定无疑的原则[①]"。

第二节　关于校园景观建设的三点建议

一、改变传统的校园环境建设观念

长期以来,校园建设者受传统观念的影响,认为校园环境建设就是校园的绿化、美化,就是在建筑物周边栽花、种草、种树。各种不同类型的花、草、树木混种在一起,校园就是一个略显杂乱的花园,没有独特的校园景观。为充分发挥校园景观的育人功效,校园建设者应该改变传统的校园环境建设观念,对校园建设进行整体规划,有意识地创造各种育人景观,凸显各个校园景观的文化内涵和深层底蕴,彰显其育人功效。

二、创新校园建设理念,建设独特校园景观

校园景观的育人功效是功不可没的。为此,校园的建设应该以育人功效为本,结合各校校情,建设出符合各类学校的独特景观,把专业知识和学生学习成果建设成为一个个教育景观小品,方便学生学习。农学院要体现出"农"的特色景观,法学院要有体现政法威严公正的独特景观,医学院要有医学教育景观小品,音乐学院要有音乐的文化氛围、音乐的雕塑、音乐景观小品。东北农业大学的"五谷园"是其校园景观的代表,选用大量的农作物和乡土草本花卉,采用农田方式种植,摆放一些具有代表性的农具。这种校园景观建设凸显出东北农大"农"的特色,营造出"学农、爱农、敬农"的育人环境氛围,充分发挥了校园景观的育人作用[②]。北京大学生命科学学院前树立的 DNA 模型,凸显了北大生命科学学院探索

生命科学的主题,成为北大生命科学学院的象征,教育着一代又一代北大医学学子孜孜不倦地探索生命科学①。

三、让学生参与校园建设

学生参与校园建设也是发挥校园景观育人作用的途径。学生清扫校园是学生参与校园建设的一种方式。学生用辛勤的汗水换来了干净、整洁的校园环境,这对培养学生的责任心起着积极的作用。另外,让学生监督校园中的不文明行为也是学生参与校园建设的方法,这样可以规范学生的行为,培养学生良好的行为习惯。组织毕业生离校捐树活动,又是让学生参与校园环境建设的一种方式。我校去年组织的"感恩母校,播种希望——毕业生离校捐树倡议"活动,让毕业生献爱心捐树木,亲手栽种学生自己捐赠的树木,为母校添一片绿。这种活动让学生参与校园环境建设,对培养学生的社会责任感有着积极的作用。

【结语】校园景观是学校育人的第二课堂,对学生在成长过程中的人格塑造、正确的人生观和价值观的形成,行为的规范、认知能力的培养以及人际交往能力的培养,起着不可替代的作用。所有校园建设都应该营造本校独具特色的校园景观,充分发挥校园景观的育人作用。

参考文献:

①张敏:《高校校园景观的育人功能探析》,载《环境艺术》,2009 年第 7 期。

②马锦义、薛亮、王雅云:《浅析大学校园文化景观与环境育人》,载《中国农业教育》,2010 年第 2 期。

③付春梅、梁敬之、刘向兵:《大学校园景观的教育功效探析》,载《中国高教研究》,2011 年第 3 期。

后 记

习近平总书记在全国高校思想政治工作会议上的讲话中强调，"要坚持把立德树人作为中心环节，把思想政治工作贯穿教育教学全过程，实现全程育人、全方位育人"。高校肩负着"立德树人，为民族复兴提供人才支撑"的神圣使命。正值全校师生认真学习党的十八大、十八届三中、四中、五中、六中全会精神，认真学习习近平同志系列重要讲话精神，全面贯彻落实《昆明冶金高等专科学校"十三五"发展规划纲要》，以实际行动迎接党的十九大胜利召开之际，光明日报出版社《高校校园文化建设成果文库》编委会同意将我校《创新校园文化的途径与方法》一书纳入该系列丛书。学校党委高度重视，决定由分管宣传工作的党委副书记主持、分管团学及工会工作的党委副书记和分管后勤保卫工作的副校长配合，由党委宣传部牵头成立专项工作编委会，并于3月16日召开了由党委宣传部、马克思主义学院、学生工作部、校团委等相关学院、职能部门负责人参加的专项工作会，对该书编撰工作进行研究、协调、部署。

该书在编辑的过程中，得到了学校党政领导、各学院及职能部门的大力支持和积极配合，尤其是得到了《高校校园文化建设成果文库》编委会张金良老师、中共云南省委宣传部和中共云南省委高校工委相关部门的指导与帮助，在此一并致谢！

由于受出版字数的限制和为了给老师们提供尽可能多的发表个人观点的机会，在编辑的过程中，凡是没有直接引用原文或借鉴原作者观点的"参考文献"，一律未予编录。敬请相关文章的作者予以见谅。

　　培育优良校风、教风和学风,丰富文化内涵,创建文化精品,提升文化管理,努力建设具有时代特征和学校特色的校园文化,不断满足师生员工日益增长的精神文化需求,为学校可持续发展提供强有力的思想保障和精神动力,是昆明冶金高等专科学校在多年的育人实践中所遵循的准则和追求的目标。但是,由于时间仓促,编者的水平和能力有限,不足之处在所难免,恳请各兄弟院校及业内专家学者予以指正和提出宝贵意见。

编者

2017 年 7 月